职业教育中外合作办学专业课程体系构建

刘春娣 编著

东南大学出版社
SOUTHEAST UNIVERSITY PRESS
·南京·

图书在版编目(CIP)数据

职业教育中外合作办学专业课程体系构建 / 刘春娣编著. — 南京：东南大学出版社，2022.12
ISBN 978-7-5766-0533-4

Ⅰ.①职… Ⅱ.①刘… Ⅲ.①职业教育－国际合作－联合办学－教学研究 Ⅳ.①G712

中国版本图书馆 CIP 数据核字(2022)第 245203 号

责任编辑：史 静　责任校对：周 菊　封面设计：毕 真　责任印制：周荣虎

职业教育中外合作办学专业课程体系构建
Zhiye Jiaoyu Zhongwai Hezuo Banxue Zhuanye Kecheng Tixi Goujian

编　著	刘春娣
出版发行	东南大学出版社
社　址	南京市四牌楼 2 号　(邮编：210096　电话：025-83793330)
网　址	http://www.seupress.com
电子邮箱	press@seupress.com
经　销	全国各地新华书店
印　刷	广东虎彩云印刷有限公司
开　本	700 mm×1000 mm　1/16
印　张	13.25
字　数	227 千字
版　次	2022 年 12 月第 1 版
印　次	2022 年 12 月第 1 次印刷
书　号	ISBN 978-7-5766-0533-4
定　价	58.00 元

本社图书若有印装质量问题，请直接与营销部联系，电话：025-83791830。

序

职业教育中外合作办学是我国培养国际化高素质技术技能人才的有效途径之一，在其质量建设过程中，关键和难点在于解决"个性"问题，而解决的突破口就是有针对性地进行课程体系构建。课程体系建设是职业教育中外合作办学提质增效的核心要素和根本保证。然而，在职业教育中外合作办学专业课程体系构建过程中还存在许多亟待解决的问题，如：有的课程体系采用"全盘引进"模式、"各自为政"模式，有的课程体系构建缺乏科学合理的依据，直接影响了课程实施的效果，呈现出总体水平不高、优质教育资源得不到有效利用等问题。这些都迫切需要我们在认识、理论和实践层面进行深入研究，找寻解决方案和发展对策。刘春娣博士的这本著作正顺应了这一需求。

中外合作办学专业课程设置是近几年职业教育课程领域的研究热点，也吸引了许多研究者的关注，刘春娣博士便是其中之一，她不仅参与了新理念与新方法的研究，还常年扎根教学研究第一现场，进行实践改革与探索，阅读这本著作，可以明显地感知到这一点。该著作的特点有：

1. 提出了职业教育中外合作办学专业课程体系构建之理论基础

对中外合作办学、中外合作专业、中外合作课程、质量功能配置以及课程设置等核心概念进行了细致阐释与操作性界定，提出了基于质量功能配置的职业教育中外合作办学专业课程体系构建理论基础，从胡塞尔的生活世界认识论、拉图尔的反身性方法论、李克强提出的工匠精神、英国盛行的职业生涯教育以及全面质量控制理论等视角论述其与职业教育课程体系构建的关系。

2. 创生了职业教育中外合作办学课程体系构建之基本原理

以"历史观""本体论""认识论""实践论""价值论"为思维路径，阐明了基于质量功能配置模型的方法与原理、质量功能配置模型的发展动向、基于质量功能配置模型的课程体系构建知识论基础、基于质量功能配置模型的课程体系构建的实践应用以及基于质量功能配置模型的课程体系构建的价值与意义。

3. 构建了职业教育中外合作办学专业课程体系之模型

以生态整合设计取向为模型建构理念和依据，引入质量功能配置的检测工具与方法，以质量屋作为转换工具，以四阶段模型为转换方法，完成课程体系构建要素转换，形成职业教育中外合作办学专业课程体系构建模型的总体框架和子模型。

这本著作不仅丰富了职业教育中外合作办学专业课程体系构建的理论，在研究视角和方法上有所创新，而且表现了作者严谨规范的治学态度和勇于探索的学术精神。值此著作付梓之际，我衷心希望并深信，这本著作能为职业教育中外合作办学专业课程体系构建的决策者和研究者提供借鉴和参考，并有利于推进职业教育中外合作办学的健康可持续发展。

华东师范大学终身教授

前言

在推动历史上最具国际课程融合性突破的过程中,世界范围内发生的巨大国际合作办学与国际合作发展证明了跨国高等教育课程开发的重要性。几十年来,许多职业教育课程开发专家和教育工作者一直在探索用于确定培养学生职业素养的最佳因素与方法。职业教育中外合作办学课程体系构建与开发,其本身就是一个复杂的、动态的、不断发展的系统,它的发展遵循"不平衡—平衡—新的不平衡……"的迭代发展规律。课程体系构建的心理学基础聚焦于学生的人格特征、认知能力与社会文化,而社会学基础更像是一个人与社会、环境相互融合的过程。近年来国际职业院校课程体系构建已趋向于运用质量功能配置理论,凸显一种综合的、跨学科的创新方法运用。由此,本书旨在引进国外优质资源,科学合理地进行课程体系构建,促进我国职业教育事业的发展与中外合作办学的国际化发展,进而缓解我国职业教育存在的优质教育资源不足的问题,推动我国职业教育自身的发展和完善,最终丰富我国职业教育资源,开创职业教育中外合作办学教育改革和创新的局面,培养适合我国现代化建设需要的国际型、应用型技能人才。因应于此,本书从如下几个维度进行了深入探究。

基于系统性文献综述,以时间维度纵向分析了中外合作办学、职业教育、专业和课程体系构建的概念、内涵、特征;以专题维度横向廓清了"中外合作办学的国内外研究现状""职业教育课程体系构建的国内外研究现状""职业教育专业设置模式的研究现状""职业教育课程体系构建模式的研究现状"四大内容;并在此基础上整理出了国内外深度研究的问题域,即"课程体系构建的宏观研究""语言类课程体系构建的研究""公共基础课程体系构建的研究""专业课程体系构建的研究""中外合作办学模式下课程体系构建的典型案例分析"等,进而分析了国内外相关研究对本书的启示及存在的不足。

在理论基础阐释上,从职业教育中外合作办学专业课程体系构建的哲学、教育学、社会学、经济学以及心理学等视野,提出了基于质量功能配置模型的职业教育专业课程体系构建理论基础,即"胡塞尔的生活世界认识论""拉图尔反身性方法论""人的全面发展教育理论""人的终身学习教育观"以及"全面质量控制理论"。

在基于质量功能配置模型的职业教育中外合作办学课程体系构建原理阐释上,以"历史观""本体论""认识论""实践论""价值论"为思维路径,阐明了"基于质量功能配置模型的方法与原理""质量功能配置模型的发展动向""基于质量功能配置模型的课程体系构建知识论基础""基于质量功能配置模型的课程体系构建的实践应用"以及"基于质量功能配置模型的课程体系构建的价值与意义"。

模型建构是本书的核心创新所在。模型建构理念和依据源自生态整合设计取向。以社会需求、岗位需要、学习者诉求和学科逻辑为课程体系构建依据。科学界定职业教育课程体系构建的顾客范围,以用人单位为外部顾客,学生和教师为内部顾客,以顾客心声表为分析工具,综合运用亲和图、层次分析法分析职业教育课程体系构建的顾客需求;运用关系矩阵表示顾客需求与课程体系构建要素之间的相互关系,结合比例配点法、独立配点法确定顾客需求的权重,进而以质量屋作为转换工具,以四阶段模型为转换方法,完成顾客需求的课程体系构建要素转换,形成职业教育专业课程体系构建模型的总体框架。将基于质量功能配置的职业教育专业课程体系构建流程分为以下几个阶段:第一阶段——构建课程目标子模型;第二阶段——构建课程结构及课程内容子模型;第三阶段——构建课程排序子模型;第四阶段——构建课程相关关系子模型。同时,结合各阶段子模型给予具体的操作策略,将最初的顾客需求一步一步逐渐转化成课程目标、课程结构、课程内容、课程排序,最终完成课程体系构建,形成课程方案。

目录

第一章 导论 ··· 001
  1.1 研究缘起 ··· 001
    1.1.1 中国经济发展新常态对职业教育中外合作办学的
           质量建设提出了新的要求 ································· 001
    1.1.2 "一带一路"战略为职业教育中外合作办学的质量
           建设提供新机遇 ··· 002
    1.1.3 职业教育中外合作办学顶层设计指向质量建设,工作
           重心聚焦专业课程体系构建 ······························ 003
    1.1.4 专业课程体系构建的提质增效是职业教育中外合作
           办学自身发展的必然趋势 ································· 004
  1.2 研究现状与问题域 ·· 006
    1.2.1 中外合作办学国内外研究现状 ······························· 006
    1.2.2 职业教育课程体系构建的国内外研究现状 ··············· 016
    1.2.3 职业教育专业设置模式研究现状 ··························· 025
    1.2.4 职业教育课程体系构建模式研究现状 ····················· 028
  1.3 研究目的与意义 ··· 029
    1.3.1 研究目的 ··· 029
    1.3.2 研究意义 ··· 030
  1.4 研究问题与研究假设 ··· 032
    1.4.1 研究问题 ··· 032
    1.4.2 研究假设 ··· 032
  1.5 研究方法 ··· 033
    1.5.1 文献研究法 ··· 033
    1.5.2 文本分析法 ··· 034
    1.5.3 案例分析法 ··· 034
    1.5.4 比较研究法 ··· 034

1.6 研究思路 ………………………………………………………………… 034

第二章 职业教育专业课程体系构建的理论基础 ……………………… 036
2.1 核心概念界定 …………………………………………………………… 036
  2.1.1 跨国高等职业教育 ……………………………………………… 036
  2.1.2 中外合作办学 …………………………………………………… 038
  2.1.3 中外合作专业 …………………………………………………… 040
  2.1.4 中外合作课程 …………………………………………………… 040
  2.1.5 质量功能配置 …………………………………………………… 042
  2.1.6 课程设置 ………………………………………………………… 043
2.2 职业教育专业课程体系构建的理论基础 …………………………… 044
  2.2.1 胡塞尔的生活世界认识论 ……………………………………… 044
  2.2.2 拉图尔的反身性方法论 ………………………………………… 047
  2.2.3 工匠精神 ………………………………………………………… 050
  2.2.4 职业生涯教育 …………………………………………………… 052
  2.2.5 全面质量控制理论 ……………………………………………… 054
2.3 质量功能配置的理念与原理 ………………………………………… 054
  2.3.1 质量功能配置的理念 …………………………………………… 054
  2.3.2 质量功能配置的基本原理 ……………………………………… 056
  2.3.3 质量功能配置核心质量屋的基本构成 ………………………… 061
2.4 质量功能配置模型的展开 …………………………………………… 062
  2.4.1 质量功能配置模型 ……………………………………………… 062
  2.4.2 质量功能配置模型展开的四个阶段 …………………………… 063
2.5 质量功能配置模型与课程内容组织 ………………………………… 064
  2.5.1 职业教育课程内容组织模式 …………………………………… 064
  2.5.2 基于质量功能配置模型的课程组织原则 ……………………… 066

第三章 基于质量功能配置模型的专业课程体系构建原理 …………… 073
3.1 质量功能配置模型的方法与原理 …………………………………… 073
  3.1.1 质量管理方法 …………………………………………………… 073
  3.1.2 质量功能配置 …………………………………………………… 074

    3.1.3 全面质量功能配置 ·· 075
  3.2 质量功能配置模型的发展动向 ·· 076
    3.2.1 关注顾客需求的多样化与复杂化 ···································· 076
    3.2.2 适应市场竞争的激烈性与颠覆性 ···································· 077
    3.2.3 尊重实践应用的安全性与生态性 ···································· 077
  3.3 基于质量功能配置模型的专业课程体系构建知识论 ························ 078
    3.3.1 全面发展论：学生的职业生命与精神生命融合 ························ 078
    3.3.2 自觉主体论：学生的职业素养与职业发展融合 ························ 079
    3.3.3 生活实践论：学生的职业实践与学习实践融合 ························ 082
  3.4 基于质量功能配置模型的专业课程体系构建实践论 ························ 084
    3.4.1 应用质量功能配置矩阵完善学校课程质量评估系统 ···················· 084
    3.4.2 应用质量功能配置评估教学与学习效果 ······························ 085
    3.4.3 应用质量功能配置开发学位课程 ···································· 088
    3.4.4 应用质量功能配置模型设置职业教育课程 ···························· 089
  3.5 基于质量功能配置模型的专业课程体系构建价值论 ························ 089
    3.5.1 促进组织改革 ·· 090
    3.5.2 产品特性转化为工艺特点 ·· 091
    3.5.3 提升课程体系构建的质量规划 ······································ 092
    3.5.4 选定最佳替代方案 ·· 093
    3.5.5 产品开发与服务追踪 ·· 093

第四章 国外职业教育专业课程体系构建的模式与案例 ························ 095
  4.1 当代国际职业教育课程的演进 ·· 095
    4.1.1 知识本位主导阶段：学科普适性课程 ································ 096
    4.1.2 能力本位主导阶段：改良版的学科普适性课程 ························ 097
    4.1.3 素养本位主导阶段：以设计和建构能力培养为导向的课程 ·············· 098
  4.2 国际典型职业教育专业课程体系构建模式 ································ 099
    4.2.1 德国的双元制课程设置模式 ·· 100
    4.2.2 加拿大的CBE课程设置模式 ·· 102
    4.2.3 澳大利亚的TAFE课程设置模式 ····································· 103
    4.2.4 中国的"宽基础、活模块"课程设置模式 ······························ 105

4.2.5　瑞士 CBL 课程设置模式 ……………………………………… 107
4.3　国外典型职业教育专业课程体系构建案例 ……………………………… 109
　　4.3.1　瑞士职业教育课程设置现状 ………………………………… 109
　　4.3.2　瑞士库尔技术与经济学院课程设置现状 …………………… 111
4.4　国外典型职业教育专业课程体系构建模式的启示 ……………………… 119
　　4.4.1　课程价值取向：力求以综合型的职业素质本位观统领各类课程
　　　　　 ………………………………………………………………… 119
　　4.4.2　课程目标：注重以生涯发展为导向的综合职业素质的培养 ……… 121
　　4.4.3　课程结构：重视系统化的职业分析和工作岗位分析 ……… 122
　　4.4.4　课程内容：职业教育课程与其他课程之间的融合衔接 …… 123

第五章　职业教育中外合作办学专业课程体系模型构建 …………… 125
5.1　模型构建依据 ……………………………………………………………… 125
　　5.1.1　模型构建理念 ………………………………………………… 125
　　5.1.2　模型构建假设 ………………………………………………… 127
5.2　职业教育中外合作办学专业课程体系构建的检测工具与方法 ………… 135
　　5.2.1　课程体系构建的顾客需求分析 ……………………………… 136
　　5.2.2　顾客需求权重的确定 ………………………………………… 142
5.3　顾客需求的课程体系构建要素转换 ……………………………………… 147
　　5.3.1　转换工具：质量屋 …………………………………………… 148
　　5.3.2　转换方法：四阶段模型 ……………………………………… 151
5.4　职业教育中外合作办学专业课程体系模型构建 ………………………… 155
　　5.4.1　职业教育中外合作办学专业课程体系模型构建的总体框架 …… 155
　　5.4.2　课程目标子模型 ……………………………………………… 157
　　5.4.3　课程结构及课程内容子模型 ………………………………… 157
　　5.4.4　课程排序子模型 ……………………………………………… 159
　　5.4.5　课程相关关系子模型 ………………………………………… 159
5.5　职业教育中外合作办学专业课程体系模型构建的操作策略 …………… 160
　　5.5.1　课程目标子模型构建的操作策略 …………………………… 160
　　5.5.2　课程结构及课程内容子模型构建的操作策略 ……………… 168
　　5.5.3　课程排序子模型构建的操作策略 …………………………… 173

  5.5.4 课程相关关系子模型构建的操作策略 ·········· 174

第六章 总结 ·········· 176
6.1 基本结论 ·········· 176
6.2 局限和不足 ·········· 177
6.3 研究展望 ·········· 177
  6.3.1 基于质量功能配置的职业教育中外合作办学专业课程体系
    构建之理论研究 ·········· 178
  6.3.2 基于质量功能配置的职业教育中外合作办学专业课程体系
    构建之个案跟踪研究 ·········· 178
  6.3.3 基于质量功能配置的职业教育中外合作办学专业课程体系
    构建之模型修正研究 ·········· 178

参考文献 ·········· 179

第一章
导　论

1.1　研究缘起

1.1.1　中国经济发展新常态对职业教育中外合作办学的质量建设提出了新的要求

2005年，李克强总理首次提出制定"互联网＋"行动计划。他在2016年国务院政府工作报告中多次提到利用互联网的力量解决中国面临的问题，这意味着中国已经进入了"互联网＋"时代。互联网技术的发展和应用正在带来知识传播方式的新变化。在十三五期间，中国大力实施网络实力增强、国家大数据战略、互联网＋行动计划等战略，大力推进互联网的发展和经济社会一体化。

2021年12月，在国务院印发的《"十四五"数字经济发展规划》中明确提出：深入推进智慧教育，构建高质量教育支持体系，推动"互联网＋教育"持续健康发展等目标。在中央网络安全和信息化委员会印发的《"十四五"国家信息化规划》中也着重提到了"互联网＋教育"的发展，明确了开展终身数字教育的任务，如完善国家数字教育资源公共服务体系，扩大优质资源覆盖面。中国社会各个领域高度关注，积极表现出行业和"互联网＋"深度一体化的必要性和实现性，为中外合作办学在高等职业教育领域中的改革与发展提供了前所未有的机遇和挑战。

随着中国高等教育对外开放的深入，中外合作办学教育项目蓬勃发展。作为在国际化背景下开展高等教育的重要手段，中外合作办学也将受到目前的"互联网＋教育"的影响。互联网技术，如大数据、云计算、移动互联网等技术优势在一定程度上解决了中外合作办学项目运作、运营过程中的一些问题，引发了中外合作办学对人才培养的深入变革。

第一,"互联网+"直接改变了传统的保守教育生态,使教育从封闭到开放。全球知识库正在以前所未有的加速度形成,大大丰富了教学资源的数量,通过互联网人们可以随时获取学习资源,从而降低学习成本,提高学习效率。

第二,"互联网+"打破了知识的垄断权威,教师不再具有课堂主动性的知识优势,学生获得知识的速度更快了,教师成为学生学习的合作伙伴和指导者。

第三,"互联网+"重新分配和整合教育资源,扩大优质教育资源的价值和作用。一个好的老师可以通过互联网教授数千甚至数万学生,缩小了由于地理、时间和教师师资而造成的传统教育差距。

第四,"互联网+"加速教育的自我演进。传统教育体系本身封闭,教育内容过时,教学方法落后,所培养的人才和社会发展需求契合度不高。而"互联网+"实现了更加广阔的教育开放度,加快了教育的自我演进。

此外,"互联网+教育"建立在新一代教育消费需求的基础之上,新一代人聚集在互联网上,这一代学生骨髓里的"互联网基因"更加稳定,他们有先天性的"亲属"属性。以客户需求为导向的"互联网+教育"模式,为职业教育中外合作办学的质量建设提供新的驱动力。

1.1.2 "一带一路"战略为职业教育中外合作办学的质量建设提供新机遇

"一带一路"战略不仅是国际发展的新思路,也是促进我国国内经济社会发展的重大战略,是中国全面深化改革的主要举措。目前,中国正在推进深化改革,教育是深化改革的重点领域,从衡量和思考的角度来看,教育改革必须促进教育水平的国际化。促进教育国际化不仅是对中国教育发展模式转型的总体要求,也是对不同类型人才培养的规格要求和质量规范以及推进"一带一路"倡议的大势所趋。

中外合作办学与公办高校、民办高校一起,并称为高等教育"三驾马车",在推动我国高等教育体制机制改革、拓宽人才培养途径、促进教育对外开放方面发挥了积极的促进作用。在"一带一路"倡议实施的大背景下,职业教育中外合作办学发展面临新的实践、新的要求和新的趋势,迎来新的发展机遇。

随着共建"一带一路"深入推进,越来越多职业教育合作项目在沿线国家落地。通过校企合作办学、中外院校共建、设立培训中心等方式,中国和"一带一路"沿线国家在培养多样化人才、传承技术技能、促进就业创业等方面取得显著成效,为当地经济社会发展提供了人力保障和智力支撑。

1.1.3 职业教育中外合作办学顶层设计指向质量建设,工作重心聚焦专业课程体系构建

2010年《国家中长期教育改革和发展规划纲要(2010—2020年)》(以下简称《教育规划纲要》)颁布实施,要求办好若干所示范性中外合作学校和一批中外合作办学项目,对新时期高等教育中外合作办学发展作出了明确的指导。在此指导下,国家教育行政部门对高等教育中外合作办学发展适时作出了由规模扩大、外延发展到质量提升、内涵建设的重大战略转移,质量建设成为高等教育中外合作办学发展的核心战略方向。2012年3月,教育部发布《教育部办公厅关于加强涉外办学规范管理的通知》,从"准确把握中外合作办学的政策界限""严格对境外学位证书的认证程序和标准"等七个方面要求地方教育行政部门、各高校"按照国家有关法律、法规的要求对涉外办学开展专项清理整顿"。该通知的下发实施,有力地规范了高等教育中外合作办学秩序,为中外合作办学质量建设工作的有序稳步推进奠定了基础;对落实《教育规划纲要》中关于高等教育中外合作办学的发展目标起到了重要作用。2013年7月,教育部国际合作与交流司下发的《关于近期高等学校中外合作办学有关情况的通报》指出,高等教育中外合作办学存在"外国高校'连锁店办学'""中介机构参与包办中外合作办学""个别中方高校办学目的不端正、动机不纯"等现象,要求"各地教育行政部门要根据上述情况,结合实际工作,对当前正在开展的有关工作,加强统筹,科学指导,严格把关,以保证中外合作办学工作健康有序的发展"。2013年12月,教育部发布《教育部关于进一步加强高等学校中外合作办学质量保障工作的意见》,对高等教育中外合作办学质量建设提出八项指导意见:"一、明确质量保障建设总体目标""二、加强全面统筹,优化布局结构""三、完善优质教育资源引进机制""四、规范办学过程管理""五、完善质量评价体系""六、加强质量监管和行业自律""七、推动改革创新,加大示范性中外合作办学支持力度""八、强化分级管理"。该文件是《教育规划纲要》实施以来国家教育行政部门实施的关于高等教育质量中的中外合作建设工作的最重要的一项文件,既是对《教育规划纲要》颁布实施三年来高等教育中外合作教育质量建设工作的系统总

结,也为中外合作办学下一步质量工作的建设指出了清晰目标。2016年4月,中央全面深化改革领导小组审议通过了《关于做好新时期教育对外开放工作的若干意见》。这是新中国成立后第一个将中国教育引向开放的文件。这充分体现了中共中央对于教育开放的重要态度,对促进我国教育开放具有重要的指导意义。国家教育行政部门推出的一系列政策措施,加强了职业教育中外合作办学的顶层设计,促进了职业教育中外合作办学的质量发展。

2020年6月,《教育部等八部门关于加快和扩大新时代教育对外开放的意见》(以下简称《意见》)正式印发。《意见》指出,教育对外开放是教育现代化的鲜明特征和重要推动力,要以习近平新时代中国特色社会主义思想为指导,坚持教育对外开放不动摇,主动加强同世界各国的互鉴、互容、互通,形成更全方位、更宽领域、更多层次、更加主动的教育对外开放局面。

近年来,党中央、国务院出台了关于支持海南、河北雄安新区全面深化改革开放的指导意见,印发了关于粤港澳大湾区、长三角区域一体化的发展规划纲要。教育部将结合《意见》的贯彻落实,支持海南建设国际教育创新岛,与此同时,支持粤港澳大湾区建设国际教育示范区,支持长三角地区率先开放、先行先试,支持雄安新区打造教育开放新标杆。

2021年10月,中共中央办公厅、国务院办公厅印发了《关于推动现代职业教育高质量发展的意见》,提出提升中外合作办学水平,办好一批示范性中外合作办学机构和项目。加强与国际高水平职业教育机构和组织的合作,开展学术研究、标准研制、人员交流。拓展中外合作交流平台。全方位践行世界技能组织2025战略,加强与联合国教科文组织等国际和地区组织的合作。积极打造一批高水平国际化的职业学校,推出一批具有国际影响力的专业标准、课程标准、教学资源。

在职业教育中外合作办学的质量建设过程中,关键和难点就是解决"个性"问题,解决的突破口就是有针对性地进行课程体系构建。课程建设是职业教育中外合作办学的基础,是提升职业教育中外合作办学教育质量的根本保证。

1.1.4 专业课程体系构建的提质增效是职业教育中外合作办学自身发展的必然趋势

中外合作教育是我国跨国高等教育的主要形式,是中国教育对外开放的一个组成部分。改革开放以来,在经济全球化、教育国际化和中国高等教育普及的共同促进下,中外合作办学发展迅速,成为除公办教育和民办教育之外中国高等教育发展的第三种形式。中国的经济、社会和高等教育本身对促进发展起到了积极作用。但是,中外合作办学的整体发展,特别是职业教育中外合作办学仍处在探索阶段,现有的问题不容忽视。这些问题既是理论层次的又是认知层次的,还有监管和政策层面的,以及很多实践方面的,目前的研究重点是如何引进、管理、利用和创新国外优质资源。值得强调的是,课程和教学是中外合作办学质量的核心。而其中的焦点问题便是课程体系构建问题,是否正确理解和解决这些问题,将直接影响职业教育中外合作办学的发展走向和命运。

引进国外高素质资源促进中国高等职业教育的发展是职业教育中外合作办学的核心。引进和利用国外优质资源,科学理性地设计课程,科学合理地进行课程体系构建,在相当程度上缓解了中国高等职业教育普及化进程中缺乏优质教育资源的问题,促进中国高等职业教育的发展,有利于完善中国高等教育的资源,开创教育改革和创新的局面,培养满足我国现代化技术建设需要的国际化人才。为此,在客观上就要求对职业教育中外合作办学的课程体系构建问题进行深入研究。

截至 2022 年 5 月 27 日,经教育部批准或备案的中外合作办学机构和项目共有 2559 个:本科以上的机构和项目 1254 个;职业教育中外合作办学机构和项目 1305 个,职业教育中外合作办学机构和项目占中外合作办学机构和项目总数的 51.0% 左右。职业教育中外合作办学涉及会计、旅游管理、市场营销、国际商务、机电一体化技术、建筑工程技术、酒店管理、计算机应用技术、电子商务、护理、软件技术等 382 个专业,合作对象涉及 39 个国家和地区。可以看出,经过多年建设发展,中外合作办学规模日益扩大,学科专业日益完善,合作对象逐步扩展。新时代,坚持扩大教育对外开放不动摇,是我国政府的决心。作为加快和扩大教育对外开放重要载体的中外合作办学,无疑将在高质量教育体系构建和新发展格局构建中发挥越来越重要的作用。中外合作办学高质量发展必将大有可为,也必将大有作为[1]。

但是,在引进优质资源过程中还存在许多亟待解决的问题,如:中外合作办学

---

[1] 数据来自中华人民共和国教育部中外合作办学监管工作信息平台(www.crs.jsj.edu.cn/index.php/default/index)。

职业教育专业的课程体系构建存在全盘拿来、各自为政的状态和局面,课程体系构建缺乏科学合理的依据,直接影响了课程实施效果,出现总体水平不高、优质教育资源得不到有效利用等问题[①]。这些都迫切需要我们在认知、理论和实践层面进行深入研究,把职业教育中外合作办学专业的课程体系构建问题放在重要位置加以探讨和研究,找寻其解决方案和发展对策。

1.2 研究现状与问题域

我国职业教育院校的中外合作办学研究首先需要整理出国外与国内相关研究,通过对文献的系统性梳理,归纳出与本研究相关的四方面的内容,即"关于中外合作办学的国内外研究现状""关于职业教育课程体系构建的国内外研究现状""职业教育专业设置模式的研究现状""职业教育课程体系构建模式的研究现状",并在此基础上整理出国内外深度研究的问题域,即"课程体系构建的宏观研究""语言类课程体系构建的研究""公共基础课程体系构建的研究""专业课程体系构建的研究""中外合作办学模式下课程体系构建的典型案例分析"等,进而分析国内外相关研究对本研究的启示及存在的不足。

1.2.1 中外合作办学国内外研究现状

1) 国外研究现状

笔者于 2022 年 5 月 27 日在 EBSCO 数据库以题名检索"transnational education"共得到 900 条记录,而以题名检索"transnational education""China",布尔逻辑词是"and",即题目中同时包括"中外合作办学"和"课程"的所有期刊、学位论文、报纸,共有 105 条记录。

国外研究尚未形成专门针对中外合作办学的研究体系,主要集中于对跨国高等教育合作办学的研究。近年来,高等教育领域的国际合作发展迅猛,高等教育的

---

① 林金辉,刘志平.高等教育中外合作办学研究[M].广州:广东高等教育出版社,2010:12.

国际合作形式也由传统的留学生教育模式发展成为类型多样的跨国(境)教育模式,并涌现出一批具有代表性的跨国(境)高等教育输出国(地区)和输入国(地区)。跨国(境)高等教育的迅速发展引起了各国专家、学者及相关国际组织的重视,其组织开展了大量研究,成果丰硕,为我们了解和研究跨国高等教育提供了研究基础和资料,也为高等教育中外合作办学引进优质教育资源的实践及理论提供了有益的启发和借鉴。

国外(境外)在跨国(境)高等教育领域的研究成果主要涉及以下几方面内容:

(1) 关于跨国高等教育发展背景、动因及影响的研究

如联合国教科文组织(UNESCO)与国际大学协会(IAU)于2002年合作出版的研究集 *Globalization and the Market in Higher Education:Quality,Accreditation and Qualification*,该研究主要内容包括高等教育的全球化背景及对各个国家和地区的影响,高等教育的市场化因素、特点及对全球高等教育的影响等;又如,美国著名学者 Philip G. Altbach 就高等教育国际化的特征、发展趋势及其对各国高等教育和跨国高等教育发展的影响所做的深入研究;等等。

(2) 关于跨国高等教育的基本理论问题研究,包括对跨国高等教育的定义、分类、性质、模式及政策框架的分析和探讨

如 Jane Knight、Irshad Hussain 等人关于跨国高等教育的定义、分类、模式、特点进行了研究。英国学者 Svava Bjarnason 在其研究报告 *Emerging Trends in Cross-border Education for Capacity Development* 中对世界各国跨国高等教育的总体特点和发展态势进行了宏观分析,并对各国跨国高等教育的政策框架及其特点进行了初步分析和归纳。欧洲跨国高等教育的七种主要类型,包括特许经营(franchising)、海外分校(branch campus)、远程教育(distance-learning)、虚拟大学(virtual universities)、境外机构(offshore institution)、国际机构(international institution)、公司大学(corporate universities)。Grant Mcburnie 和 Christopher Ziguras 在其合著的 *Transnation Education:Issue and Trends in Offshore Higher Education* 中也对跨国高等教育进行了系统的研究。该书剖析了跨国高等教育的现状、模式、存在的问题和危机,并就跨国高等教育的制度框架和质量保障等问题进行了专题研究,为跨国高等教育监管机制的建立和完善提供了理论指导和参考。

(3) 重要的国际机构和组织以及有关国家关于跨国高等教育的办学规范、

行为准则和质量的声明与共识

如欧盟和联合国教科文组织关于跨国教育办学行为准则[Council of Europe/UNESCO(2000), Code of Good Practice in the Provision of Transnational Education],国际大学联合会等机构代表世界各国高等教育机构提出的对跨国高等教育质量的共识声明[International Association of Universities(IAU), Association of Universities and Colleges Canada(AUCC), American Council on Education(ACE)and Council for Higher Education Accreditation(CHEA)(2004), Sharing Quality Higher Education Across Borders: A Statement on Behalf of Higher Education Institutions Worldwide],以及英国、澳大利亚和新西兰等国政府或大学联合会关于跨国高等教育的规范文件,如英国质量保障署(Quality Assurance Agency,QAA)1998年公布的Code of Practice for the Assurance of Academic Quality and Standards in Higher Education,澳大利亚大学校长委员会(AVCC)于2005年4月发表的Provision of Education to International Students: Code of Practice for Australian Universities等。

(4)关于跨国高等教育的国别研究和区域研究

这方面的研究成果较多。一方面,英国、澳大利亚、新西兰等国政府和高等教育组织都纷纷针对本国跨国高等教育政策和实施组织开展相关研究,如英国的高等教育统计署(UN Higher Education Statistics Agency)、英国质量保障署及英国文化委员会(British Council)发表的关于英国海外办学的统计报告和调查报告,设在英国的研究组织The Observatory on Borderless Higher Education发表的关于跨国高等教育理论及各国跨国高等教育发展情况的系列研究报告,澳大利亚政府教育、科学与训练部(Department of Education, Science and Training)的A National Quality Strategy for Australian Transnational Education and Training: A Discussion Paper,以及新西兰政府教育部发表的New Zealand's Offshore Public Tertiary Education Programmers Initial Stock Take等。另一方面,许多国外专家和学者也有关于各主要跨国(境)高等教育国家和地区跨国(境)高等教育理论与实践研究的成果问世。如日本学者黄福涛主编的关于亚洲地区国家和地区跨国(境)高等教育的研究专著 Transnational Higher Education in Asia and the Pacific Region,Annick Corbeil关于新加坡跨国高等教育项目中的国际学生问题的硕士学位论文"The Experiences of International Students in Transnational Higher

Education Programs in Singapore"等。

（5）境外关于高等教育中外合作办学的研究

中国是主要跨国高等教育输入国之一，市场潜力巨大。作为跨国高等教育主要实现形式的中外合作办学近年来发展迅速，在国际社会引起广泛关注，许多国外专家和学者都对中外合作办学开展了相应研究并有成果发表。如美国学者 Philip G. Altbach 在其论文"Chinese Higher Education in an Open-Door Era"中对中外合作办学的发展动力、特征及面临的挑战提出了深刻见解；日本广岛大学黄福涛博士在其论文"Transnational Higher Education: A Perspective from China"中对中外合作办学的政策框架和发展模式进行了研究；美国斯坦福大学的 Chenchen Zhang 在其硕士学位论文中从经济、文化、社会和高等教育自身等角度分析了中外合作办学的发展背景，并着重探讨了中外合作办学的理论基础和政策框架；香港大学 Gerard A. Postiglione（白杰瑞）教授与厦门大学林金辉教授合作开展了高等教育中外合作办学研究，并已于 2007 年 1 月和 7 月在厦门大学和香港大学召开了主题为"高等教育中外合作办学的政策走向和质量保障"和"高等教育中外合作办学质量保障与课程国际化"的学术研讨会。这些研究为我们进一步研究中外合作办学拓宽了研究视野，具有重要的参考价值。

2）国内研究现状

伴随着经济、科技的迅速发展，高等教育全球化已经成为发展的新趋势。改革开放以来，我国中外合作办学呈现快速发展的势头，截至 2016 年 12 月，我国已有各级各类中外合作办学在校生约 55 万人、毕业生超过 160 万人。这是经济全球化、高等教育国际化的必然结果。

在此背景下，学术界、理论界对中外合作办学进行了各方面多学科、多视角的研究，笔者于 2022 年 5 月 25 日在中国知网数据库以题名检索"中外合作办学"，得到 4051 条记录，其中期刊论文 3615 篇，硕士学位论文 204 篇，博士学位论文 7 篇，会议论文 68 篇，报纸 122 篇，内容涉及高等教育中外合作办学理论与实践的各个层次与方面；同时以题名检索"中外合作办学""课程"，布尔逻辑词是"与"，检索条件：题名＝中外合作办学并且题名＝课程（精确匹配），即题目中同时包括"中外合作办学"和"课程"的所有期刊、学位论文、报纸，1990—2022 年共有 262 条记录，其中期刊论文 241 篇，硕士学位论文 6 篇，博士学位论文 1 篇，报纸 2 篇。

经过梳理,现有研究成果和参考文献内容主要集中在以下几方面。

(1) 高等教育中外合作办学的发展背景与意义

此类文献主要从经济全球化、高等教育国际化以及中国加入世界贸易组织等方面探讨了高等教育中外合作办学的发展背景、动力、意义及趋势。如陈贤忠、靳希斌、邬大光等学者都出版了关于世界贸易组织、国际教育服务贸易的组织与运作形式、特点、法律框架及其对我国高等教育的影响和应对策略的专著,黄建如、肖地生、王敏丽等学者也从经济全球化、高等教育国际化及中国加入世界贸易组织等方面探讨了中外合作办学的发展机遇、动力和特点并发表了系列论文。

(2) 高等教育中外合作办学的政策、法规及其相关研究

重要法规和政策文件有1995年的《中外合作办学暂行规定》、2003年的《中华人民共和国中外合作办学条例》、2004年的《中华人民共和国中外合作办学条例实施办法》等;重要文件包括教育部和各个省区市的管理文件和报告,如教育部先后于2006年2月和2007年4月下发的《教育部关于当前中外合作办学若干问题的意见》和《教育部关于进一步规范中外合作办学秩序的通知》,2009年7月下发的《教育部办公厅关于开展中外合作办学评估工作的通知》等;相关研究有章新胜的《认真学习贯彻实施〈中外合作办学条例〉》、岑建君的《做好中外合作办学的顶层设计》、江彦桥的《中外合作办学政策失真及其对策措施》、张蕾等人的《中外合作办学实践中的法律问题及法律建议》,等等。这些材料为本书梳理和分析高等教育中外合作办学的相关政策与法规提供了参考依据。

(3) 高等教育中外合作办学的实践经验总结、地方或院校个案分析与介绍

笔者在查阅文献资料过程中发现这部分的研究成果主要是高校主管合作办学的领导把本校的中外合作办学项目进行经验报告或情况汇总。如关于各省市高等教育中外合作办学实践问题的研究有张超颖的《北京高等教育中外合作办学现状研究》,蒋良凤的硕士学位论文《湖南省高等学校中外合作办学现状、问题及对策》,宗希云的《黑龙江省高校中外合作办学的对策研究》,李行亮、吴慧的《江西省高校中外合作办学的现状与对策研究》,晏少杰的《河南省高等院校中外合作办学现状与对策》,等等;院校个案研究有王文利的硕士学位论文《辽宁工学院中外合作办学问题研究》,叶光煌的《中外合作办学的实践与若干问题的思考——以集美大学与美国库克大学合作项目为例》,肖地生、陈永祥的《一个独特的中外合作办学模式——南京大学-约翰斯·霍普金斯大学中美文化研究中心》,等等。

(4) 关于高等教育中外合作办学的教育主权、管理体制、质量保障等问题的专题研究

在20世纪90年代,国内学者对国家主权的讨论比较多,而对主权的讨论却刚刚起步。针对中外合作办学如何正确认识和把握教育主权、如何处理开放和限制的关系等问题,2000年以来的研究相对较多,如关于高等教育中外合作办学中教育主权、管理体制、质量保障等问题的专题研究。关于高等教育中外合作办学中教育主权问题的研究有潘懋元的《教育主权与教育产权关系辨析》,罗明东、杨颖的《中外合作办学进程中教育主权问题研究》等;关于高等教育中外合作办学监督问题的研究有鲁芳的硕士学位论文《我国高校跨境合作办学监管问题研究》,贾娜的硕士学位论文《中外合作办学机构财务管理制度研究》,林金辉、刘志平的《论高等教育中外合作办学的规范与引导》,冯伟哲等的《对高校中外合作办学组织管理的探讨》等;关于高等教育中外合作办学课程与教学问题的研究有周洁的《高校中外合作办学的双语教学模式探索》,杨爱英的《中外合作办学国内培养阶段教学的特点》等;关于高等教育中外合作办学质量保障问题的研究有梁燕的硕士学位论文《论我国中外合作办学质量保障体系建设》,阳金萍的《中外合作办学质量保证体系初探》等。

(5) 跨国高等教育的国际比较及其与高等教育中外合作办学的关系

高等教育中外合作办学是跨国高等教育在中国的实现形式,因此,许多国内学者对跨国高等教育的理论及主要跨国(境)高等教育国家和地区的跨国(境)高等教育实践进行了深入研究和探讨,并从跨国高等教育视角对高等教育中外合作办学进行了分析和研究。如王剑波的博士学位论文《跨国高等教育理论与中国的实践》,杨辉的博士学位论文《跨国高等教育视野下我国高等教育中外合作办学研究》,刘娜的硕士学位论文《关于澳大利亚跨国高等教育的初步研究》,徐小洲与张剑的《亚太地区跨国教育的发展态势与政策因应——中国、澳大利亚、马来西亚的案例比较》,王剑波和薛天祥的《马来西亚、香港、以色列等国家(地区)跨国高等教育比较研究》,徐小洲和柳圣爱的《韩国跨国教育的现状与问题》,刘娜和许明的《欧洲跨国高等教育的动因、模式与问题》,等等。这些为开展跨国高等教育的比较研究提供了坚实的研究基础和丰富的资料信息。

(6) 关于高等教育中外合作办学中引进优质教育资源问题的研究

目前,这方面的研究较少,主要成果有:林金辉、刘志平的《中外合作办学中优

质高等教育资源的合理引进与有效利用》对国外高等教育资源的引进历程、存在的主要问题及对策建议进行了初步探讨;张乐天和王敏丽分别在其论文《中外合作办学与引进国外优质教育资源》和《关于中外合作办学"优质教育资源"的思考》中对中外合作办学引进优质教育资源的实质内涵、存在的问题与实践原则进行了分析和探讨;叶光煌在《中外合作办学引进国外优质教育资源探析》一文中对当前高等教育中外合作办学在引进优质教育资源方面存在的主要问题及其原因进行了分析并提出了相应的对策;周梦君等所著的《中外合作办学是引进国外优质教育资源提升教育整体水平的有效途径》一文结合实例分析归纳了中外合作办学在引进优质教育资源中发挥的具体影响和作用;张圣坤在《引进优质教育资源,提升中外合作办学水平》一文中总结了上海交通大学在中外合作办学引进优质教育资源方面的经验和做法,并在此基础上对中外合作办学的发展提出了相关建议。

(7) 关于高等教育中外合作办学中课程体系构建问题的研究

对中外合作办学模式下的课程问题的研究,随着对中外合作办学模式的研究而成为近几年研究的热点,如前所述,笔者对在中国知网数据库检索到的262篇文献进行粗读,剔除掉高中阶段中外合作办学等不相关文章7篇,对余下的255篇文章进行了分析、归纳和总结,以了解目前高等教育基于中外合作办学的课程研究现状,并据此归纳发展趋势。

3) 主要研究问题域

已有中外合作办学的课程体系构建研究主要体现在以下几个方面。

(1) 课程体系构建的宏观研究

宏观研究主要从课程体系构建的现状进行分析和归纳,并提出对策性的建议。如:熊静漪对我国现存的中外合作办学课程体系设置的现状进行梳理和总结,并提出建议;张晓如对中外合作课程教学的本土化进行了研究;张宁对中外合作课程"依附"与"借鉴"进行了探析;张伟远等人讨论了优质的境外远程教育学历课程进入内地市场的挑战,以及未来教育的新模式对中外合作办学形式的挑战和我国香港高校与内地合作办学的独特优势;陆劲松、丁云伟认为完善中外合作办学法规需要改变旧的教育观念、创建良性的高等教育竞争环境,构建国际化课程体系是促进中外合作办学进一步发展的重要因素。

（2）语言类课程体系构建的研究

有的学者侧重明确语言类课程在整个中外合作办学课程体系中的定位。如：王催春研究了中外合作办学模式下语言类课程的教学目标、课程性质、教学要求的定位；孟春国探讨了中外合作办学模式下语言类课程的定位及课程方案等问题。有的学者重点探讨语言类课程体系构建及其与教学之间的关系。如：李建红探讨了职业教育院校英语课程体系构建与教学的几个方面的问题；王超伟论述了中外高校合作办学模式下英语课程和接轨专业课程的重要性，提出中外合作办学项目中英语课程体系构建及教学中应做的改革和调整；张楠分析了外语课程体系构建的普遍性与特殊性；张漾滨创新了外语教学的方式方法；李进斌论述了中外合作办学为英语课程教学改革所带来的机遇与挑战，并对改革模式等方法进行了探讨；李莉利用需求分析理论论述了其在中外合作办学英语课程体系构建中的应用。

（3）公共基础课程体系构建的研究

这方面的研究不多，主要涉及思想政治类课程、体育类课程等。如：李正雯从中外合作办学模式下学生管理存在的问题入手，分析了中外合作办学模式下在形势与政策课程的设置安排上呈现出的特点。余潮青认为中外合作办学中"思想政治理论课"课程体系构建具有必要性，并且面临不少问题，并提出了中外合作办学"思想政治理论课"课程体系构建的理念策略：一是要树立明确的"思想政治理论课"理念，二是要构建完善的"思想政治理论课"的课程体系，三是要强调培养融会于相关课程中的人文精神。韩爱芳通过运用文献资料法、逻辑推理法等研究方法，对郑州大学西亚斯国际学院体育教育专业民族传统体育方向的培养目标、课程体系构建进行了研究。

（4）专业课程体系构建的研究

有关专业课程体系构建的研究主要集中在财务会计、工商管理、计算机等专业中。如：张晓如、程科从计算机专业的特点出发，提出了专业课程体系的具体实施和构建方法；卢敏杰主张将当今出现的工学结合课程的设计方式应用到中外合作办学模式中；朱淮泽、黄惠琴分析了财务会计课程作为双语课程在教学中的教学目标、课程定位、教学方式，以及双语师资培训等问题；张漾滨[①]对中外合作办学项目

---

① 张漾滨.中外合作办学项目外语课程教学的探索与实践[J].湖南科技学院学报,2008,29(5):195-196.

中的专业课程教学进行了探索;施冬梅研究了在中外合作班的计算机专业课程中的教学方法;刘立燕、雷芳妮基于中外合作交流项目的实践,对工商管理类本科会计学课程教学改革进行了探索;吴其圆探讨了职业教育中外合作办学会计专业课程体系的构建。

(5) 中外合作办学模式下课程体系构建的典型案例分析

这方面的研究大多针对具体个案进行分析,能够推广的一般经验较少。如:张玲以武汉职业技术学院与澳大利亚阳光海岸大学在旅游管理专业开展的中澳合作办学项目为研究对象,主要就该专业课程设置和实施现状、实施过程中存在的问题等进行了研究,并得出该校在中澳合作办学课程体系构建过程中参与度不够、教育资源引进力度不够、外语教学效果未能达到预期效果、实施过程缺乏有效的沟通机制等结论,最后对职业教育院校在实施合作办学时提出三点建议,即成立专门的课程体系构建小组、开展外语模块化教学、建立健全的沟通机制;周元琴针对南京信息工程大学计算机与软件学院中外合作办学的实际情况,结合计算机专业的特点,分析了中外合作办学课程体系构建的原则,并提出了课程体系的具体实施和构建方法。

4) 国内外研究存在的不足

国内文献资料从不同角度对中外合作办学课程体系构建模式进行了论述,有比较,有反思,有改革,有建议,对中外合作办学的课程体系构建提供了很大的帮助。诸多文献资料表明,中外合作办学的课程体系构建应该根据自身情况以及国外合作高校的特点,设立符合自身特点、迎合国际教育理念的具有特色的课程体系构建模式。

从国内已有研究成果来看,关于高等教育中外合作办学这一主题的研究内容非常广泛,涉及高等教育中外合作办学的内涵意义、现状问题、政策法规、办学模式、监管体制、质量保障等各个方面,为本研究提供了坚实的理论基础和大量的资料与信息。但总体而言,对高等教育中外合作办学课程问题的研究尤其是对课程体系构建进行专题研究的还不多,现有研究较为零散,研究角度单一,或者是英语课程体系构建的角度,或者是专业课程体系构建的角度,而将课程体系构建(包括语言类课程体系构建、公共基础课程体系构建和专业课程体系构建)作为一个完整体系来研究的几乎没有。研究方法相对传统,而运用实证研究、定量分析等方法进行科学性的研究是未来研究需要关注的。已有的研究存在如下几个问题。

(1) 研究视角方面,缺乏对课程体系构建科学、系统的规划

从语言课程体系构建的角度来看,当前的研究局限于语言课程体系构建的体系与方案,尚未从理论上明确语言课程在整个课程体系构建体系中的定位。

从专业课程的角度来看,当前的研究局限于双语课程的教学,对专业课程的定位、专业课程体系构建,以及专业课程的国际化与本土化等方面的研究并未深入地展开。

从整个中外合作办学体系中的课程体系构建角度来看,目前的研究尚未将语言类课程体系构建和专业课程体系构建作为一个完整的体系来研究,并运用科学的方法来探索影响中外合作办学课程体系构建的因素。

(2) 研究内容方面,存在研究前提僵化、研究范围狭窄等问题

研究前提方面,由于思维定式和传统课程体系构建的影子效应,现有的课程体系构建研究都没有跳脱公共基础课、专业课、专业核心课的传统三段式课程体系构建定式。

研究范围狭窄体现在:目前有关中外合作办学课程体系构建的研究文献数量非常有限,且在研究内容上都属于一般研究,根据自身情况和实际问题、国外合作高校的特点,从理论层面上重点介绍客观问题,缺乏结合实证的方法进行有针对性的研究;不够系统和全面,同时研究内容相对浅显,在核心期刊上发表的研究论文很少;对于中外合作办学课程体系构建中出现的问题如何解决和革新的研究明显不足。

(3) 研究结论方面,具有明显的局限性,同时缺乏应用普适性

现有的研究或是集中于典型个案研究,或是限于面上的泛泛而谈,从中外合作办学课程体系的框架构建的角度,没有提供科学规范的理论依据和实践操作路径,也没有从学科、专业的角度,结合国际上发达国家和地区的优势学科或优势专业的课程体系设置进行经验借鉴。例如:没有明确提出影响课程体系框架构建的因素有哪些,也没有形成构建专业课程体系的一般经验。本书将采用 SPSS 统计软件对课程体系构建的影响因子、课程之间的相关性进行更深层次的差异分析。

(4) 研究方法方面,较少运用数理统计法

研究也有很多用到数理统计法的地方,但是在数理统计法运用中,大部分停留于手工计算百分比或运用 Excel 分析百分比。近几年来,SPSS 统计软件的运用可

以对数据进行回归分析、差异检验和频数分析,这样对数据的利用率就很高,同时还能发现百分比体现不出的问题。

1.2.2 职业教育课程体系构建的国内外研究现状

1) 国外研究现状

欧美等发达国家在职业教育课程方面的研究比较充分,包括实证方法的运用和理论的总结,在职业教育课程的课程目标、课程内容、课程结构、课程评价等方面都有深入的研究。

在课程体系构建的国别研究上,欧洲职业培训发展中心出版的一系列丛书对一些国家目前高等职业教育展开的相关情况有一些描述,比如 *Vocational Education and Training in the United Kingdom*,*Vocational Education and Training in France*,等等。它们基本上都是侧重从一个整体来介绍各个国家的高等职业教育发展的相关状况,然后在介绍过程中简要地涉及课程。其内容和我国的职业教育国别研究的相关书籍情况差不多,主要是静态的描述和一一呈现职业教育的各个方面。关于论述课程体系构建的书不多,并且对于发展动态进行描述研究的书也比较少,这不利于我国掌握最新的国外教育动态,借鉴最新的成果改革我国的课程体系构建。

课程体系构建的国际研究方面,目前各个国家的职业教育名称不同,比如在德国就没有高等职业教育的概念,同样地,一些国家高等职业教育课程实施的机构也不相同,这造成了国际研究相对还比较匮乏。目前国外研究比较多的是开始于20世纪80年代的对 CBE(Competency-based Education,能力本位教育)和 DACUM (Developing A Curriculum)课程模式的相关讨论,澳大利亚政府推广的国家培训框架(National Training Framework,NTF)和 Training Package(培训包),引发了对 TAFE(Technical And Further Education,职业技术教育学院)职业证书获得方式和教育体系的衔接等诸多问题的论述;尤其对波及范围较广,对目前我国职业教育课程产生影响的德国双元制(dual system)课程体系的论述和研究最多,具有代表性的是欧盟"亚洲联系"项目支持的"关于课程开发的课程设计(DCCD)",其比较具体地介绍了德国学习领域课程的发展动向。

课程体系构建的国际比较研究方面,比较典型的有《职业教育与培训学习新概念》《美国加拿大高等教育评估 第二分册 高等学校的评估》等书,这些书的深度和广度都不尽相同,但系统性和综合性不够。

战后世界高等职业教育发展与变革的重点之一就是课程的演进,以课程取向的变化作为出发点,其演进的基本走向为:学科式的普适性—岗位式的专业性—关注迁移能力的专业性—强调继续学习能力的普适性(见表1-1)。

表1-1 战后世界高等职业教育课程演进趋势

阶段	二战至20世纪60年代末	20世纪70年代初期至80年代初期	20世纪80年代中期至90年代初期	20世纪90年代中期至21世纪初期
社会背景	经济恢复发展,劳动力供不应求,职业教育大扩展	培训兴起,产学合作深化,劳动力供大于求,职业教育大整顿,压缩规模、追求质量	能力本位职教课程的兴起,终身学习的影响,岗位迁移能力的需求	知识经济、网络时代等冲击,结构主义不断发展,岗位界限模糊,学习化社会到来
课程取向	学科式的普适性	岗位式的专业性	关注迁移能力的专业性	强调继续学习能力的普适性
课程实施主体	学校	以学校为主的产学结合	以企业为主的产学合作	学校、企业、行业等多元办学主体共同合作
课程结构	以学科为组织单位,理论与实践分开	按专业和岗位设置的理论与实践交替的课程	模块化课程组织,学分制,各模块之间有顺序性	课程整合化,理论与实践相互交融

职业教育是社会经济发展、科技进步的必然产物。它的发展是与社会的大环境紧密联系的,受到社会经济与科学技术发展水平等要素的制约。经济基础决定上层建筑,应该说任何一种类型的教育脱离了社会现实基本上都不会取得成功,每一种有特色的职业教育模式的产生都根植于特定的社会历史环境。在职业教育体系中,课程是实现人才培养的重要手段,在教育活动中处于核心地位。对国外发达国家职业教育课程发展脉络的把握,有利于了解世界高等职业教育发展的历史、现实和未来发展趋势。此外,我国职业教育正处于从数量化、规模化向内涵化发展转变的时期,示范性职业院校建立的目的就是提高高等职业教育的质量,而提高质量的关键点就是课程的改革问题。对于国外职业教育课程发展的几个阶段的把握,有利于我们吸取国外过去职业教育课程发展的经验和教训,从而得到有益的发展启示。

(1) 学科普适性课程(第二次世界大战到 20 世纪 60 年代末)

第二次世界大战影响了整个世界。无论是战胜国还是战败国,经济的发展都因为战争受到重创。在当时的社会大环境下,恢复社会经济发展是第一要务,另外加上人力资本和现代化理论的影响,各国政府认识到教育对经济发展的巨大促进发展,发展教育普遍得到各国的重视。当时职业教育发展走的是规模化发展道路,目的是满足战后复员军人和大量失业人口的受教育需求,从而实现社会的稳定。因为战争的影响,社会劳动力匮乏,处于供不应求的状态,缺乏提高职业教育的内动力,因此当时国外对教育类型的特殊性要求不高,职业教育主要承袭高等教育模式,采取学校本位和学科本位的课程模式。

这一阶段,世界各国及地区的高等职业教育课程大体上采用的都是学科普适性的课程,仅有少数几个国家程度不一,比如澳大利亚,其战后的工业化进程有力地促进了技术学院和技术教育的发展。为了应对国民经济的发展和经济结构的变化带来的挑战,以马丁为首的咨询委员会的成立,成为调整高等职业教育的开端。此后成立了高等教育学院,其课程体系构建适应了澳大利亚经济多样化发展的需要,具有灵活性、针对性。

(2) 工作岗位适应性课程(20 世纪 70 年代初期至 80 年代初期)

这一阶段以中东地区的石油危机为导火线,引发了资本主义国家二战后规模最大并且持续时间最长的经济危机。这段时间许多国家经济出现衰落,很多社会人员失业,人才供求关系从供不应求转为供大于求。经济形势的变化直接影响教育的发展,此时教育的发展出现危机。之前人们为了寻求升值投入金钱去学校接受教育,但是大量毕业的学生找不到工作,这使得人们开始质疑学校教育模式的合理性,开始寻找一种新的人才培养模式,能够直接上岗、具有操作能力的人才得到了普遍重视。此外,美国芝加哥大学福斯特教授对巴洛夫的职业技术教育学说提出质疑,他反对单一的职业学校教育,主张"非正规灵活"的在职培训,主张企业参与到职业教育中来。这个阶段企业与学校加强了教育联系,产学合作得到重视,但是产学合作还是以学校为主导,当时就业能力或者具体的岗位操作能力是课程体系构建的核心内容,具有代表性的课程模式是 MES(Modules of Employable Skill)。这个阶段,世界发达国家都不同程度地遭受了经济危机的打击,教育质量在下降。许多国家开始重视职业教育,开始考虑建立不同类型的教育,产学合作得到重视。德国高等专科学院与企业合作,把企业的用人需求放在首位,这是一种典型的工学结合。普适性最强的美国也开始推行生计教育,加强职业教育与普通教育之间的联系,增强课程的职业性。

(3) 能力本位课程(20世纪80年代中期至90年代初期)

伴随着20世纪80年代中后期各国经济的高速发展,世界范围内教育改革的步伐也明显加快。70年代后期兴起的CBE课程模式得到大范围推广,许多国家建立了能力本位的课程模式,主要有任务本位的加拿大模式、职业素质本位的澳大利亚模式和胜任能力本位的英国模式。这三种模式都属于CBE,主要强调的是操作能力,但是它与前一阶段的不同之处在于它注意到了知识的迁移,专业性与第二阶段相比有所下降,这主要得益于当时的社会环境,即科技的发展、岗位变动频繁。许多新职业不断产生,同时一些传统职业被兼并或者撤销。教育的服务功能不再是一劳永逸的,不能一次性完全提供职业所需要的岗位能力,因此一些国家开始重视核心能力和关键能力的培养。此外,还有一些国家开始搭建普通教育与职业教育的立交桥,不同的教育体系的转换得到逐步实现。

这一阶段,国外发达国家职业教育课程开始采取能力本位的课程模式,CBE在世界范围广泛传播,以企业需求为主,企业主导的校企合作机制在很多国家得到建立,典型的是德国职业学院的双元制培训体系。另外,基于终身教育的思想和社会的现实环境,许多国家在强调课程专业性的基础上增加了一般职业素质这一内容,岗位的迁移得到普遍重视。

(4) 关注普适性和整体职业能力发展的课程模式(20世纪90年代中期至21世纪初期)

进入20世纪90年代中后期,由于知识经济、网络时代、学习化社会等的影响,职业间的界限不再明显,市场对人才的需求标准改变,复合型人才得到重视。在许多国家,比如英国多科技术学院纷纷升格为大学,招收不同类型的学生。职业教育课程体系构建发生新的转变,为了突出教育终身化、全民化的趋势,职业教育课程由专业性向普适性发展,这个普适性和学科普适性课程是有很大区别的,它强调的是继续学习能力的培养。英联邦国家的做法是进一步完善教育体系,寻求普通教育与职业教育的等值。英国于1992年推出一种相当于高级水平的普通教育证书就突出了这一点。此外,职业教育评估形式发生变化,教育立法得到普遍重视。许多国家通过立法,推行了国家资格标准。这一系列政策使得课程的设置更加体现个性化需求,人们可以通过各种方式享受教育资源。

这一阶段,高等职业教育课程关注人的需求和社会职业发展的需要,理论与实践知识的界限不再明显,取而代之的是整合性知识。在德国,职业教育课程开始注重培养受教育者在复杂的工作情境中作出判断并采取行动的综合职业能力,具有代表性的是学习领域课程模式。

总体来说,国外职业教育课程的发展经历了学科系统化课程、培养具体工作岗位的课程、关注迁移能力发展的课程和关注整体职业能力发展的课程四个时期,其中培养具体工作岗位的课程和关注迁移能力发展的课程都属于能力本位课程。目前能力本位和素质本位的课程模式仍然深深地影响着世界各国的职业教育,具有代表性的课程模式是 CBE、MES 等。进入 21 世纪以来,德国的学习领域课程模式成为课程改革的主要方向。

同时在课程理论方面,国外学者出版了大量的著作,例如美国学者艾伦·C. 奥恩斯坦和费朗西斯·P. 汉金斯合著的《课程:基础、原理和问题》(第三版)、小威廉姆·E. 多尔的《后现代课程观》、迈克尔·W. 阿普尔的《意识形态与课程》、麦克·扬的《未来的课程》、B. 霍尔姆斯和 M. 麦克莱恩合著的《比较课程论》等,这些著作对传统的课程体系构建理论进行了批判性的研究,然后构建了符合现代教育特点的课程体系构建理论,对整个高等职业教育的课程体系构建很有借鉴意义。

目前越来越多的发达国家和地区在职业教育课程体系构建的理论上采用了结构主义课程,在课程体系构建,以培养学生的综合能力和终身学习能力为宗旨,采用开放灵活的课程体系,按照课程单元(或模块)实行"单元学分+累积学分"制,以适应长期和短期、校内和校外、课堂和在线以及连续和中断等多种形式的学习,其终极目的在于提高学员适应职业变化的能力。

2)国内研究现状

我国学者和专家对课程体系构建这一问题的研究主要集中在基础教育这一层次上,即对小学和中学的课程体系构建有具体、专门和深入的研究,对高校课程体系构建的研究相对来说要少些,对高等职业教育课程体系构建的研究就更少了。随着近期职业教育课程改革的迅速发展,众多专家和学者在这方面进行了大量的理论探讨及实践摸索,从近十年发表的论文及出版的专著来看,职业教育课程理论和课程改革的研究成果喜人。

学者们主要从以下几个方面对职业教育课程体系构建进行了研究。

(1) 国内职业教育课程体系构建中的问题分析

对职业教育课程体系构建中的问题的研究众多,学者们主要从以下几个方面进行了分析:对课程权利主体与行政主体存在问题的研究;对课程编制存在问题的研究;对课程评价体系和课程质量保障体系存在问题的研究;对课程管理和相关的教育政策、法律法规存在问题的研究。另外,职业教育课程的特点、职业教育课程模式存在的问题、职业教育课程开发与实践中存在的问题,也是许多研究者研究的切入点。

国内最早对高等职业教育进行较为系统研究的是由杨金土、孟广平、吕鑫祥等7人在1994年底组成的高等职业教育理论研讨小组,举办了民间学术交流性质的高等职业教育系列理论研讨活动,相继就高等职业教育的地位和作用、性质和特性、培养目标和规格、教育标准和课程等问题进行了研究。杨金土、孟广平在《对发展高等职业教育几个重要问题的基本认识》一文中,通过对社会人才结构及其相应教育结构的基础的分析,探讨了在我国发展高等职业教育所面临的多方面问题,对高等职业教育的培养目标和教学特点做了阐述。

1999年8月24—26日,召开了第五次高等职业教育理论研讨会。此次会议的主题是结合当时国际与国内教育发展的新动向,对高等职业教育课程问题进行了进一步的深入研究。

2004年9月,中国职业技术教育学会教学工作委员会在深圳召开课程理论与开发研究会成立大会暨2004年职业技术教育课程研讨会。会议一致认为,当前,我国职业教育课程改革要认真考虑职业教育定位、职业课程衔接、课程内容、课程结构、教材开发、评价机制、师资培训、产学合作的办学模式等相关问题。课程问题已成为职业技术教育研究的热点问题之一。

学者们基于职业教育的培养目标、职业教育课程的课程观、职业教育课程实施与评价等角度对目前我国职业教育课程体系构建存在的问题进行了分析。也有基于国外譬如美加社区学院成功的例子提出缩短职业教育年限,就如何设置两年制职业教育的课程进行了探讨。大多数学者都认为我国职业教育目前大多数还沿用三段式课程模式,按照学科的门类来设置课程,学生掌握的是系统的理论知识,这是没办法培养出学生的职业能力的。马爱群、杨庆茹的《关于构建我国高等职业教育课程体系的思考》[1]一文分析了我国高等职业教育课程设计中存在的盲目性、缺

---

[1] 马爱群,杨庆茹.关于构建我国高等职业教育课程体系的思考[J].高教探索,1999(3):30-32.

少特色和灵活性等问题,从文化基础课、专业基础课和专业课三个方面提出了建立高等职业院校课程体系建体系的总体构想。吴群力在《高职课程设置的综合化、模块化与多样化》一文中对课程体系构建的相关内涵进行了论述,从而达到深化职业教育设置课程改革的目的。王明伦在《高等职业教育课程设置的依据和原则》一文中,提出了职业教育的相关观念定位、目标定位及结构模式定位等问题,这些都是对课程体系构建的一些基本问题的探讨。在梳理的过程中发现,许多学者通过不同的角度提出了自己的一些看法,因此研究显得有点分散,很多基本问题还没达成共识。另外,这些研究都是从宏观角度出发去把握局部的问题,因此针对性还不够。

还有些学者认为高等职业教育改革具有紧迫性,建议在设置课程的具体操作中,应正确把握知识、技能结构要求的关系与尺度。这类文章虽然属于综合分析,但是由于篇幅所限,也只能从总体出发去把握局部问题。

(2) 国内职业教育课程体系构建具体经验的总结

针对三段式课程模式的弊端,蒋乃平提出了宽基础、活模块的集群式课程体系构建模式,虽然它重视岗位能力的培养,但是这种课程体系构建模式是建立在学科改良基础上的,注定不会从根本上变革我国课程模式的实质问题。有些学者以邓泽民为代表,认为应当采用 DACUM 职业分析导向的课程体系构建模式。在职业分析这种课程体系构建模式的基础上,我国一些院校进行了探索,如北京联合大学探索出了 VOCSCUM(Vocational Competency Systematized Curriculum,职业能力系统化课程)课程体系构建模式。

而姜大源等人提出了另外一种课程体系构建模式,就是以工作过程为导向进行的课程体系构建,这种课程包括两大类,即连续一线型结构化形式和非连续一同心圆结构化形式。连续一线型结构化形式又包括:① 阶梯式课程;② 螺旋式课程。非连续一同心圆结构化形式又包括:① 类型结构化;② 范例结构化;③ 纪元结构化;④ 项目形式结构化;⑤ 案例导向结构化;⑥ 结构晶格结构化;⑦ 学习领域导向结构化;⑧ 混沌结构化。目前项目化课程模式在上海、浙江等地一些高等职业院校中应用,很多学者详细地论述了它的特点:① 培养职业能力;② 强调对课程结构的整体设计;③ 综合运用相关操作知识、理论知识来完成工作任务。还有学者用上海市试用的任务引领型课程模式的实例论证了职业教育课程体系构建的项目化的可行性。

教育部在《教育部关于高等职业学校设置问题的几点意见》中,对高等职业教育的课程体系构建提出了如下要求:教学内容主要是成熟的技术和管理规范,教学计划、课程体系构建不是按学科要求来安排,而是按职业岗位群的职业能力来确定;基础课按专业学习要求,以必须和够用为度。根据教育部这个指导性文件和现代经济建设对应用型人才的要求,大多研究者认为,高等职业教育的课程应按照职业岗位群对从业人员的要求来设置。

很多学者还着力阐述了模块式的课程体系构建,这种课程体系构建不但能及时体现新知识、新技术、新工艺和新方法,大大增强了教学的适用性,而且能在一定程度上适应不同学习基础、满足发展需求各异的受教育者的需要。学者们具体提出了三类模块的课程体系构建:① 基础理论模块类课程;② 行业实践模块类课程;③ 学科前沿模块类课程。

(3) 国际职业教育课程体系构建的比较和借鉴

有分类设置比较的研究,如中德、中日、中加等国家职业教育课程体系构建比较。李玉春和何静在中澳职业教育课程体系构建的比较分析中通过个案研究对我国的职业教育课程和澳大利亚的 NMIT(Northern Melbourne Institute of TAFE,北墨尔本技术与继续教育学院)的课程进行了比较,对我国的职业教育课程体系构建提出了一些建议。吴建设以加拿大乔治·布朗学院为例,从课程与工作的匹配程度、课程的理论深度、理论与实践的整合度这三个维度对中加两国的职业教育课程进行比较研究,总结其利弊,取长补短,旨在为形成具有我国特色的职业教育课程模式提出改革思路。何锡涛在中日两国职业教育课程体系构建的比较研究中提出应依据职业教育人才的知识、能力和素质要求,建立理论教学、实践教学和素质教育的课程体系以及多元课程评价体系。

王姬等人认为德国实施的是以学习领域为单元的课程,是一种行动体系的课程,它是针对行动顺序的每一个过程环节来传授相关的课程内容的。由于每个行动顺序都是一种自然形成的行动过程序列,而且学生认知的心理顺序也是循序渐进的过程序列,因此,尽管行动体系课程相对于学科体系来说内容可能是不完整的,但对于每一个职业行动来说却是完整的,体现了职业教育的实用性,突出了职业教育的特点。

一些研究美国职业教育的学者认为美国职业教育课程体系构建的特点主要包括:① 内容丰富,教学方式灵活;② 侧重实践应用,强调合作和实习;③ 注重社需求,坚持服务社区的宗旨;④ 类型多样,获得学位的学生可以直接就业或继续升学。

澳大利亚的TAFE课程体系构建模式也越来越引起学者们的关注,他们认为这种课程体系构建是为满足行业需要而设计的,理论知识学习和技能培训并重,且多数是以技能培训为主的一组结构严谨有序的科目组合。不同的课程,学习的科目数量不一。一个课程包括哪些科目,都由澳大利亚各相关产业培训理事会及其顾问咨询组织根据产业发展需要、企业团体提供的课程需求信息和就业市场信息,根据不同证书或文凭的标准而定,并根据劳动力市场的变化而不断修订。各学院课程种类繁多,层次清楚,涉及澳大利亚全国各个行业的不同方面,从消遣娱乐的课程到基本就业和教育预备的课程,再到手工业专业以及专业级的课程都有开设。

也有学者对中国和几个国家的职业教育课程体系构建、国外课程体系构建的最新进展进行了比较研究。李玉静在国际职教课程改革新进展中对欧盟、德国和澳大利亚课程体系构建的最新进展进行了介绍并进行了比较,提出了把微观课程改革作为课程改革重点的观点。

这类文章从不同的角度介绍了国外的课程体系构建的相关情况,对我国高等职业教育课程体系构建提供了有益的借鉴。

3) 国内外研究存在的不足

经历了近二十年的努力,我国的职业教育课程研究已经取得了巨大的进展,然而反思现今的研究状况,还存在以下一些问题。

(1) 研究前提方面,缺乏普遍共识

广大学者对课程体系构建的基本理论问题还尚未达成比较普遍的共识,尽管对于科学发展过程到底是连续的还是非连续的,目前仍存在争论,但可以肯定的是,科学发展需要积累。只有大量学者长期集中于几个核心问题,并在前人研究的基础上拓展自己的研究,科学才可能取得进展。然而,二十年的职业教育课程研究,除了一些介绍国外职业教育课程思想的文献给我们注入了一些新的内涵外,大多数研究还处于低水平重复状态。研究者们各自为政,每一个研究者都是"原创者",不同学者的研究中间缺乏连续性。这种状况使得职业教育的课程研究不仅难以在理论深度上取得进展,而且也难以集中精力去关注职业教育课程实践中的细节。

(2) 研究视角方面，宏观理论研究较多，实践研究较少

目前学术界的研究大多是从宏观的角度对职业教育进行笼统介绍，课程只是作为职业教育的一个部分被顺带提及。而且对于国内职业教育课程体系构建，主要是从宏观的角度去研究，理论研究多，实践性研究比较少。大家基本上认同了应当解构学科课程体系，建立能力本位的课程模式，但是在实际操作过程中因为没有理解基础与专业、理论与实践的关系，只是一味地加大实践课的数量，没有注意课程的选择、排序等组织问题，出现了理论实践课"两张皮"现象，最终实施的还是三段式的课程模式，课程体系构建的改革没有多大实质性进展。

(3) 研究内容方面，静态描述性研究较多，动态研究较少

职业教育课程体系构建的实践模式运用效果不够理想。多数文献或者是简单地挪用了国外职业教育课程的实践模式，或者是对国外职业教育课程实践模式进行了简单改进。有些学者始终在重复"如何加强职业能力培养"这些话语，有的则是表层地叙述了实践中的一些做法。从国外借鉴的这些实践模式并没有与我国的实际情况进行结合，国内这些实践模式也没有根本性的变化，给人一种换汤不换药的感觉，在我国的职业教育课程体系构建中没有起到良好的效果。

综上，目前系统研究课程体系构建问题的资料较少。随着经济全球化、教育国际化的迅速发展，中外合作办学这一新兴的教育形式已经蓬勃发展，而有关中外合作办学的职业教育专业课程体系构建尚未被学术界关注。

1.2.3 职业教育专业设置模式研究现状

我国高等教育在经历了由精英教育到大众化教育阶段的历史性跨越之后，职业教育课程体系构建模式多样化的趋势愈加明显，其内涵更加贴近经济社会发展的需要。职业教育专业设置主要有以下几种基本模式。

1) 根据学校办学条件设置专业

20世纪80年代，我国开始兴办职业教育。为了快速起步，迅速扩大规模，一些学校根据当时校内师资队伍、实验室等条件决定所设置的专业，适应了职业教育的起步和发展。这种专业设置方法较少考虑市场的需求，带有较强的封闭性，使得学校的专业设置脱离社会的实际需要。

根据学校办学条件设置专业是专业设置的前提,也是专业设置的最基本条件。对于老学校而言,新设专业一般是由传统专业派生出来的相近专业,具有多年的教育资源积累和教学经验沉淀;对新学校来说,一般是从主干专业分离出来的专业。这种专业设置模式的优点是办学成本低,专业力量强,组织行动快,方案实施容易;其缺点是很少考虑经济建设和社会发展的需求,具有一定的封闭性,容易使学校的专业设置脱离社会的实际需要,导致毕业生就业困难。

2) 根据本地区经济结构设置专业

这种模式能满足地区经济社会发展的需要,但在体现人才流动和对人的可持续发展面关注不够,往往只能适应地方经济而不能满足全国经济建设的需要。尤其对跨省招生的院校而言,如果完全按本地区经济结构设置专业,有可能会出现生源短缺或就业困难的现象。

3) 根据校企合作要求设置专业

根据"校企合作、产学结合"的要求设置专业,就是要求办学单位以一种行业为背景,以企业为依托,与产业、企业的发展密切结合,并能保持长期联系。主要有以下三种类型:一是紧密型,这是一种以社会人才市场需求和学生就业为导向,以行业、企业为依托,"订单培养"的办学模式。在专业设置中,从社会需求调研开始,到培养方案设计与实施、质量考核与控制、就业服务与指导,再到毕业生跟踪调查的全过程,都由校企双方合作完成;二是稳定型,合作单位和学校共同建立稳定、有效的实践教学基地,实行定期的工作实习制度,企业在专业设置中对人才规格和质量提出要求,并由校企双方共同培养,企业持续选用毕业生;三是松散型,学校缺少稳定的合作企业,人才培养方案实施主要在学校内部进行,部分实践教学通过到企业参加短期的生产实习得以完成。在这种办学机制下,专业设置所强调的是学生能否到企业进行顶岗实习。因为我国能长期参与办学的大、中型企业有限,所以这种模式难以满足大量设置的职业教育专业的需要。

4) 以就业为导向设置专业

该模式的特点就是把社会对人才的现实需求和学生就业作为最主要的依据,把培养满足职业岗位需要的人才作为人才培养的出发点和落脚点,其办学途径主要通过"校企合作、产学结合"得以实施,学生在社会生产实践中锻炼和提高就业竞争能力。这种模式的实行既满足了经济文化发展的需要,也满足了就业市场的需要,又在一定程度上体现了人的自身发展的需求。但是,随着经济建设的快速发展,会出现部分职业岗位的紧缺人才供不应求,部分职业岗位却人员过剩的现象。形成这种人才供求关系不均衡现象的原因是多方面的,其中主要原因是部分职业教育院校缺乏举办紧缺人才培养专业的条件及能力。如果不以就业为导向设置专业,势必将导致专业设置跟不上社会需求的发展,导致宝贵办学资源的浪费。

5) 根据生源状况设置专业

在高等教育大众化的进程中,部分单科性行业职业教育院校通过"更名升格",纷纷向综合性职业教育院校发展,这已成为无可争议的现实。学校升格后,往往会根据本校整体发展需要,建设理、工、文、管、法、艺等专业结构完善的综合性学院。在这种综合化过程中,设置了一些非本类专业和无特色专业,这部分专业一般是文理兼招且较为时尚的专业,生源比较充足,报考的学生相对较多。对就业而言,这部分专业恰恰又是供大于求的雷同专业,毕业生就业形势十分严峻。因此,处理好学校整体发展和办学特色的矛盾,处理好专业结构与综合发展的矛盾,是当前应该重点思考并迫切需要解决的问题。

6) 根据教育部专业目录设置专业

2021年,为贯彻《国家职业教育改革实施方案》,加强职业教育国家教学标准体系建设,落实职业教育专业动态更新要求,推动专业升级和数字化改造,教育部对职业教育专业目录进行了全面修(制)订,形成了《职业教育专业目录(2021年)》。

按照"十四五"国家经济社会发展和2035年远景目标对职业教育的要求,在科学分析产业、职业、岗位、专业关系的基础上,对接现代产业体系,服务产业基础高级化、产业链现代化,统一采用专业大类、专业类、专业三级分类,一体化设计中等职业教育、高等职业教育专科、高等职业教育本科不同层次专业,共设置19个专业大类、97个专业类、1349个专业,其中中职专业358个、高职专科专业744个、高职本科专业247个。

随着我国产业结构的快速调整,毕业生就业难的局面会经常出现。因此,我们应该尽可能在目录外专业方面多下功夫。在209个目录外专业中,部分通用专业仅有一个或两个省举办,这类专业是可以借鉴和效仿的。在控制文科类考生比例的同时,应进一步细化文科类专业目录。适当放宽目录外专业的增设,尤其要放宽现代农业、高新技术产业、基础产业、环保业、建筑业、资源勘察业、先进制造业和现代服务业等大类专业在专业目录外的增设。

1.2.4 职业教育课程体系构建模式研究现状

1) MES 课程体系构建模式

MES 的英文全名是 Modules of Employable Skill,中文翻译是就业技能模块的组合。它的原意是一种针对职业岗位规范进行的就业技能培训的模块课程的组合方案。其立足点在于受训练者通过一个模块单元的学习获得社会生产活动中所需要的一种实际技能。在这个组合中,每一个模块都是可以灵活组合的、技能与其所需知识相统一的教学单元。

自 20 世纪 80 年代以来,MES 经国际劳工组织培训专家们的积极推广和传授,已被几十个国家在不同程度上采用,都获得了相当好的效果,受到了企业(雇主)的欢迎和各国经济部门的赞赏。

2) CBE/DACUM 课程体系构建模式

DACUM 是在能力本位(CBE)思想指导下的课程开发的一种模式,是英文 Develop A Curriculum 的缩写,中文翻译是教育课程开发或设计,它的实质是从企业的岗位需求出发,通过学校与相关社会机构、企业的合作,成立 DACUM 课程开发委员会,以岗位能力的培养为基础来培养学生的职业能力的过程。它发源于美国,流行于北美,后来又在澳大利亚、新西兰、英国等英语国家广泛传播,对我国的影响也很大,我国于 20 世纪 90 年代初引进了 CBE 课程模式。在我国,CBE 有广义与狭义之分,广义的 CBE 包括了澳大利亚的一般素质导向、英国的整合型课程等;狭义的 CBE 主要指的是加拿大的 CBE/DACUM。

3) 核心阶梯课程体系构建模式

核心阶梯课程模式是在双元制教育体系下产生的。双元制的德文词是

"Duales Studium",主要是指由企业和学校共同担负培养人才的任务,通过企业与学校的合作,学生一面在企业里接受与职业密切相关的技能的培训,一面在职业学校里接受与职业有关的专业理论和普通文化知识教育。在这种模式下,企业与学校、理论与实践被紧密结合起来,培养出来的学生能较熟练地掌握岗位所需的技术,一毕业就能很快地顶岗工作,普遍受到企业的欢迎。双元制教育体系曾被誉为德国经济振兴的"秘密武器"。核心阶梯课程体系构建模式是在双元制体系下建立的,所以首先得了解职业教育双元制产生的背景。

4) 学习领域课程体系构建模式

20世纪90年代以来,双元制教育体系面临一系列问题,针对传统职业教育与真实工作实践相脱离的弊端以及企业日益扩展的继续教育需求,德国开展了一场针对双元制职业教育的大辩论。德国著名的职业教育学者劳耐尔(Rauner)教授在吸取前人的成果和自己的一系列研究成果的基础上提出了基于工作过程的设计导向职业教育思想。设计导向职业教育思想提出后迅速被德国学术界认同,很快成为德国职业教育改革的理论指南。德国各州文教部长联席会议是一个负责制定职业学校课程标准的机构,它于1996年5月9日颁布了新课程"编制指南"(全称《职业学校职业(专业)教育框架教学计划编制指南》),用学习领域的课程方案代替了传统的沿用多年的以分科课程为基础的综合课程方案。

1.3 研究目的与意义

1.3.1 研究目的

我国职业教育院校中外合作办学成功的关键在于课程体系构建的合理性,因应于此,本文基于对发达国家和地区职业教育专业课程体系构建的比较研究,基于对发达国家和地区以及我国的职业教育专业人才能力需求和职业教育专业课程体系构建建议的调研,以及基于针对教师、学生和企业对职业教育中外合作办学专业课程体系构建意见的调研等,深入系统地进行一系列的文献分析与调查研究。其目的在于从理论需求、国际比较、现实需求的角度提出建构职业教育中外合作办学专业课程体系构建框架的依架。具体阐述如下。

1) 理论溯源

阐释核心概念,提出基于质量功能配置课程体系构建的理论基础。

对跨国高等职业教育、中外合作办学、中外合作专业、中外合作课程、质量功能配置、课程体系构建等核心概念进行细致阐释与操作性界定,提出基于质量功能配置课程体系构建的理论基础,从胡塞尔的生活世界认识论、拉图尔的反身性方法论、李克强提出的工匠精神、英国盛行的职业生涯教育以及全面质量控制理论等视角论述其与职业教育课程体系构建的关系。

2) 释原明理

梳理质量功能配置模型在国内外课程体系构建领域的理论探索与实践应用。

通过对质量功能配置模型的历史回顾、发展动向的理论梳理,阐释清楚该理论所秉持的教育思想与人才培养理念。进而,从课程论的视角分析该理论模型所依据的知识论、实践论与价值论。

3) 引入质量功能配置的检测工具与方法,建构职业教育专业课程体系构建模型

职业教育中外合作办学专业课程体系构建存在着应然的全盘引进模式和各自为政模式,因此,在借鉴国外职业教育专业课程体系构建的模式时,须综合考察国际合作办学的培养目标与教学环境。同时,运用问卷调查法、访谈法对开设职业教育中外合作办学专业的典型院校课程体系构建的现状进行调查,通过 SPSS 软件的数理分析,探索影响职业教育中外合作办学专业课程体系构建的各种因素,通过理论需求、国际趋势、现实需求、实践者反馈等不同维度的整合,建构基于质量功能配置模型的职业教育中外合作办学专业课程体系构建模型。

1.3.2 研究意义

1) 提质增效

为职业教育中外合作办学专业课程体系构建提供理论依据、模型依据。

当前有关中外合作办学课程体系构建的相关研究无论在研究深度、广度还是研究方法上都有一定的不足,对中外合作办学课程体系构建的基本属性和价值趋向等问题的探讨就更加缺乏。专业课程体系构建的提质增效是职业教育中外合作办学自身发展的必然趋势。因此,本研究成果将对职业教育中外合作办学专业课程体系构建具有重要的实践价值,对职业教育中外合作办学专业课程体系构建的决策者和研究者有较大的实际作用,对中外合作办学职业教育专业标准的编制也有一定的参考价值。

2）提高能力

迎合以顾客需求为导向的我国经济新常态下职业教育中外合作办学的新需求。

国外职业教育专业的课程体系构建有成功的案例和经验可以借鉴,但是由于文化的差异、经济发展水平的不同等,我们不能全盘拿来、一味照搬,而是需要探寻本土化的实施策略。本研究以职业教育中外合作办学的专业课程体系构建为研究对象,对比分析不同院校开设的专业在培养目标、课程结构、课程体系构建模式、具体内容设置等方面的差异,可以为其科学而标准的课程体系构建提供理论依据和实践反馈。

3）服务大局

推进职业教育中外合作办学专业课程体系构建的健康可持续发展,助力"一带一路"战略实施。

2016年4月,中央全面深化改革领导小组审议通过的《关于做好新时期教育对外开放工作的若干意见》强调,教育对外开放要服务党和国家工作大局,统筹国内国际两个大局,提升教育对外开放质量和水平。要增强服务中心工作能力,自觉服务"一带一路"建设等重大战略,推动实施创新驱动发展战略、科教兴国战略、人才强国战略。

职业教育中外合作办学顶层设计指向质量建设,工作重心聚焦专业课程体系构建。本研究基于质量功能配置模型、立足满足顾客需求的视角建构了职业教育中外合作办学专业课程体系构建模型并进行实践应用,有利于推进职业教育中外合作办学专业课程体系构建的健康可持续发展。

1.4 研究问题与研究假设

1.4.1 研究问题

通过对研究内容的整理与建构可知,若要深度探究这些内容,首先须廓清需要解决的关键问题。从"课程体系构建的模型建构"逻辑,可廓清需要解决的具体问题,即职业教育中外合作办学专业课程体系构建的影响因子分析、基于职业教育专业人才素养构成要素研究的课程体系构建框架的建构、基于企业实际需求调研的课程设置的模型建构等五大问题。

1) 基于质量功能配置的课程体系构建的模型建构

通过对发达国家和地区职业教育专业课程体系构建的比较,从我国和国外典型的职业教育课程体系构建入手进行较全面的分析和比较,借鉴国外职业教育课程体系构建的经验,着力挖掘出国外职业教育课程体系构建给我们带来的启示,对职业教育中外合作办学专业课程体系构建进行重构,从而使职业教育课程体系构建符合中外合作办学高等职业教育的特点;从国际比较的角度提出建构职业教育中外合作办学专业课程体系构建框架的依据。

2) 基于企业实际需求调研与质量功能配置模型的课程体系建构

基于发达国家和地区以及我国企业对职业教育专业人才能力需求和职业教育专业课程体系构建建议的调研,从现实需求的角度提出建构职业教育中外合作办学专业课程体系构建框架的依据。

1.4.2 研究假设

假设1:职业教育中外合作办学专业课程体系构建的主要顾客为外部顾客——企业、内部顾客——学生和教师。

假设2:职业教育中外合作办学专业课程体系构建结构参照系由课程体系

建依据、课程目标、课程结构、课程内容、课程顺序五个维度构成。

假设3：基于质量功能配置（QFD）的课程体系构建模型可以实现职业教育中外合作办学专业课程体系构建的科学建构。

1.5 研究方法

由于教育科学研究一般都是指向教育实际问题的解决，而不是纯学术性的研究，根据本研究的目的和主要内容，本研究需要从思辨研究转向实证研究。为此，本研究采用的研究方法有文献研究法、文本分析法、案例分析法、比研研究法。

1.5.1 文献研究法

本研究的文献主要是来自上海师范大学图书馆的资料、会议论文集以及从各大书店买回来的和自己收藏的书籍。资料的来源是国内外出版的图书、各种期刊和报刊。查阅的方式包括到图书馆实物查找和通过网上输入关键词、书名、文章名及作者名搜索国内外学术期刊、研究生（博士和硕士）学位论文和超星图书等。查阅的国外期刊有：EBSCO Education Source、ISI Web of Science（SCIE，SSCI，A&HCI）、ProQuest Education Journals、SpringerLink等。

本研究通过对文献的系统性梳理，归纳出了与本研究相关的四方面的内容，即"关于中外合作办学的国内外研究现状""关于职业教育课程体系构建的国内外研究现状""职业教育专业设置模式的研究现状""职业教育课程体系构建模式的研究现状"，并在此基础上整理出了国内外深度研究的问题域，即"课程体系构建的宏观研究""语言类课程体系构建的研究""公共基础课程体系构建的研究""专业课程体系构建的研究""中外合作办学模式下课程体系构建的典型案例分析"等，进而分析了国内外相关研究对本研究的启示及存在的不足。这为本研究之后在这些研究的基础上发现现有研究的不足，寻找职业教育中外合作办学专业课程体系构建的框架模式提供了坚实的基础。

1.5.2 文本分析法

本研究运用文本分析法主要体现在借鉴移植方面,运用文本分析法分析了国外典型职业教育专业课程体系构建的经典课程方案,进而分析了国外典型职业教育专业课程体系构建所带来的启示。

1.5.3 案例分析法

本研究在借鉴移植上,以国外职业教育专业课程体系构建模式的趋势与启示研究为基础,探讨了当代国际职业教育课程演进的三个阶段、国际典型职业教育专业课程体系构建的六大模式,引入了国外典型职业教育专业课程体系构建的两大经典案例。进而,分析了国外典型职业教育专业课程体系构建所带来的启示,以为本研究中的课程体系构建提供理论参考与实践借鉴。

1.5.4 比较研究法

本研究运用比较研究法主要体现在通过比较国际上流行的较为典型的 CBE、双元制和 MES 课程设置模式,发现其共同特点是注重实践,都十分注重学生动手能力的培养,打破了学科课程模式,具有开放性和适应性,更好地沟通了企业与学校的联系,准确反映了企业对技能的实际需要。通过分析和比较国际职业教育专业课程体系构建的典型模式,为职业教育中外合作办学的课程设置实践提供借鉴和启示,并为职业教育中外合作办学专业课程体系构建提供国际经验的依据。

1.6 研究思路

基于中外合作办学的职业教育专业课程体系构建现状调查,基于对职业教育专业课程体系构建规范的理解以及我国在国际化职业人才培养过程中的各种困境,从哲学、教育学、社会学、经济学以及心理学等交叉学科视角,以理论渗透实践的研究方式,提出基于质量功能配置模型的课程方案设置理念。在研究思路上,以"目标设定""假设提出""文献整理""模型构建"的思维逻辑开展研究,即"基于中外合作办学的职业教育专业课程体系构建的影响因子""基于中外合作办学的职业教育专业课程体系构建框架的建构"。

在系统性文献综述的基础方面,以时间维度纵向分析了中外合作办学、职业教育、专业和课程体系构建的概念、内涵、特征;以专题维度横向廓清了"关于中外合作办学的国内外研究现状""关于职业教育课程体系构建的国内外研究现状""职业教育专业设置模式的研究现状""职业教育课程体系构建模式的研究现状"等四大内容;并在此基础上整理出了国内外深度研究的问题域,即"课程体系构建的宏观研究""语言类课程体系构建的研究""公共基础课程体系构建的研究""专业课程体系构建的研究""中外合作办学模式下课程体系构建的典型案例分析"等,进而分析了国内外相关研究对本研究的启示及存在的不足。

在理论基础阐释方面,从课程开发的哲学、教育学、社会学、经济学以及心理学等视野,提出了基于质量功能配置模型的职业教育专业课程体系构建理论基础,即"胡塞尔的生活世界认识论""拉图尔反身性方法论""人的全面发展教育理论""人的终身学习教育观"以及"全面质量控制理论"。

在基于质量功能配置模型的职业教育专业课程体系构建原理阐释方面,以"历史观""本体论""认识论""实践论""价值论"为思维路径,阐明了"基于质量功能配置模型的历史回顾""质量功能配置模型的发展动向""基于质量功能配置模型的课程体系构建知识论基础""基于质量功能配置模型的课程体系构建的实践应用"以及"基于质量功能配置模型的课程体系构建的价值与意义"。

第二章
职业教育专业课程体系构建的理论基础

本章主要通过对跨国高等职业教育、中外合作办学、中外合作专业、中外合作课程、质量功能配置以及课程体系构建等核心概念进行细致阐释与操作性界定,然后提出了基于质量功能配置课程体系构建的理论基础,并分别从胡塞尔的生活世界认识论、拉图尔的反身性方法论、李克强提出的工匠精神、英国盛行的职业生涯教育以及全面质量控制理论等视角论述它们与职业教育专业课程体系构建之间的关系。

2.1 核心概念界定

2.1.1 跨国高等职业教育

什么是高等职业教育？对它做出一个科学准确的界定是研究高等职业教育改革与发展的重要基础。它作为高等职业教育理论体系中最基本的概念,是高等职业教育理论框架赖以建立的核心,也是高等职业教育理论一系列范畴、定律、结论以及严密论证的基础。目前很多学者从职业教育定位、人才培养目标、人才结构、培养年限层次、工作场合、工作内涵等角度对职业教育进行了概念的界定。

薛喜民认为所谓的高等职业教育可以用三句话来概括：它是高等教育,它是职业技术教育,它是职业教育的高等阶段。钱景坊认为,从人才培养的角度来看,职业教育培养的是高素质技术技能应用型人才。在职业教育概念的界定上与职业教育的定位上,我们应该认识到职业教育实际上是一种高等技术教育,培养的是士(技术员)(技师)级的高级职业人才,应该包括大专、本科、研究生三个层次。吕鑫祥认为,可以对职业教育作如下阐述:① 职业教育是培养技术型人才的教育,它包括学历教育与高级职业培训;② 职业教育的学历可以有多种层次,我国当前职业教育大部分为专科层次,它与我国高专教育的主要特征基本相同,同属国际教育的第五层次教育,是我国高等教育的重要组成部分;③ 高等职业教育的非学历部分是一个形式多样、内容广泛、幅度较大的领域,其主要领域是职业资格证书和技术等级教育。周明星、王前新等学者则在这些基础上提出,职业教育是一种历史的发展的概念,呈现一定的动态性。

在联合国教科文组织1997年颁布的新版国际教育标准分类(ISCED)中,高等教育处在第五级,分为A和B。5A是这么描述的:以完全高中文化程度为入学条件,其课程计划"具有较强的理论基础",它传授的主要是学术研究,以达到"能进入一个高精技术要求的专门职业"的要求。5B课程内容是面向实际的,分具体职业的,主要目的是让学生获得从事某种职业、行业,或者某类职业、行业所需的实际技能和知识,完成的学生一般具备进入劳务市场所需的能力与资格。我国高等职业教育应当是与5B的教育目标相吻合的。它是一种定向于某个特定职业的课程计划,它主要完成某一特定职业(群)所需要的实际技术与专门技能,并通常对学习完全合格者授予进入劳动力市场的有关资格证书;其课程更加定向于实际工作,并更加体现职业特殊性,而且不直接通向高等研究课程;其学制较短,但也不排斥较长的学程。由此可见,ISCED中的5B与我国目前所称的高等职业教育在层次、类型、目标、课程上都具有一致性的特征。

综上所述,尽管学者们对于高等职业教育的定义可能有差别,但是本质上都认为它是高等教育阶段的职业教育。因此我们可以下一个定义:高等职业教育就是在受教育者具备同等高中学力的基础上,培养其成为掌握某种职业或者行业所需的综合职业技能的高等技术应用型人才的教育。高等职业教育有学历教育和非学历教育两种形式,目前我国高等职业技术教育的学历教育实施机构(本文简称为"职业教育")共有六类:职业技术学院、高等专科学校、成人高等教育、五年制职业教育班、民办职业教育以及部分普通高校承办的职业教育班。其中,最能代表我国职业教育发展现状和趋势的是职业技术学院和高等专科学校。

"跨国高等教育"这一概念是"中外合作办学"的上位概念,简单地理解,中外合作办学就是跨国高等教育在中国的实践形式之一。对跨国教育的理解在国际教育界目前尚未达成一致,因此,与之相对应的概念较多,如"跨境教育(Cross-border

Education)""无边界教育（Borderless Education）""跨国教育（Transnational Education）"等。以上称谓虽侧重点不同，如有的强调跨越边界（无边界教育、跨境教育），有的突出国家个体（跨国教育），但都体现了"跨越（或潜在地跨越）高等教育传统边界的发展过程"这一本质，同时也意味着在全球教育市场内部，国家与国家之间的教育界限在淡化，教育服务的范围不再囿于一个国家或地区，而是表现为国际化、多元化的服务。联合国教科文组织和欧洲委员会在 2001 年公布的《跨国教育实践指南》(Code of Practice in the provision of Transnational Education)中对跨国教育所作的界定为"学习者在举办院校所在国以外的国家接受的由该院校提供的各种高等教育学习项目、课程或教育服务（包括远程教育）。这类项目可以属于办学所在国的教育系统，也可以独立于任何一国的教育系统之外"。因而，跨国高等教育对学习者来讲就不再是传统的留学教育，而可能是一种"不出国门的留学"；对办学者而言，办学体制可以归属于国家，也可以独立存在，办学形式不仅包括学历、学位教育，也可包括多种形式的教育服务[①]。

按照联合国教科文组织（UNESCO）和经济合作与发展组织（OECD）的观点，跨国高等教育（Transnational Higher Education）（包括私营的和以营利为目的的高等教育），指一国高等教育机构授权另一国的高等教育机构或组织，为其提供教育服务。

2.1.2 中外合作办学

中外合作办学是站在中国本土的角度来看待中国与不同国家间的教育交流和合作。中外合作办学的含义并不像其他的一些概念那样具有多元的解释与争议。它是在我国改革开放的背景下，适应我国教育与文化对外交流的要求，为了把外方的优质教育资源引进到中国，培养具有国际竞争力的高素质人才而发展起来的一种新型的办学形式，因而有着自己特定的内涵，并且是以法律的形式加以界定的。原国家教育委员会于 1995 年制定的《中外合作办学暂行规定》第二条指出：中外合作办学是指"外国法人组织、个人及有关国际组织同中国具有法人资格的教育机构及其他社会组织，在中国境内合作举办以招收中国公民为主要对象的教育机构（以

---

① 孙祖兴.全球化视景中的跨国高等教育：一种比较研究[D].济南：山东师范大学，2003.

下称合作办学机构),实施教育、教学的活动"。

随着中外合作办学的发展,2003年3月发布并于同年9月实施,2019年第二次修订的《中华人民共和国中外合作办学条例》(中华人民共和国国务院令第372号)(以下简称《中外合作办学条例》)第二条指出:中外合作办学是指"外国教育机构同中国教育机构(以下简称"中外合作办学者")在中国境内合作举办以中国公民为主要招生对象的教育机构(以下简称"中外合作办学机构")的活动"。

通过分析:纵向上,第一,中外合作办学者可以合作举办实施除义务教育和军事、警察、政治等特殊性质教育的各级各类活动。但规定中外合作办学机构不得进行宗教教育和开展宗教活动(《中外合作办学条例》第六、七条限定了合作办学活动的领域)。第二,办学主体必须是中外双方,不能是单独一方。尤其是外国教育机构、其他组织或者个人不得在中国境内单独设立以中国公民为主要对象的学校及其他教育机构(《中外合作办学条例》第六十二条),即必须与我国教育机构合作办学。外方可以是教育机构,也可以是组织或个人,但《中外合作办学条例》第七条规定外国宗教组织、宗教机构、宗教院校和宗教教职人员不得在中国境内从事合作办学活动,限定了办学主体的范围与性质。第三,中外合作办学是在中国境内,以招收中国公民为主要对象的教育教学活动。这与国际上其他国家之间的合作办学有所不同。国际上对于本国与他国之间的合作办学,是指办学双方可以相互在自己和对方的国家内联合举办学校,以互招学生为对象的教育教学活动。横向上,既包含中外双方在中国境内独立设立教育机构的教育教学活动,也包含中外合作双方在中国境内不设立教育机构的活动(二级学院和中外合作办学项目)。2004年6月发布的《中华人民共和国中外合作办学条例实施办法》(中华人民共和国教育部令第20号)(自2004年7月起施行)第二条第二款指出中外合作办学项目是指中国教育机构与外国教育机构以不设立教育机构的方式,在学科、专业、课程等方面,合作开展的以中国公民为主要招生对象的教育教学活动。因而,中外合作办学是指外国教育机构,除宗教组织、宗教机构、宗教院校和宗教人员以外,同中国教育机构在中国境内合作举办的,除实施义务教育和军事、警察、政治等特殊性质教育之外的各级各类的教育机构,开展除宗教教育和宗教活动以外的教育教学活动。它既包含设立教育机构的独立和非独立的合作办学活动,也包含不设立教育机构的合作办学活动。根据法律法规的规定,中外合作办学的内涵即指中外合作办学者在中国境内合作举办以招收中国公民为主要对象的教育机构的活动。简而言之,就是中外合作办学者在中国境内的教育机构的活动。中外合作办学发展至今,涉及了除义务教育、军事、警察和政治教育之外的各个领域的教育。上达高等教育,下至学前教育;既有学历教育,也有非学历教育。在学历教育中又涵盖学前教育、高中和高等教育各个阶段的中外合作办学活动。本文将主要研究高等教育领域开展的中外合作办学学历教育。

2.1.3　中外合作专业

《现代汉语词典》中关于专业的解释是:① 高等学校的一个系里或中等专业学校里,根据科学分工或生产部门的分工把学业分成的门类;② 产业部门中根据产品生产的不同过程而分成的各业务部门;③ 专门从事某种工作或职业的[①]。潘懋元、王伟廉主编的《高等教育学》中对专业的定义是:专业是课程的一种组织形式[②]。凯尔·桑德斯认为,专业是指一群人从事一种需要专门技术的职业,这种职业需要特殊的智力来完成,其目的是提供专门性的社会服务。日本学者石村善助认为,所谓专门职业,是指通过特殊的教育或训练掌握了已经证实的认识(科学的或高深的知识),具有一定的基础理论的特殊技能,从而按照来自特定的大多数公民自发表达出的具体要求,从事具体的服务、工作,借以为全社会利益效力的职业。因此,高等学校的专业是学科分类与社会分工紧密相连的,教与学活动的基本单位。

2.1.4　中外合作课程

课程在学校教育中处于核心地位,教育目标与价值主要通过课程来实施和体现,同时,课程也是整个教育研究与实践领域中都至关重要的话语之一。但由于人们各自视域不同,立论基点有别,对课程的界说也就迥然有异,有课程的"科目说""计划说""经验说""预期说""教材说"等不同的见解。

在西方,英国著名哲学家、教育家斯宾塞(H. Spencer)在1859年发表的一篇文

---

① 中国社会科学院语言研究所词典编辑室.现代汉语词典[M].6版.北京:商务印书馆,2012.
② 潘懋元,王伟廉.高等教育学[M].福州:福建教育出版社,1995.

章《什么知识最有价值》中最早提出"curriculum（课程）"一词，意指"教学内容的系统组织"。该词源于拉丁语"cuurere"，"cuurere"是一个动词，意为"跑"；"curriculum"则是一个名词，原意为跑道（race-course）。根据这个词源，西方最常见的对课程的定义是"学习的进程"，即"学程"。

在我国，根据史料记载，"课程"一词最早出现于唐朝，唐朝孔颖达在《五经正义》里为《诗经·小雅·巧言》中"奕奕寝庙，君子作之"一句注疏："维护课程，必君子监之，乃得依法制也。"这是"课程"一词在汉语文献中的最早显露。孔颖达用"课程"一词指"寝庙"，比喻伟大的事业，其含义远远超出学校教育的范围。宋朝朱熹在《朱子全书·论学》中频频提及"课程"，如"宽着期限，紧着课程""小立课程，大作功夫"等。朱熹的课程主要指"功课及其进程"，这与今天日常语言中"课程"的意义已很相近。就课程内容来说，周代以伦理及技艺为课程，汉代以儒家思想为主流，清末大量采用西式课程。纵观课程定义，大致有以下三种。

1）课程作为学科

《中国大百科全书——教育》中对课程的定义是：所有学科（教学科目）的总和，或学生在教师指导下各种活动的总和，这是广义的"课程"；狭义的"课程"是指一门学科或一类活动。

2）课程作为目标或计划

奥利沃认为课程是"一组行为目标"。塔巴认为课程是"学习计划"。钟启泉编写的《现代课程论》中对课程的广义定义为：课程是旨在遵照教育目的、学生的学习活动，由学校有计划、有组织地编制的教育内容。他还从教育计划的角度将课程狭义定义为：课程是旨在保障青少年一代的健全发展，由学校所实施的施加教育影响的计划。

3）课程作为学习者的经验或体验

杜威把课程视为学生在教师指导下所获得的经验。廖哲勋、田慧生等学者认为：课程是在一定学校的培养目标指引下，由具体的育人目标、学习内容及学习活动方式组成的，具有多层组织结构和育人计划性能、育人信息载体性能的用以指导学校的教育教学活动的育人方案，是学校教育活动的一个组成部分。

综上所述,笔者较为赞同把课程作为目标或计划,由此得出中外合作办学职业教育专业课程是:在一定培养人才的目标或计划指引下,凭借理论研究和实践探索,根据学生的身心发展特征以及社会的需求,选择具有针对性的母学科、交叉学科的理论和实践知识来培养社会迫切需要的高层次、国际化、应用型职业教育人才的目标或计划。

2.1.5 质量功能配置

以"质量功能配置(QFD)"为关键词,对中外文献进行系统检索,发现各领域专家对QFD的概念尚未有一个统一的定义,仅有一些共通性的认知。一种观点认为,QFD是一种产品开发管理方法,它由顾客需求所驱动;另一种观点认为,QFD是从质量的保证与不断提高的角度出发,通过一定的市场调查方法获取顾客需求,并采用矩阵图解法和质量屋的方法将顾客的需求分解到产品开发的各个过程和各个职能部门中去,以实现对各职能部门和各个过程工作的协调和统一部署,使它们能够共同努力、一起采取措施,最终保证产品质量,使设计和制造出来的产品能真正满足顾客的需求[①]。

质量功能配置是一种用于实现客户期望的规划工具,是基于客户期望或要求,由管理团队运用规划工具推动产品的开发过程。通过实施质量功能配置,可保证组织在最终的产品中实现客户意愿。"质量功能"指个人为实现消费者需求的适用性所经历的活动的集合。"配置"为日语单词,指活动的延展或扩展。因此,"质量功能配置"意为生产精品项目的责任。美国供应商研究所有限公司将质量功能配置定义为在每个阶段将消费者需求转化为适当的企业需求的系统,从研究开始,经过产品设计开发到制造、配送、安装、营销、销售及服务。

质量功能配置是一种在设计新产品或服务,或对其进行提升时,将客户需求及需要考虑在内的系统的、有组织的方法。这是一种用于规划产品及服务的方法,其着眼于客户的意愿。质量功能配置这一概念于日本提出。1972年,质量功能配置法于三菱的神户船坞得以开发。

图2-1显示了一种典型的QFD瀑布式分解模型:按顾客需求→产品技术需

---

① 秦敬民.基于QFD的高校创业教育质量评价研究[D].天津:天津大学,2009.

求→关键零件特性→关键工序→关键工艺及质量控制参数的路线将顾客需求分解为4个质量屋矩阵①。质量功能配置模型结构表明,职业教育课程在本质上必须是动态的。技术的过时及未能满足学生的预期对于职业教育来说是致命的,因此,现代管理技术——质量功能配置是最适合设计规划动态课程的。

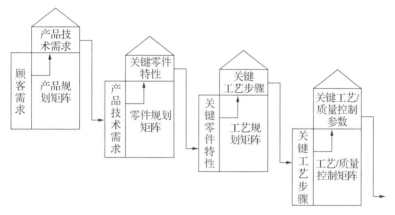

图2-1　QFD瀑布式分解模型示意图

2.1.6　课程设置

课程设置是课程论研究的重要论题之一。我国课程论专家陈侠在《课程论》中对课程设置的定义是:"课程设置一般指各级各类学校开设的教学科目和各科的教学时数。"我国另一位教学论专家吴也显教授则指出"课程设置是为实现各级各类学校的培养目标而规定的教学科目及其目的、内容、范围、分量和进程的总和"。王明伦认为课程设置是培养人才的总体规划,它把为达到培养目标所要求的教学科目及其目的、内容、进度和实现方式等在总体规划中全部体现出来。在江山野编译的《简明国际教育百科全书:课程》中对课程设置有这样的定义:"课程设置(course offering)是指学校或其他机构安排的课程的整个范围和特征。它也可以指在既定的时间里,如一学年、一学期、四个月或一段时间里安排的那些课程(包括讲习班、自学、实验和其他正规的教学情境)。"因此,我们可以把职业教育中外合作办学课程设置理解为了实现职业教育中外合作办学专业的目标而开设的教学科目以及

---

① 秦现生.质量管理学[M].2版.北京:科学出版社,2008.

各科目所占的学时、学分等,也可以理解为课程设置是为了实现既定的教育目标而制定的课程方案。

2.2 职业教育专业课程体系构建的理论基础

国外研究尚未形成专门针对跨国合作办学的研究体系,主要集中于对跨国高等教育合作办学的研究。近年来,高等教育领域的国际合作发展迅猛,高等教育的国际合作形式也由传统的留学生教育模式发展成为类型多样的跨国(境)教育模式,并涌现出一批具有代表性的跨国(境)高等教育输出国(地区)和输入国(地区)。跨国(境)高等教育的迅速发展引起了各国专家、学者及相关国际组织的重视,其组织开展了大量研究,成果丰硕,为我们了解和研究跨国高等教育提供了研究基础和资料,也为高等教育中外合作办学引进优质教育资源的实践及理论提供了有益的启发和借鉴。

基于此,我国职业教育院校的中外合作办学项目可基于质量功能配置进行课程体系构建,其理论可从课程的哲学基础、教育学基础、社会学基础、心理学基础和经济学基础进行阐述。

2.2.1 胡塞尔的生活世界认识论

1) 经验生活世界的主体感知性与职业教育课程体系构建的关系

经验生活世界是胡塞尔生活世界认识论的关键概念,但若要给生活世界这一概念下一个确切的定义,难之又难。依据对生活世界的系统性文献综述研究发现,胡塞尔自身亦未对其做出过明确的界定。由此,中外学者依据胡塞尔在《欧洲科学的危机与超越论的现象学》(以下简称《危机》)和《经验与判断》中有关这个概念的论述而把握胡塞尔的生活世界的切实含义。对生活世界的思考很早就进入了人们的视野,系统的理论化探究则主要源自胡塞尔对20世纪以来"欧洲危机"(首先是科学危机)乃至人性危机、精神危机及其化解的努力,由此形成的生活世界理论迅速进入并深刻影响了人类各思想领域。

朱松峰将不同学者的观点归纳为三种：二分法、三分法和六分法①。二分法的主要代表人物有张廷国、倪梁康、朱刚和《危机》英译者大卫·卡尔（D. Carr）。例如，张廷国从两个层次理解生活世界：作为"日常生活世界"的生活世界和作为"原始生活世界"或"纯粹经验世界"的生活世界。前者是一个非主题化、非客观化的知觉经验世界；后者是"日常生活世界"之前的本质直观世界，只有这个世界，才是一切存在的根基②。三分法的代表学者有张庆熊、李鹏程等。李鹏程认为生活世界应有三个层面的意义：第一层是我们常人感觉到的、日常在其中生活着的世界；第二层是由人的具体日常生活实践所形成的每个人的具体的、特殊的（不同于别人的）生活环境和生活圈子；第三层是"人对自己的生命活动所作的各种时空理解的总体性世界，即以各种分类法和划分原则所形成的生活世界的概念的总和"③。六分法的代表人物是摩瑟（E. Moser）。他梳理了国外学者对胡塞尔的生活世界概念的理解：作为纯粹终极经验的生活世界，也被称为感知世界；作为文化世界的生活世界；作为本质结构并且是主观-非相对的感知世界；作为包罗万象的世界视域的生活世界；作为在意识中的或者在主体性中的生活世界；作为以上五种含义的组合的生活世界④。

追随着米德（Mead）的行为主义理论思想，研究者们已经梳理出了课程范式转换的整个过程，即从目的合理性范式转型为交往行为范式，并最终涉猎了"主体间性"与"自我保护"这一主题再次崭露头角的关键点，即在其系统生活世界中凸显作为中介者的反思。依据生活世界作为生活世界认识论的核心的思维逻辑，我国职业教育课程体系构建旨在帮助学生超越经验或知识局限。通过大量的调查分析可获知，生活世界取向的课程可帮助学生依赖生活经验，学生的学习有很强的临床性，在处理实践问题时更强调行动优先。行动研究范式在课程体系构建中的兴起，源于对不可轻信的工具理性的批判。职业教育课程体系构建理念对经验思维的重视来源于理论概括，学生的推理判断建立在对已经发生的事件或现象观察的基础上以及对事物内在联系的正确理解和把握的基础上。这正好契合了杜威提出的

---

① 朱松峰.胡塞尔的"生活世界"概念辨析[J].求索,2015(7):59-64.
② 张廷国.当代西方人学方法论的奠基:论胡塞尔的"生活世界"概念[J].科学·经济·社会,1997,15(3):51-55.
③ 李鹏程.胡塞尔传[M].石家庄:河北人民出版社,1998:190-191.
④ Moser E. The problem of the lifeworld in Husserl's crisis[M]. Pittsburg:Duquesne University,2000:4-11.

"做中学"思想。杜威强调的"从活动中学"与"从经验中学"正是突出了学生学习就是"行动的过程"。职业教育课程体系构建应该强调学生的生活经验,应该充分体现"知识"与"行动"的结合(即知行统一),这样的课程体系构建理念可使得职业教育院校里学生的知识获得与生活中的经验活动紧密联系,击中了职业教育院校传统课程体系构建中所存在的弊端,是对工具理性的反驳,也是基于现实生活进行课程体系构建的呈现。恰如弗莱德森(Freidson)证明的研究结论那样,在一个知识与经验相互隔绝的学习环境下,由于缺乏外部世界的实践与挑战,学生的知识和实践倾向于自我确认,而甚少能够直接运用到未来的工作中[①]。

2) 文化生活世界的行动转向与职业教育课程体系构建的关系

"教育、课程与教学作为特殊的文化,其实质就是人的学习生命存在及其活动。"所以,文化哲学的高度、文化本体的视野就使得教育教学中被抑制、异化了的学生生活得到了回归,就使得教学作为学生的学习生命存在及其活动展开得以理解和显示,就使得教学回归生活的理念得到了实质性的建构。即课程和教学的理想性、批判性和个体性是在学生的学习生命存在及其活动中映现和展示的[②]。系统社会与生活世界两个概念若结合起来分析,就如米德将自然或客观的意义与语义化意义相关联一样具有意义建构性。所谓自然或客观的意义,生物学家认为是在其物种特有的环境系统中,一个有机体的行为(behavior of an organism);语义化的意义,即相应行为的语义化意义,正如它们渐渐归属于生活世界中的行动者自己。在文化生活世界的行动转向过程中,若不借助于学生在文化生活世界中的行动,本来已经被研究证明不合适、应当放弃的职业教育课程体系构建理念和模式将会在未来一段时间继续存在,而那些具有创新性、价值性的研究发现却不能在课程体系构建中占有一席之地,或者说这些研究发现在课程体系构建中的出现被极大推后了。基于文化生活世界的课程,学生的行动中渗透着一定的理论,如学生自己的实践经验和生活化知识建构。职业教育学生若要将自己形成的无意识的、经验性的、个人化的知识进行转化或转移,以形成外显知识,就必须借助外援的先进理念。职业教育学生的职业发展有赖于在社会中的实践性反思,即反思性实践。没

---

① McAninch A R. Teacher thinking and the case method[M]. New York: Teachers College Press, 1993:43.
② 靳玉乐,黄黎明.教学回归生活的文化哲学探讨[J].教育研究,2007(12):79-84.

有经验性知识的外显化、共享化、整合化与社会化,也就不会有生活实践的不断增长,而反思性实践也不能在真空中进行,一个缺乏最基本职业信念与职业素养的职业教育学生是无法进行反思的。职业信念与职业素养是一种反思的工具,它虽然不直接影响职业教育学生的工作实践,但它们会对学生如何看待未来的职业生涯与职业规划的眼识和意识产生影响。

20世纪90年代以来,国内外学者基于不同视角探讨了经验生活世界对课程开发带来的影响及产生的效应,他们将哲学、社会学视域中的生活世界逐渐发展为课程开发领域的概念,这在一定程度上拓展了课程开发理论研究的思维模式,活跃了课程理论的话语体系。经验生活世界所诉求的时代精神正如米德将文化生活世界重构为一种阶段性的转变一样,包含在符号媒介互动与语言媒介互动(linguistically mediated interaction)的过程中。因此,职业教育课程开发将会呈现以下逻辑:① 我们将社会同时视为系统和生活世界;② 在社会进化的理论中这个概念可以得以证明,社会进化的理论将生活世界的合理性和社会系统增长的复杂性分开,因此使得涂尔干对社会整合的形式和社会分化的阶段之间关系的设想变为有形的,也就是说,易受实证分析的影响。为了追求这些目标,我们将发展一个相互理解(mutual understanding)形式的概念,类似于卢卡斯(Lukacs)的客观性形式的概念,接下来再使用它去重构并将问题具体化。

2.2.2 拉图尔的反身性方法论

从国内已有关于职业教育课程体系构建的研究文献中,摘录有关知识取向或能力取向的批判,课程体系构建亟须关照作为生命主体的人的存在。由此,需要引入人所存在的文化境脉,探讨职业教育课程体系构建中,如何凸显"人"的文化性存在,如何规避"人"的工具性存在。将文化哲学引入我国职业教育课程开发中,会促使教育者或课程开发者形成文化生活世界的课程视角,使其在关注企业需求与社会职业需求的同时,能够直视人的生命状态与精神生活。由此,反身性既是一种人类学理论,又是一种建构职业教育课程的方法论,主要体现在它"整体关照""尊重多样""情景切入"和"自我觉醒"的思维逻辑中。国内外的职业教育课程体系构建研究在一种关系哲学指引下,正在努力建构一种职业教育课程体系构建文化。继而,反身性方法论的兴起及其对实践者或从业者的解放承诺就成为中外合作办学的时代背景下,大家所共同期许的"人的主体关照"的课程体系构建理念。

1) 反身性方法论的崛起与职业教育课程体系构建的关系

反身性(reflexivity)是一个内涵和用法驳杂的术语,不同的学者从不同的视角给出了不同的含义。巴特利特曾列举了有关反身性的75种内涵及用法;阿什莫尔将反身性分为三类:第一类是作为自我指涉的反身性(reflexivity as self-reference),指将特定文化、历史维度中特定主体的研究方法、研究结论、研究程序运用到对自身的说明,在对等的情景中(解释对象与解释自己)审查研究方法、结论、程序的合法性;第二类是作为自我意识的反身性(reflexivity as self-awareness),即认识自己、反思自我认识的局限性;第三类是作为话语的建构性循环反身性(reflexivity as the constitutive circularity of accounts),主要涉及话语与实在之间的关系,认为二者是互动的建构性关系。

反身性研究近年来在学术界特别是社会学界流行,其原因多样,主要有三个方面:首先,人每天其实都处于多重反身性状态中,这既包括与个体与他人之间的不断互动,也包括个体对这种互动的自觉或不自觉的管理和监控。所以,反身性方法论对于社会学理论从宏大叙事回归日常生活领域作用重大,有助于人们对日常生活的解释。其次,反身性使人们对社会生活的理解从传统的二元论观点转入一元论视野,有助于人们关注个体行动与整体社会结构之间、主体与客体之间、历史与现实之间的深刻和复杂的内在关联。最后,与前述相关的是,在社会学研究中将反身性研究从超社会的理性主义氛围中解救出来,并且反身性的多元内涵之间的深刻张力关系,为揭示人类活动的多重两难困境、延续和创新对现代性的反思和批判提供了新的视角,这亦是反身性研究的根本意义所在。

2) 反身性方法论视野中的课程体系构建理念

若要寻找反身性这种滥觞于社会学的方法论与教育学领域的桥梁,可以在同样席卷两个领域的建构主义理论中获得。建构主义先驱之一的冯·弗尔斯特(Von Foerster)具有跨学科的研究背景,在其关于二阶控制论的研究中,可以看到反身性方法论的运用带来的建构主义学习理论的新视野。

冯·弗尔斯特将控制论的中心概念与第一原理确定为"循环(circularity)",早期的研究重点是循环的因果反馈机制及其运用,相应的研究反映了认知科学的迅猛发展。其后,米德在《控制论的控制论》中提出,希望控制论者反思自己的组织。冯·弗尔斯特将控制论在反身性方法中加以运用,使控制论呈现出从一阶控制论到二阶控制论的转身。反身性,就是在循环性的探究过程中揭示自身的一种方式,通过这样一个"反过来投向自身"的注意焦点的转移过程,关注重点从被观察的系统(observed system)转向把进行观察的系统(observing system)包括在内,最终聚焦于进行观察的系统。因此,研究关注的问题除了上述的循环反馈机制的特征和可以观察到的相互关系,还包括有意识的观察过程本身。观察者须对自己的观察、表述和解释负责,并从情境脉络的角度认识自己、活动以及镶嵌其中的多种互相限定关系。这样,从一阶控制(被观察的系统之循环)向二阶控制(进行观察的系统之循环)转换发展也就顺理成章地生成。富有意味的是,这种投向自身的方法论转向,使研究呈现不同的面貌,意义十分重大,在教育领域里需要更进一步的深入研究。在学习理论研究的层面,以下三个方面的生长点清晰可见。

(1) 职业教育课程体系构建由建构向互动聚焦

将反身性二阶控制论引入课程体系构建的研究后,我们不仅要用"课程内容指向什么"或者"实践生活经验返向自身指向什么"等问题加以探索,还要从返向自身的整个过程透析和解释,向课程体系构建专家如何在与社会系统的返向自身互动中建构该系统的模型聚焦,因此,互动成为课程体系构建关注的焦点。社会意义互动本来就是建构主义课程观的重要特征,也是控制论的重要特征。课程的建构主义尽管存在众多范式与视角,但是亦有其共通性,即它们都强调知识是如何在社会意义互动中建构而成的,意义建构与社会互动的关系可解释为,任何意义建构都涵括了特有形态的互动。然而,不同建构范式关注不同的互动内容与方法。尽管我国职业教育专业课程体系构建专家都在关注互动,但是一些专家关注已构建的互动课程内容,而另一些专家却关注互动过程中的具体事件。由此可知,并非所有职业教育专业课程体系构建专家都从社会角度关注社会或社会发展中的衍生物,而是更关注自身对课程内容的建构。

(2) 职业教育课程体系构建由个人建构向社会性建构拓展

互动是建构主义课程观的一大特征,亦是一个内涵丰富的研究领域。尽管激进派的建构主义将互动划分为两种类型:一种是人与社会环境的互动,另一种是人与自我的互动,然而课程研究者们更偏爱后者,将其称为"个人建构主义"。这与社会建构主义课程观所关注的内容截然不同,且遭遇到了它们声势浩大的批评与声讨。但是这种批评有违公正，因为激进派的建构主义向来都关注社会意义的重要作用。这一争论好比剧作家强调"事件"与"背景"的强弱程度不同。激进派的建构主义所崇尚的个人建构并非忽视社会互动的重要性，而是一直将个人建构作为研究的"事件"，仅仅将社会互动作为这个事件的"背景"而已。当我国职业教育专业课程体系构建的激进建构主义者们将反身性引入课程体系构建领域的研究后，研究者们对反身性的阐释就从指向课程体系构建者、教师和学生的行动本身加以理解，指向课程行动本身亦是与社会关系相联系，表明我们的建构过程从根本上就是社会性的。这样，社会互动就很自然地从激进建构主义的"背景"中走向了"前图"，个人建构向着社会性拓展。

（3）职业教育课程开发由自身向关系延伸

关于反身性（reflexivity）与反思（reflection）的分殊和关联的认识有不同的阐述，其中为多数学者响应的观点是将二者都当作认识论概念，但它们在反思的深度上具有本质的区别。反思性研究指对阐释的某一特殊方法或层次的集中反思，即从某一支配性层次对其他层次进行反思；反身性研究则是一种元理论的反思（metatheoretical reflection），指两个或多个层次之间的彼此相互影响和互动性的反思，而不让其中的任何一个方面处于支配地位。以此推及教育中的反思，若采用反身性的反思，教师在反思中会更关注关系层面、互动层面，而不仅仅是关注自身的表现，使课程体系构建反思更具宽广的视野。

2.2.3　工匠精神

作为一种职业态度与精神理念，工匠精神是指从业人员的一种价值取向和行为表现，与其人生观或价值观密切相关。多年以来，"中国制造"成为质疑中国工业发展的一个极度贬义词汇，在我国肃然走向国际化舞台的今天，中国制造要摒弃以往陋习，以千千万万具有工匠精神的专职劳动者来支撑。我国从制造大国转向制造强国最需要的是追求职业技能、孜孜以求和默默坚守、追求极致完美的工匠。工匠精神的精髓在于工匠对技能和产品的精益求精，对职业的奋斗不息与奉献精神，这种精神使得技术工作者们在世界制造行业内脱颖而出，成为领域内的佼佼者。我国职业教育目前正在进行国际化改革，中外合作办学背景下的职业教育课程体系构建更是需要考虑如何塑造职业教育学生的工匠精神。工匠精神的培养其精髓有四点,即教育为本、强化对工匠的奖励机制、建立让工匠专心于技术的组织,以及营造宽容失败的文化环境①。若从校企合作培养的视角来看,职业教育课程体系构建对职业教育学生工匠精神的追求则体现为对每件产品的精益求精与精雕细琢,旨在对极致化与完美化的追求。这里的技术更像是艺术,不仅尊重客观规律,而且善于变革、敢于创新,有能力在本领域内成为专业精神的代表。基于工匠精神的职业教育课程体系构建理念旨在唤醒学生对职业的精致追求与自我奉献,需要学生不仅在专业课程学习方面掌握国际最前沿的专业理论与知识,还需要学生在企业岗位上尽心实践,在设计、生产、管理、建设、服务等一线锻造自身的职业素养并建立职业信念。由此,职业教育专业课程体系构建不仅要注重专业知识与专业理论的学校学习,也需重视企业实习内容的设置与安排,尤其是将学校课程内容与企业技能实践相结合。这样的课程体系构建虽不能在短周期内塑造出学生的工匠精神,但理论知识与企业实践的结合学习能够使学生在完成课程时具有最基本的职业态度,因为企业实践性课程内容的设置对学生精益求精的工匠态度和极致完美的产品艺术的影响是潜移默化的。很多职业院校用实训代替企业实习,由于实验性的训练通过模拟企业的工作流程与工作环境来完成实习,因此学生很难亲身体验什么是职业素养和什么是职业精神。因此课程体系构建应考虑让学生在企业中进行合作,固守实习岗位、进行岗位实习,同时接受企业文化并接受企业精神的熏陶。

从古至今,我国从未停滞过对工匠精神的追求,工匠精神倾心于对学生专业技能的提升与创造发明精神的培养,追求对世界的改变,是每个国家保持国际竞争力与科技创新力的源泉。在我国职业教育课程体系构建领域,研究者们也越来越重视在课程体系构建中渗透工匠精神。王新宇从中国制造的视域对工匠精神融入职业教育学生培养的探索进行了解读。他认为职业教育院校可从以下几方面培养职业教育学生的工匠精神:一是将专业课程教学作为工匠精神培养的主阵地;二是将专业课程小班化教学作为工匠精神培养的有效途径;三是将专业实训作为工匠精神培养的重要手段;四是将校企合作作为工匠精神培养的重要方式。这些措施恰当地将职业教育学生必须具备的职业素养有效地整合到了专业课程的教学目标、教学内容与考核办法之中,能够使学生在社会实践与学校教育并驾齐驱的过程中

---

① 陈劲.要有"互联网精神" 更要有"工匠精神"[N].解放日报,2015-04-17(14).

真正具备自我奉献、爱岗敬业、服务至上、诚信有爱,以及良好的团队合作精神等职业素养。基于工匠精神的职业教育院校课程体系构建需要在重视职业理论知识的基础上,结合不同职业的特征,在课程元素与教学环节中渗透工匠精神,并将精益求精、一丝不苟、专注耐心、敬业专业等工匠精神内涵在课程目标、课程内容组织以及课程实施与评价环节中体现出来。

基于工匠精神的职业教育专业课程体系构建,单靠职业教育院校的课堂系统与教学系统是很难实现的。职业教育院校虽拥有与企业几乎一模一样的软硬件设施,但小作坊式模拟企业的运营只能是短期的和片段化的,它不具备真正企业在产品设计、生产、运营等系统中的全部真实环境。由此,职业教育学生很难在虚拟企业的实践训练中感受到企业精神与企业文化。企业文化元素在课程体系构建中应该更加得到强调,这些元素是培养学生职业素养的温床。学生坚韧的精神与耐劳的意志是工匠精神的基础,更是学生职业素养的基础。

2.2.4 职业生涯教育

职业生涯教育是英国高校就业工作的核心,其教育理念就是提高学生的职业能力。职业能力是职业人员具备的企业所需的,能够在劳动力市场上展示职业素养的技能综合[1]。英国是目前世界上职业生涯教育做得最好的国家。自19世纪末,英国的职业生涯教育开始萌芽,在二战后开始迅速发展[2]。职业生涯教育孕育和培养"贯穿终身教育"的新观念,其宗旨是建立贯穿家庭、幼儿园、学校、工作岗位和社会生活人生全程的职业生涯教育体系。职业生涯教育的社会心理学依据是自我意识的终身发展观。传统观念认为,人的自我发展仅仅是从出生到成人期间的事,生涯教育仅仅是教育的某一阶段的事,比如我国目前学校中就仅仅在初中一年级进行一点普法意义上的生涯教育。现在,自我的发展观已经更新了,那种"阶段性""点缀式"的公民教育也需要彻底变革。著名的心理学家埃里克森建构的自我发展阶段论为建立和实施职业生涯教育提供了心理学基础,而社会文化和教育的发展又为实施职业生涯教育提出了紧迫的客观要求和提供了实现的客观条件。一

---

[1] Lee H. Defining and measuring employability[J]. Quality in Higher Education, 2001, 17(2): 97 - 109.

[2] 荆德刚. 国外高校毕业生就业模式研究[J]. 教育研究, 2009(8): 38 - 43.

是构建贯穿从出生到死亡的人生全程的职业教育体系,实施一体化的生涯规划,即幼儿园生涯教育、小学生涯教育、中学生涯教育、大学生涯教育、职业岗位生涯教育和社会生涯教育;二是不同时空的公民教育需要不同内容和形式,使个体处于公民的不同社会角色的变化之中,从而使个体有机会把自己重塑为现代公民自我。

职业素养是职业生涯教育的基础,因此,课程体系构建专家在课程开发前期需做好对企业需求的调研,通过问卷、深度访谈、焦点访谈等方式获取企业领导层对人才的实际需求,及时提取他们对往届毕业生的评价与反馈,以此作为专业课程方案设置的重要参照系。在职业生涯教育体系中,职业素养是基础,职业教育院校是教育主体,职业价值体验是灵魂,专业化咨询指导是辅助,社会实践是关键。职业生涯教育的精髓是突出学生的主体地位,唤醒学生的独立工作能力和创造性思维,在基于中外合作办学背景下的职业教育专业课程体系构建中,首先在课程内容中要渗透正面价值观的教育,其次在课程实施与评价环节渗透对学生职业兴趣与职业创新精神的培养,最重要的是在学生学习过程与学习方式中注重批判性思维与社会责任感的培养。职业教育专业课程的内容组织方式要关注学生个性化与专业化的需要。课程实施过程中首先不能包办代替,避免斥责与批评;借鉴英国职业院校中生涯教育对市场需求的高度重视的做法,可积极鼓励学生关注企业对人才规格的要求来培养自身的职业素质;同时,也可在课程实施环节设置各种方式,以使学生充分体验真实的劳动力市场竞争氛围,在此过程中,可提升人才培养与企业需求之间的平衡度。

在学校体系里,建构起覆盖从幼儿园、小学、初中、高中到大学的一体化的职业生涯教育体系。如英国,在19世纪初就开始了持久的职业生涯教育运动,在学校中普遍开设生涯课程,至今,职业生涯教育仍然贯穿大中小学幼儿园。美国在1994年研制颁布了在全美实施的《职业与生涯课程标准》,内容围绕"美国公民职业生涯与职业素养"的核心主题,并将其分布至"幼儿园至4年级""5至8年级""9至12年级"等三个阶段。根据学生年龄与身心成熟的程度,其课程的内容或有所不同,但其所围绕的课程重点则始终一贯而统整。我国的职业生涯教育主要集中在中职与职业教育院校的课程体系中,到目前为止,实现了从一维的知识教育发展为三维的对职业理论知识、职业技能与职业情感、态度和价值观的教育。这种转变虽然使学生获得了体系完整的职业生涯理论知识,也掌握了系统的职业技能体系,但未能帮助学生获得独立设计职业生涯规划的技能与方法,因此在专业课程体系构建中应突出学生对自身职业发展的分析与解决实际问题的能力,因为在职业素养中,学生的职业情感、职业态度与职业价值观更为重要。英国高校职业生涯教育与职业生涯辅导的教育理念、培养方案、课程体系构建、组织模式等方面有可供借鉴的成熟经验。

2.2.5　全面质量控制理论

市场理论的核心是消费者利益至上,用在职业教育市场上,是指职业教育是一种服务,职业教育院校是教育服务的提供者,学生、家长和用人单位是职业教育服务的消费者,供需双方构成了职业教育市场。职业教育院校必须重视并尽力满足学生及其家长或用人单位的需求;在职业技术教育课程改革方面,课程的培养目标、课程体系构建、教学教法、评价等应以消费者的需求即产业界、学生或家长的需求为导向,反映消费者的需要。正是在这种理论的倡导下,西方的企业界越来越积极地参与职业教育和培训,西方的职教课程改革越来越关注学生的生涯发展需求。

全面质量控制理论经历了三个发展阶段:质量检验阶段(1920—1940年);统计质量控制阶段(1940—1960年);全面质量管理阶段(1960年至今)。质量检验阶段关注的重心是产品质量与技术人员素质和工人技巧水平之间的关系。它产生的社会背景是工业界建立的产品质量检验制度,因此,需要配置专职检验员,建立检验工序。它提出的根据是泰勒的科学管理思想,所采用的方法是事后检验。统计质量控制阶段从单纯依靠质量检验事后把关,发展到工序控制,突出了质量预防性控制与事后检验相结合的管理方式,即事先控制,预防为主,防检结合。全面质量管理阶段将顾客处于质量管理的中心地位,一切围绕满足顾客需求来进行质量管理。

2.3　质量功能配置的理念与原理

2.3.1　质量功能配置的理念

接下来对质量功能配置的核心思想进行具体描述,以便对质量功能配置的逻辑和方法有一个清晰的理解。

1) 以市场为导向

为了控制产品开发的质量,质量功能配置引入了"市场导向"概念,以实现顾客满意度。不像"产品推出"概念,"市场导向"的重点放在了以达到顾客满意作为工作和产品的目标。其目的是要从顾客的角度考虑问题,生产满足市场需求的产品并提供相应的服务[1]。Tanisawa 声称,通过提供一个体系,将所有的活动与共同的目标即保证质量联系在一起,从而使质量功能配置将"市场导向"概念带到了全员质量保证活动之中,这就涉及从收集市场需求到销售和服务的方方面面的活动[2]。此外,质量功能配置采用了一种积极的方法,在早期阶段就能检测出并解决质量问题。它试图在最开始就能控制产品和过程,这样做有助于降低成本,从而能够实现只需付出较低的代价就能纠正缺陷这一目的。之所以说它付出的代价较低,是因为它是在缺陷发生时就对其进行了纠正,而不用等到下游才进行进一步的操作[3]。

2) 以顾客为中心

质量功能配置理论强调必须以市场、顾客需求为出发点,顾客需求、偏好和期望应成为整个产品开发过程的关键驱动因素。面向顾客满意度是质量功能配置理论最重要的思想。全面质量管理的目的是要达到顾客的满意度,这是质量控制的主要目的。早在 20 世纪 50 年代,Drucker 坚持认为,顾客是企业的基础,只有有了顾客,企业才能存在。作为顾客,他们只会购买他们想要的,因此顾客认为的"价值"是决定性的,因为它决定了在顾客心目中企业是怎样的、企业的产品是什么、企业是否会取得成功。与以产品为导向相反,全面质量管理认为,提高质量是为了使顾客满意,超越顾客期望,而不是提高生产率、降低成本等生产者所考虑的因素。Kondo 解释说,质量是顾客和制造商都要关注的问题,而成本只是制造商关注的问题,因此为了达到顾客的满意度而提高品质应该是企业提高绩效的最合适和最让

---

① Hosotani K. The QC Problem-solving approach: solving workplace problems the japanese way[M]. Tokyo, Japan: 3A Corporation, 1992: 24.

② Tanisawa T. Quality deployment and manufacturing methods deployment[M]//Mizuno S, Akao Y. QFD: the customer-driven approach to quality planning and deployment. Tokyo, Japan: Asian Productivity Organization, 1994: 204 − 232.

③ Fortuna R M. Beyond quality: taking SPC upstream[J]. Quality Progress, 1988, 21(6): 23 − 28.

人能够接受的方式。他补充说,与降低成本、提高生产率相比,保证质量更符合人性的特点①。Shiba 等人声称,对顾客需求和质量改进的关注将构成两大路线。其一,关注顾客所要求的品质,这不仅能够满足顾客需求,而且还确保企业有效的运行;其二,对质量的关注不仅与顾客的目的相一致,而且与员工的目标相同。这两大路线将给各方带来益处,并协助机构实现卓越运营管理。

3) 源头管理

质量功能配置理论充分体现了"质量是设计和制造出来的,而不是检验出来的"思想,即强调源头管理。统计资料表明,从成本角度来看,整个产品生命周期成本的约 75% 是在设计阶段决定的,而且在所有质量问题中大约 40% 是由不良的产品设计造成的。由此可见,产品开发过程中早期的设计决策对产品整个生命周期具有决定性的作用。产品的设计质量对于顾客满意度而言具有"质量杠杆效应"。

2.3.2 质量功能配置的基本原理

QFD 的基本原理就是用质量屋的形式,量化分析顾客需求与工程措施间的关系度,经数据分析处理后找出对满足顾客需求贡献最大的工程措施,即关键措施,从而指导设计人员抓住主要矛盾,开展稳定性优化设计,开发出满足顾客需求的产品。

质量功能配置模型所依据的基础是顾客需求,顾客需求是驱动组织开发产品和服务的原动力。质量功能配置模型的基本原理就是通过收集顾客心声(Voice of Customer,VOC),形成顾客心声表格,用矩阵图表的形式描述顾客需求与产品设计指标之间的关系,并对这些关系进行量化分析,通过建立关系矩阵、相关矩阵和一套加权评分方法,确定出刻画顾客需求的关键设计指标,从而设计出满足顾客要求的产品。

1) 采集顾客心声

顾客满意度是一个活动的目标,总是有改进的机会。然而,只有我们听取了顾

---

① Kondo Y. Hoshin kanri:a participative way of quality management in Japan[J]. The TQM Magazine,1998,10(6):425-431.

客的需求并按照顾客需求进行操作的时候才能提高顾客的满意度①。因为改善这些领域的流程对顾客而言是极其重要的,所以通过提供一个简单的操作规则——倾听顾客心声,质量功能配置有助于公司发起的质量改进工作。对于质量功能配置而言,在产品开发的整个研发、工程和制造阶段,顾客心声推动着每一个团体的一切。对顾客心声的关注有助于加强部门之间的质量联动,为实现市场优势设定优先次序并减少从概念到产品交付的时间。

顾客心声是从顾客那里逐字收集到的原始数据。然而,由于其隐蔽性,顾客心声经常被称为模糊前端。虽然到处都有顾客心声,但明确的很少,且是不完整的,所以Mazur表明,顾客心声可能是从不同的来源并采用适当的捕捉方法获得的。文献中揭示了各种收集顾客心声的方式。使用质量功能配置设计的新制造工厂Clorox通过深入讨论并进行实地考察,进而获得了外部顾客需求信息②。对目标组的父母进行采访,从而了解他们对用质量功能配置规划的早期儿童教育中心项目的需求③。为了捕捉到尽可能完整的顾客需求,通常会从多个来源,采用多种方法对数据进行收集。Telia Mobitel公司是芬兰的一个大型的GSM(Global System for Mobile Communications,全球移动通信系统)运营商,在其服务开发的案例中,该公司就是同时采用日记法、小组访谈、关键事件与问题检测研究来为质量功能配置收集顾客需求的。收集顾客对利用质量功能配置以及失效模式和影响分析(Failure Mode and Effect Analysis,FMEA)设计功率二极管的需求的方式更为多样化。此外,Klein推荐使用具有4个步骤的顾客心声方法来系统地收集顾客的需求④;Mazur建议利用一些软件工程工具,例如状态转换图(STD)、数据流程图(DFD)、事件表、事件树等来推导出顾客对服务的需求。

不同项目中所采用的方法不同,其中,顾客焦点小组和现场,即实地考察,是用于收集顾客需求常见的方法。接下来将对这些方法进行更详细的探讨。

---

① King R. Designing products and services that customer wants[M]. Portland, Oregon: Productivity Press, 1995:5.

② Crossley M, Mebrahtu T. Dependence and interdependence in higher education[J]. International Journal of Educational Development, 1992, 12(2): 83 - 85.

③ Gonzalez-Bosch V, Tamayo-Enriquez P, Cruz-Rufz J S. Understanding customer needs for an early childhood educational center[C]. [S. l.]: Proceedings of the 14th International Symposium on Quality Function Deployment, 2008: 144 - 151.

④ Klein R L. New techniques for listening to the voice of the customer[C]. [S. l.]: Transactions from the Second Symposium on Quality Function Deployment, 1990: 197 - 203.

(1) 焦点小组

焦点小组是出于明确的目的而创建的,收集特定话题数据的特殊场合。通过焦点小组收集信息除了是一个简单且廉价的捕捉顾客需求的方法之外,焦点小组还可以创建也许永远不会在真实世界中发生的对话[①]。

在为美国的一个管理式医疗组织重新设计会员手册的项目中,通过一系列的顾客焦点小组会议获得了质量功能配置过程的输入[②]。在利用质量功能配置改善中产阶级公寓单元的布局和性能方面,焦点小组被认为是获取有关不同人群的喜好、倾向和意见等信息的一种技术,这些人群包括房地产经纪人、建筑师、工程师、潜在买家和类似公寓的业主等[③]。在同样利用质量功能配置设计的一个大型高校教室项目中,成立了由教师、学生、对教室进行维护的设施服务人员、提供并维护教学设备的校园媒体中心工作人员以及批准项目资金的学校管理者等组成的焦点小组来了解他们的需求[④]。

通常用来询问顾客需求的方法有两个。第一个方法是要求顾客对现有的产品或服务进行评论。例如,在Capper公司(将便利食品销往零售店的经销商)的封口机改进项目中,邀请一些重要的顾客参与并完成整个购买流程,然后要求几个顾客找出他们认为在此过程中存在的主要问题[⑤]。用这种方法收集到的顾客需求对于了解顾客的期望和正常需求是有用的。第二种方法是要求顾客陈述他们对产品或服务的期望。例如,在新加坡某个特定区域的紧急医护医院的服务规划项目中,询问了患者对医疗保健提供者的期望[⑥]。一项有关斯德哥尔摩服务保障设计的研究也应用了同样的方法。焦点小组的讨论是从一个有关参与者的问题开始的,这些

---

① Morgan D L. The focus group guidebook[M]. London,UK:Sage Publications Inc.,1998:31.
② Omachonu V,Barach P. QFD in a managed care organization[J]. Quality Progress,2005,38(11):36-41.
③ Gargione L A. Using quality function deployment (QFD) in the design phase of an apartment construction project [C]. Berkeley, USA: Seventh Conference of the International Group for Lean Construction,1999:357-367.
④ Eldin N, Hikle V. Pilot study of quality function deployment in construction projects[J]. Journal of Construction Engineering and Management,2003,129(3):314-329.
⑤ Samuel D, Hines P. Designing a supply chain change process: a food distribution case [J]. International Journal of Retail & Distribution Management,1999,27(10):409-420.
⑥ Lim P C,Tang N K H. The development of a model for total quality healthcare[J]. Managing Service Quality:an International Journal,2000,10(2):103-111.

参与者经常乘坐公共交通工具,而该问题是他们认为什么才是良好的服务保障[1]。通过这种方法收集到的顾客心声对了解顾客正常的和令其激动的需求是有用的。每种方法都具有其特有的优势,如果采用不同的方式询问顾客,有关顾客需求的探讨会变得更加容易。这些方法是互补的,而且为了从顾客那里获得更全面的描述,这些方法经常被同时使用。

（2）现场采集

在质量功能配置中,现场是另一种用来了解顾客陈述的或隐含的需求的方法。"Gemba"是一个日语单词,意思是"真正的地方",是采取实际行动的地方。Imai 认为[2],现场是增加顾客满意度价值的所有改进工作的现场,是所有信息的来源。一般来说,实地考察可以提供两种用于提高产品和服务设计质量的主要信息。第一种,现场分析有助于确定产品和服务设计中潜在的失效模式及根本原因,而在常见问题分析中常常不会对此进行分析;第二种,实地考察将有助于供应商更好地了解顾客潜在的没有表达出来的需求,从而使所开发的产品或服务有可能超越顾客的基本需求。在罗克韦尔的卡车引擎盖项目中,Gavoor 和 Marcel 认为,通过让产品团队实地考察一辆卡车,并对卡车司机和维修人员进行采访,他们对车罩打开和关闭方式的认知有了很大的提升。诺基亚在东京都市圈的公共场所进行了实地考察,从而捕捉到了手机用户的基本需求和潜在需求。在万豪集团通过在美国机场销售百吉饼来提高顾客满意度的研究中,项目团队通过实地考察发现,顾客想要的是之前在他们的商店里从没销售过的烤面包[3]。

2）提取顾客需求

在收集顾客的需求方面,明确表达出来的顾客需求和隐含的需求都必须被提取出来,并转化成所需要的品质。Shillito 强调,团队必须逐字理解从顾客那里收集来的原始数据。一旦数据被结构化并进行了转化,处理过的对顾客心声的理解就会通过质量功能配置被配置到设计团队和公司的商业化过程中去。Ulwick 声

---

[1] BjörlinLidén S,Edvardsson B. Customer expectations on service guarantees[J]. Managing Service Quality:an International Journal,2003,13(5):338 – 348.

[2] Imai M. A consultant and gemba[J]. Journal of Management Consulting,1996,5:3 – 9.

[3] Lampa S,Mazur G H. Bagel sales double at Host Marriott:using quality function deployment[C]. Novi,USA:Transactions from the Eighth Symposium on Quality Function Deployment,1996:511 – 528.

称,顾客除了给出解决方案之外,很少给出他们的要求,因此对其表述进行转化是绝对必需的。而且这个转化的过程对激励创新来说是很重要的。当专注于从捕获的输入中导出的结果时,创新的本质就在于创造出能够解决顾客问题的解决方案[1]。

现场配置已被广泛应用于从收集到的顾客心声中提取潜在的顾客需求。例如,欧姆龙-日立终端解决方案公司在开发手指静脉认证装置时就应用了现场配置法。通过考察"病人第一次就诊"的现场,从患者表达出的"愉快的使用"的信息中提取出了他们的"愉快的接触",以便设想并设计出一个未来的"用户体验"模式。针对创新产品的设计,Nakamura建议在场景配置方法的基础上添加交互式三维虚拟模型来提取顾客的要求,但这取决于正在研究的产品或服务的性质。例如,由于收集有关化妆品用玻璃瓶的制造的顾客心声的难度较大,Iwama等人表明,弄清楚瓶子的基本功能才是提取顾客需求的方法。Hillmer和Kocabasoglu在设计一个工商管理硕士课程时,用编码法诠释面试记录以了解招聘人员的要求[2]。

在提取信息时,一方面,所需品质要按优先级别进行排序,以便确定出重要的信息;另一方面,要将所需品质转化为质量要素,然后对这些质量要素进行评估,以确定哪些才是有效的。这就是质量规划流程,它对所有的质量功能配置的应用来说是最基础的。Akao高度强调了两点内容:首先,将所需品质转化为质量要素的转化过程是很重要的,因为这是从顾客理念转化成工程师理念的切入点;其次,对所需品质按优先级别排序也是很重要的[3]。他强调,为了避免冗余,应该进一步配置高优先级的项目。

3) 编制顾客心声表

在20世纪90年代早期,顾客心声表的开发是为了便于聚焦少数重要的需求,以加快产品开发的过程。在日益激烈的市场竞争中,为了增强质量功能配置,顾客

---

[1] Ulwick A W. Turn customer input into innovation[J]. Harvard Business Review,2002,80(1):91-97.

[2] Hillmer S, Kocabasoglu C. Using qualitative data to learn about customer needs: understanding employer desires when designing an MBA program[J]. The Quality Management Journal,2008,15(2):51-63.

[3] Akao Y. History of quality function deployment in Japan[M]//Zeller H J. The best on quality: targets,improvement,systems. München: Hanser Publisher,1990:183-194.

心声表表现出来两个重要的优势。首先,在向市场提供更新的和更令人兴奋的产品和服务时,编制顾客心声表可以缩短设计和开发的时间①。其次,它有助于分析顾客已表达出来的和隐含的需求,并有助于将这种分析与所有要求的功能性组织进行匹配。Nakui强调,通过将顾客心声和不同的使用情况相结合,可以将有些要求向外进行延伸②。

顾客心声表由两部分组成。在第一部分中,它收集关于产品或服务是如何被使用或可能被顾客使用的数据。它希望获得是谁(who)在使用产品或服务,他们用这些产品、服务做了什么(what)、什么时间(when)、在哪里(where)、为什么(why)以及采用什么的方式(how)使用它们。5W1H的用途就类似于现场配置方法的用途。第二部分,在考虑了第一部分描述的所有方法的用途后,所收集到的顾客心声会被转化成需求项目,例如对性能的需求、对较低价格的需求等。之后会将需求项目分解成需求品质项目,而这是用进一步配置的亲和图归类的③。

某些情况下,会利用顾客心声表处理和配置顾客心声。佛罗里达州的蓝十字会用顾客心声表诠释了顾客没有表达出来的需求,从而探索了新的健康保障服务。例如将"健康计划是很容易理解的"诠释成潜在的需求,就是"我可以聘请最优秀的新的大学毕业生"、"我能吸引竞争对手的最好的员工",以及"我的员工都知道他们所被赋予的权利"。之后再将这些顾客需求有效地运用到功能需求和解决方案中④。

2.3.3 质量功能配置核心质量屋的基本构成

基于质量功能配置模型的课程开发所采用的基本规划手段就是质量屋。质量屋将客户的意愿转化成满足具体目标值的设计要求并匹配那些依托组织满足该要

---

① Mazur G. Voice of the customer table: a tutorial[C]. Novi, USA: Transactions from the Fourth Symposium on Quality Function Deployment, 1992: 104-111.

② Nakui S. Gaining the strategic advantage: implementing proactive quality function deployment[C]. Novi, USA: Transactions from the Fourth Symposium on Quality Function Deployment, 1992: 361-368.

③ White B. Using a spec document, the customer voice table, and a QFD matrix to generate a CTQ (critical to quality) list[C]. Austin, USA: Transactions from the Eighteenth Symposium on Quality Function Deployment, 2006, 2: 41-53.

④ Hepler C, Mazur G. Finding customer delights using QFD[C]. Austin, USA: Transactions from the Eighteenth Symposium on Quality Function Deployment, 2006: 1-12.

求的方法的意愿。质量屋的结构如图2-2所示。

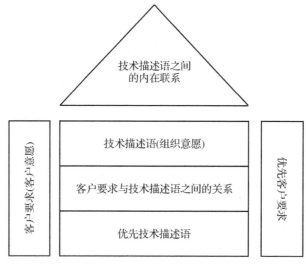

图2-2 质量屋结构图

图2-2中,左边的外墙为客户要求、客户意愿明细或客户对产品的期待,右边则为优先客户要求或规划矩阵,天花板或第二层包括了技术描述语,房子的中心部分为客户要求与技术描述语之间的关系,房子的屋顶为技术描述语之间的内在联系,房子的地基为优先技术描述语,这就是质量屋的结构。

2.4 质量功能配置模型的展开

2.4.1 质量功能配置模型

目前,QFD尚没有一个统一的定义,但对QFD的一些认识是共同的。作为一种由顾客需求所驱动的产品开发管理方法,QFD从质量的保证和不断提高的角度出发,通过一定的市场调查方法获取顾客需求,并采用矩阵图解法和质量屋的方法将顾客的需求分解到产品开发的各个过程和各个职能部门中去,以实现对各职能部门和各个过程工作的协调和统一部署,使它们能够共同努力、一起采取措施,最终保证产品质量,使设计和制造的产品能真正满足顾客的需求[1]。

质量屋是质量功能配置图或矩阵的名字,出现的原因是在其顶部附有三角形的矩阵,有时被称为屋顶。屋顶矩阵看起来就像一座房子,故因此而得名。这是一种提供教学规划及交流方法的概念图。

课程设计的一般模型需要4个矩阵。第一个矩阵为"是什么"矩阵,也称为需求矩阵。此处开发了针对课程的客户需求。为满足该需求,应当开发一组所要求的技能,并对两组之间的关系进行评估。一旦经过验证,这些技能就可带入第二个矩阵,即技能矩阵,以匹配基本主题组。关于主题矩阵的开发,基本主题被分为二级主题,且是明确了课程关键特性的对象主题。这就变成了第三个矩阵。第四个矩阵是关于科目及知识的传授。

2.4.2 质量功能配置模型展开的四个阶段

1) 概念设计:确定顾客意愿

由市场研究人员选择合理的顾客对象,利用各种方法和手段,通过市场调查,全面收集顾客对产品的种种需求,然后对其进行总结、整理并分类,得到正确、全面的顾客需求以及各种需求的权重(相对重要程度)。在确定顾客需求时应避免主观想象,注意全面性和真实性[2]。顾客意愿被要求着眼于质量功能配置流程,这可建立在顾客期望值的基础上通过调查报告获得。

2) 产品设计:产品规划

产品规划的主要任务是确定顾客需求的优先级结构并准备具有竞争力的顾客需求评估。产品规划可以采用的方法有层次分析法(AHP),这是对顾客进行两两比较,获得顾客需求优先级结构的最佳方法。优先级结构表示需求的相对重要性。相对于组织的竞争对手对各顾客需求的相对定位,顾客在确定组织的相对定位时扮演着十分重要的角色。这种顾客需求的竞争性评估可通过顾客调查得以实现,包括问卷调查、直接采访、电话采访及电子邮件互动。

---

[1] 秦敬民.基于QFD的高校创业教育质量评价研究[D].天津:天津大学,2009.
[2] 同[1].

3) 过程设计（开发质量功能配置矩阵的顾客与技术部分）

质量功能配置矩阵的水平部分被认为是与顾客相关的信息，在该部分，顾客需求明细、优先级评定及顾客需求的竞争性评估遵循着适当的次序。

质量功能配置矩阵的垂直部分与技术数据有关。一旦顾客需求被确定，质量功能配置团队就可制定适当的、满足该需求的设计要求。三角形部分提供了这些相关性，为整个质量功能配置矩阵给出了屋顶的外形。因此，质量功能配置矩阵被称为质量屋。可利用顾客的重要性层次确定列权重。由此得出的数字提供了一种判断各设计要求相对重要性的方法。列权重可作为突出那些对产品相关影响最大的设计要求的指标。这些列权重输入在质量功能配置矩阵技术部分的底部。

4) 分析质量功能配置矩阵

一旦完成质量功能配置矩阵，就进入分析阶段。在此阶段关注的焦点应当是设计是否与排序匹配以实现顾客需求的完全满意度。为满足各项设计要求，要对进行的所有必要步骤进行分析。

2.5 质量功能配置模型与课程内容组织

袁振国指出课程体系构建即教学计划，是课程总体规划[①]。课程体系构建依据一定的培养目标选择课程内容，确定学科门类及活动，确定教学时数，编排学年及学期顺序，形成合理的课程体系。因此，课程体系构建主要是在制定培养目标的前提下，依据一定的原则，确定相应课程、教学内容、学时和学年等，以构建科学合理的课程体系。就中外合作办学理念下的职业教育人才培养而言，在课程体系构建中应坚持目标性、系统性、国际化和实践性等原则。

2.5.1 职业教育课程内容组织模式

课程研究者对于课程组织的标准与方式的观点似乎更具一致性。关于课程组

---

① 袁振国.校长的文化使命[J].中小学校长谋略，2004(1)：9-10.

织的共同原则,泰勒称之为有效组织的标准,他最早指出了连续性、顺序性、整合性的观点①。之后,研究者不断丰富课程组织的原则标准,香港学者林智中教授将其总结为:范畴、顺序性、继续性、统整性、均衡性、衔接性以及学习脉络②。总的来说,课程组织要关注学科自身的逻辑,也要考虑学习者认知特征、兴趣需要以及环境中课程资源的可能性。课程组织方式大体上可以分为垂直组织、水平组织和同心圆组织。赫莫、波斯纳、林智中等人认为,在垂直组织中,根据内容间的逻辑关系可以有分割、分层、单线、螺旋等样态的组织方式③,建议在高等职业教育系统采用的课程内容组织模式如图2-3所示。

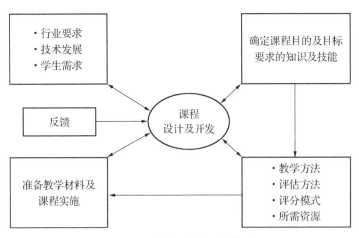

图2-3 课程内容组织模型

在该模型中,对课程设计及开发的活动进行了说明。课程的设计将通过考虑诸如行业要求、技术发展及学生需求之类的输入值进行。识别后,下一步就是确定课程目的及目标并决定在学生中需要培养的能动知识及技能。这将有助于确定教学方法、学生评估方法、学生评分模式的设计以及识别教学过程所需的资源。这一决定将指向教学材料及课程实施流程的准备。从企业及学生处收集反馈信息,而后,从头开始再进行一次该过程。这就是课程设计及开发流程的持续改进。

首先通过调查识别并确定顾客需求。这些需求是顾客的基本要求,其示于质量屋左边,包括沟通技巧、主题知识及创新能力。然后通过不同的二级要求进一步

---

① 吕立杰,袁秋红.校本课程开发中的课程组织逻辑[J].教育研究,2014(9):96-103.
② 林智中,陈健生,张爽.课程组织[M].北京:教育科学出版社,2006:104.
③ 波斯纳.课程分析[M].西安:陕西师范大学出版社,2005:133.

识别这些需求。在沟通技巧要求中,在语言、写作技巧、呈现技巧、口头交流技巧、小组讨论、技术词汇的应用及说服技巧方面要十分流利。核心科目、基础科目、数学、边缘学科、计算机语言、技术技能及科目知识的深度是主题(学科)知识的要求。创新能力要求包含思维能力、实用技能、概念技能、创新能力及推理能力。

团队确定如何将这些顾客需求转化成流程设计及流程属性目标。这些就是课堂教学、实践课程及图书馆设施。穿过质量屋的顶部进行要素输入,这些特征进一步被识别为教师、课程、设施、互动、教学辅助及课堂教学评估。项目工作、案例研究、工业培训、现场演示、实地培训及学徒是实践工作的基本流程,是图书馆设施的组成要素,包含书本、期刊、网络设施、图书馆的适时性、图书的可阅读性及图书馆设施中书刊及报纸的可获得性。

2.5.2　基于质量功能配置模型的课程组织原则

在设置课程时,根据人才培养目标、人才内涵和人才规格,结合学校特色,将培养目标具体细化为不同的课程目标和要求,并据此设置课程。当然,不同学习阶段、不同层次学生的教学目标有所不同,其课程体系构建也应有所区别。

1) 复杂性与系统性

系统性,即所设置课程科学合理,各课程之间并非零散的、无序的关系,而是有序可循、联系密切的。课程内容在不同学年与学习阶段呈螺旋形上升态势,课程的学年与学期安排符合学习规律。

复杂系统论一般被称为"复杂性科学",仍然属于系统论的范畴,但其关注的中心转移到了具有高度复杂性的一类系统,即复杂系统。复杂系统是相对于简单系统而言的,但对什么是简单系统和复杂系统,在定义上却不很明确。一种观点认为,系统结构的复杂性取决于两个因素:其一是系统内的要素数目,其二是要素与要素之间的关系数目。系统的复杂度可表示为系统内要素之间的实际关系数目和可能的最少关系数目之比,即 $C=m/(n-1)$。其中,C 表示复杂度;m 表示实际关系数;$(n-1)$ 表示可能的最少关系数,即要素数 n 减去 1。由此,当 $C=1$ 时,称该系统为简单系统;当 $C>1$ 时,称该系统为复杂系统。此外,系统结构的复杂性还与要素的多样性、关系的多样性等有关。所以,在社会系统中由两个人组成的系统就有可能是一个复杂系统①。复杂系统的基本性质即其复杂性。复杂性的基本特征有:① 有相当数量和多样的元素以及元素之间有相当紧密的相互联系,即元素及其相互联系的多样性;② 这些联系是非线性的;③ 这些联系是非对称性的;④ 这些联系处于有序与混沌之间②。概括地说,复杂系统论主要研究系统的复杂性现象,这类现象与一般系统机制相比,具有非线性、开放性、多样性、多重性、整体性、多变性、自组织性、非对称性、不可逆性等特点,由此,复杂性科学被称为"非线性科学"③。复杂性科学的自组织、分叉、影响因子、协同、涌现、复杂适应系统等概念及其所蕴含的深刻含义为系统性行动研究提供了丰富的思想源泉。

2) 自组织性

自组织是职业教育课程体系构建原则中最重要的核心概念之一,可以说是复杂性科学学科群的一条红线,将各学科贯穿起来。"自组织的本质是指系统的结构(至少是部分)出现,没有外部压力或来自外部系统的强加干预。换句话说,组织力来自系统内部,是系统内部要素相互作用的结果,组织能以时间或空间的方式演化,能保持一种稳定的形式,或表现为短暂的现象。"在这里,"没有外部压力或来自外部系统的强加干预"不等于系统与外界没有交流,是一个封闭的系统。事实上,任何与外界无关的封闭系统都会趋向有序度降低,走向无序、混乱的状态。自组织系统首先必须是一个开放系统,能够与外界交换物质、能量、信息,从外界输入足够的负熵流,才能使系统向有序的方向演化。"在自组织系统的现实演化过程中,系统内部元素之间的非线性相互作用,一方面可以在一定条件下增强系统对其外部环境的开放性,使系统对其外部环境愈加敏感,与其外部环境更加密切地联系起来。另一方面,非线性相互作用在选择外部环境条件的过程中,在选择、吸收自组织所必需的'负熵流'方面,充当了自组织系统形成、演化与发展的主导因素,成为自组织系统不断从相对无序向相对有序进化的内在根据。"④从这个角度来说,自

---

① 朴昌根.系统学基础[M].修订版.上海:上海辞书出版社,2005:214-218.
② 颜泽贤,范冬萍,张华夏.系统科学导论:复杂性探索[M].北京:人民出版社,2006:203.
③ 方锦清.令人关注的复杂性科学和复杂性研究[J].自然杂志,2002(1):15-18.
④ 张强,宋伦.系统自组织观[J].系统科学学报,2007(1):7-9.

组织是复杂系统发展和演化的基本动力,是考察复杂系统不可疏忽的因素。善于利用系统的自组织机制,是系统性行动研究促进者的重要能力。

3) 分叉性

分叉是国际职业教育课程发展和演化的一种现象,也是其演化的一种机制,是指在某一个临界点,课程体系的发展方向出现两种或两种以上的可能性。这意味着课程体系发展的不确定性,并且这种不确定性并非认识不足造成的,而是客观课程体系自组织过程中的客观不确定行为引起的。这首先在于课程体系内部的不确定性,其次还在于变化中环境因素的不确定性[①]。在课程体系内部的分叉处,体系发展的方向对来自课程体系内部或外部的干预和扰动十分敏感,往往非常微小的干预或扰动就能打破课程体系的平衡状态,产生巨大的涨落,引发课程体系的突变,从而使课程体系向某个方向发展。对课程体系进行干预,利用体系的自组织机制,促使课程体系在发展过程中出现分叉,并善于利用干预和扰动使课程体系向优化的方向发展,以使系统性行动研究收到事半功倍的效果。

4) 协同性

一个由大量子课程结构所组成的课程体系,在一定条件下,子课程体系之间如何通过非线性相互作用产生协同现象和相干效应,使课程体系形成有一定功能的自组织结构,从而在宏观上产生时间结构、空间结构或时空结构,产生新的有序状态[②]。竞争与协同是课程体系要素相互作用的两种方式,也是课程体系自组织演化的动力。竞争是课程体系各要素争夺课程体系空间,努力使自己成为课程体系的序参量;协同是课程体系各要素相互合作,共同行动,共同决定课程体系的状态。竞争是课程体系进化的动力,课程体系差异产生竞争,竞争使课程体系失稳,失稳产生序参量,序参量导致新结构的形成。"协同导致有序,有序需要协同。"[③]协同使要素间相互配合,共同行动,使课程体系形成新的有序结构和新的整体。协同是序参量实现对课程体系支配的手段,序参量支配课程体系的过程就是使课程体系要素与其协同运动的过程。因此,竞争与协同是课程体系同一过程的两个方面。

---

① 魏宏森,曾国屏.系统论:系统科学哲学[M].北京:清华大学出版社,1995:251.
② 颜泽贤,范冬萍,张华夏.系统科学导论:复杂性探索[M].北京:人民出版社,2006:43.
③ 苗东升.系统科学大学讲稿[M].北京:中国人民大学出版社,2007:318.

哈肯认为,协同对课程体系的进化尤为重要,正如他所说:"协同学"就是"协调合作之学"①。

5) 涌现性

涌现是复杂课程体系发展演化的另一个核心机制,圣菲研究所明确提出:"复杂性,实质就是一门关于涌现的科学。"②斯泰西(Ralph Stacey)认为:涌现是复杂课程体系中的行动者行为的总体模式(global patterns)的产物。这些行动者按照它们自己的局域性行为规则相互作用,并不企图达到这个行为的总体模式。在涌现中,总体模式是不能从产生它的局域性行为规则中预言到的。换言之,总体模式是不可还原为个体行为的③。涌现理论认为,课程体系为适应环境,在课程体系要素间相互作用中,通过信息作业,进行差异整合,逐级形成课程体系等级层次结构,获得课程体系总体涌现性。课程体系涌现表现为以下几种性质:① 表现为全局模式的整体序或宏观序;② 表现为从简单中生成复杂的新颖性;③ 表现为非迭代模拟的不可推导性和不可预测性;④ 表现为层次之间的一定程度的不可还原性④。涌现使从简单中生成复杂得以实现,涌现的存在表明了课程体系超越自身的可能性和现实性。

6) 复杂适应性

复杂适应性是基于复杂适应系统提出的。复杂适应系统的提出是人们在系统运动和演化规律认识方面的一个飞跃,因为它确认了系统主体的主动性和适应性。考温(George Cowan)对复杂适应系统做了如下界定:"复杂系统包含了许多相对独立的部分,它们高度地相互联系和相互作用着。它们大部分是这样的组成部分,这些组成部分要求有再生真正复杂性、自组织、复杂、学习和适应系统的功能。"⑤复杂适应系统与一般系统的区别在于复杂适应系统的元素是"适应性行动主体"。

---

① 哈肯.协同学:大自然构成的奥秘[M].凌复华,译.上海:上海译文出版社,2005:5.
② 沃尔德罗普.复杂:诞生于秩序与混沌边缘的科学[M].陈玲,译.北京:生活·读书·新知三联书店,1997:115.
③ 斯泰西.组织中的复杂性与创造性[M].成都:四川人民出版社,2000:149-171.
④ 黄欣荣.复杂性科学与哲学[M].北京:中央编译出版社,2007:163-165.
⑤ Cowan G A, Pines D, Meltzer D. Complexity:Metaphors,Models and Reality[M]. Reading, Mass: Addison-Wesley Publishing Company,1994:2.

适应性行动主体是指在一定层次上收集有关周围环境以及它自己和自己行为的信息,然后加工与处理这些信息,并向环境输出信息和作用,从而适应环境的行动主体[①]。复杂适应系统理论认为:"适应性造就复杂性。"所谓适应性,就是指系统主体"能够与环境以及其他主体进行交互作用。主体在这种持续不断的交互作用的过程中,不断地'学习'或'积累经验',并且根据学到的经验改变自身的结构和行为方式。整个宏观系统的演变或进化,包括新层次的产生、分化和多样性的出现,新的、聚合而成的、更大的主体的出现等等,都是在这个基础上逐步派生出来的。"[②]

7)实践性

随着"实践转向"日益成为中西方社会科学与人文学科领域一个热门的论题,与之相关的术语也迅速散布开来,例如制作、日常意识、日常活动、行动、识知、命题性知识和理论性知识等。然而,由于一些基本概念尚未厘清,在使用时总存在一定程度的混乱。实践性是基于实践哲学提出的,而实践哲学又相对于理论哲学而存在。

理论哲学从古代向近代的发展,可以简单地概括为主体性逐步获得第一原理的地位的过程。实践哲学在西方哲学史和现代西方哲学上则是一个内涵十分模糊的哲学称谓。实践哲学概括着伦理学、政治哲学、实验技术等领域,同时也概括着众多具有现实倾向的哲学流派,在含义上十分复杂。理论哲学与实践哲学两条不同哲学路线的区分在于对生活实践的理解和态度。是否具有广阔的生活实践的视野、是否意识到实践概念的深层含义,乃是区分西方哲学两大传统的标准。近代的理论哲学与亚里士多德的形而上学有一点是相同的,即对生活实践的遗忘。近代哲学也探讨实践,但完全是理论范围内的实践,仅将实践视为其树立主体和理论的绝对性与无限性的过程的一个步骤,因此理论可以在实践之外找到一个超越性的观点。西方现代哲学的产生和发展从根本上否认理论超越生活实践的可能性,可以说是亚里士多德的生活实践概念的复兴。这一复兴是当今哲学的主流趋势[③]。

"实践"概念是中西方哲学中一个极为重要的概念,它的内涵经历了一个逐渐演变的过程。然而,人们在使用时却不加以界定,似乎它是一个不用进行说明的概

---

① 颜泽贤,范冬萍,张华夏.系统科学导论:复杂性探索[M].北京:人民出版社,2006:377.
② 许国志.系统科学[M].上海:上海科技教育出版社,2000:252.
③ 王南湜,谢永康.论实践作为哲学概念的理论意蕴[J].学术月刊,2005(12):11-20.

念。国内学者在对实践概念的中西哲学史进行考查后发现,"实践"概念大致有三个层次的基本含义:第一,本体论的实践观。它从本体论视角出发,思考实践的本体论含义,关注实践与存在和实体的相互关系,谈论实践与逻辑、理性、语言、历史和生存之间的关联。这主要体现在亚里士多德意义上的"理论""思辨"活动、黑格尔意义上的"实践""意志"活动,以及后来海德格尔(M. Heidegger)的此在解释学、伽达默尔的哲学解释学。第二,伦理道德层面的实践观。它是连接形上的实践概念和经验的实践概念之间的中介。它一方面来源于本体论的实践观,另一方面又涉及具体的生活情境,与经验的实践概念相关。第三,经验层面的实践概念或叫作认识论的实践观。它是通常意义上的"做事情""行动"[1]。

在实践为本理论化(practiced-based theorizing)的背景下,一些学者质疑传统的知识表征理论(representational theory of knowledge),将识知(knowing)看作一种情境化活动,看作是人们在日常社交和工作实践中共同完成的事情。在这种视角下,识知和行动(doing)的区别模糊化,"在实践中识知(knowing-in-practice)"这样的术语随即被提出。识知是历史、社会和文化背景下的一种实践性成就[2]。共有三股潮流,分别阐释了识知和实践之间的三种关系,即包含(containment)、相互构成(mutual constitution)和相等(equivalence)关系[3]。首先,包含关系指实践共同体认为识知存在于参与具有共同愿景的实践活动的人类关系中。其次,相互构成关系主要依据吉登斯(A. Giddens)的结构理论,提出识知和实践不是两种相互区别和独立的现象,而是彼此互动和生成的关系。最后,相等关系否认识知先于其表征的本体论特征[4][5][6]。

古往今来,学者们根据不同的标准对纷纭繁多的知识加以划分。其中,实践性

---

[1] 黄其洪,蒋志红.论实践概念的三个层次[J].现代哲学,2009(2):1-4.

[2] Gherardi S,Perrotta M. Between the hand and the head:how things get done,and how in doing the ways of doing are discovered[J]. Qualitative Research in Organizations and Management:An International Journal,2014,9(2):134-150.

[3] Gherardi S. Organizational knowledge:the texture of workplace learning [M]. Oxford:Wiley-Blackwell,2006:5.

[4] Gherardi S,Nicolini D. Learning in a constellation of interconnected practices:canon or dissonance? [J]. Journal of Management Studies,2002,39:419-434.

[5] Suchman L. Organizing alignment:a case of bridge-building[J]. Organization,2000,7(2):311-328.

[6] Latour B. Reassembling the social:an introduction to actor network theory[M]. Oxford:Oxford University Press,2005.

知识类型的提出是当前知识观变化和实践优位视角的体现。考察知识观发展历史可以发现,知识观可以分为现代主义知识观和后现代主义知识观。前者认为知识最根本的三个特征是客观性、普遍性和中立性。与之相反,后者则认为知识具有主观性和相对性、个体性和情境性以及建构性和生成性。这种知识性质的历史性转变对知识研究的方法产生深刻影响。因此,国外学者将当代认识论领域中的知识研究途径分为两种,即主权认识论(Epistemology of Possession)和实践认识论(Epistemology of Practice)[1]。主权认识论产生于客观主义思想和有关语言学假设,它认为知识是认知实体,是一种可积累、可习得和可转让的资源,加之文字与所指事物之间具有直接的平等性,因此知识(指显性知识)存在于文本中并可以通过这种形式进行分享。相反,实践认识论则强调知识或识知是社会性建构的,不是可溯源的实体,而是相对的、暂时的、情境化的。实践认识论实现了知识的转变:从独立于人类活动到与人类生活紧密关联且不可分离。可见,理论性知识或命题性知识(propositional knowledge)是"理论思维"下的产物,注重逻辑推理,探求客体的状态和性质,强调客观性和真理性,以原理、命题、论述等形式出现;而实践性知识是"实践思维"下的产物,来源于具体实践所得的经验总结,聚焦于"事情应当怎么做",强调功利性、明确性、具体性,以具体实践操作指南的形式出现[2]。

---

[1] Cook S, Brown J. Bridging epistemologies: the generative dance between organizational knowledge and organizational knowing[J]. Organization Science, 1999, 10(4): 381-400.

[2] 程乐华,黄俊维,谢扬帆. 直通道模型:实践知识的提炼、共享和升华[J]. 自然辩证法研究, 2010(10): 101-107.

第三章
基于质量功能配置模型的专业课程体系构建原理

本章通过对质量功能配置模型的历史回顾、发展动向以及理论依据的梳理,清晰阐释了该理论所秉持的教育思想与人才培养理念。进而,从课程论的视角论证该理论模型所持有的知识论、实践论与价值论依据。

3.1 质量功能配置模型的方法与原理

3.1.1 质量管理方法

一般而言,质量管理方法是一种基于技术组织方式确保产品质量并不断提高产品生产效能的管理方法。它主要涉及质量观念的转变与质量检测方法的转变这两大维度。质量管理的具体方法有三种:一是质量标准的定制,包括基础标准、工艺质量装备标准、工艺质量标准、原材料标准、零部件质量标准和毛坯质量标准等六类;二是质量数据的收集,数据包括不能连续取值的计件数据与可连续取值的计量数据;三是进行质量控制的质量图表,作为对产品质量在生产过程中的变化进行控制的最佳方式,质量图可包括分层图标、关系图、KJ 图(亲和图)、矩阵数据分析图、控制图、散布图、系统图、排列图、网络图与因果分析图等。

质量功能配置采用的是能够确保质量的设计方法[①]。Akao 提出,为了能够实现令顾客满意的质量保证的目标,质量规划和设计品质必须吸纳顾客的要求,并系

---

① Mizuno S. Quality problems today: the new era of quality arrives[M]//Mizuno S, Akao Y. QFD: the customer-driven approach to quality planning and deployment. Tokyo, Japan: Asian Productivity Organization, 1994: 3-30.

统地配置从上游到下游的制造细节。这与分析方法是不同的，如研究顾客的投诉，设计方法在下游寻找构成问题的因素，令上游关注顾客所要求的成品质量[1]。

质量功能配置理论充分体现了"质量是设计和制造出来的，而不是检验出来的"思想，即强调源头管理。统计资料表明，从成本角度来看，整个产品生命周期成本的约75%是在设计阶段决定的，而且在所有质量问题中大约40%是由不良的产品设计造成的。由此可见，产品开发过程中早期的设计决策对产品整个生命周期具有决定性的作用。产品的设计质量对于顾客满意度而言，具有"质量杠杆效应"。

Akao 揭示了，质量功能配置的开发是在两个主要动机的驱使下进行的。第一个动机是如何确定设计质量[2]。在 20 世纪 60 年代，日本汽车行业正处于快速发展阶段，模型不断更新换代，大量的新产品不断涌现。虽然业界一直认为需要确认产品设计阶段的质量控制，然而在如何保证设计质量上尚没有想出切实可行的办法。第二个动机是在生产开始前如何制作质量控制流程图。在 20 世纪 60 年代中叶，日本工业的制造流程仍受到质量控制流程图的严格控制，该图列出了生产过程中必须检查以确保质量的控制点。然而，该流程图是在生产车间已经生产出新产品的时候制备出来的。这就引发了人们的质疑：为什么不能在生产开始前就确定质量控制流程图上标注的控制点以保证质量？这两个动机激发了人们对如何在上游确定控制点的研究，从而得出了一整套管理设计质量的方法。

3.1.2 质量功能配置

对质量控制的开发而言有两个重要的图[3]。第一个图就是 1966 年久留米工厂的 Oshiumi 提出的普利司通轮胎公司生产流程保证项目表。这个图是一个二维矩阵图，用于制备产品生产的质量保证体系。该图确定了产品项目，即产品质量特性，这些项目是由要向市场保证质量的项目，即顾客真正的品质要求转化来的，并标注了因果关系图。Akao 博士认为，这种方法可以用在新产品开发过程中形成品

---

[1] Akao Y. History of quality function deployment in Japan[M]//Zeller H J. The best on quality: targets, improvement, systems. München: Hanser, 1990: 183-194.

[2] Akao Y. QFD: past, present and future[C]. [S. l.]: The International Symposium on QFD'97 — Linköping, 1997.

[3] 同[1].

质链,从而在生产开始前就能确定出质量保证的控制点。他在图中添加了一个称为"设计观点"的领域后,就将该方法应用到一些公司中进行试运行。1972年,他公布了试运行的结果;在本文中,他称这种方法为"hinshitsu tenkai",意思就是"质量配置"。第二个重要的图就是三菱重工神户造船厂的质量图,这幅图是在Mizuno博士和Furukawa博士的指导下完成的。据Takayanagi的描述,质量图中标示的是根据特性系统化了的(顾客所要求的)真正的品质,并表明了这些特性与质量特性(可替代特性)之间的关系[1]。为了确保将设计质量应用到最终产品中,该图提供了提取关键点以及将这些关键点进行转化并编制到质量控制流程图中的方法。Akao博士通过质量图和"hinshitsu tenkai"制定了一个程序来覆盖从转化设计阶段的顾客需求到生产流程的整个过程[2]。这就是"hinshitsu kino tenkai"(质量功能配置)。

3.1.3　全面质量功能配置

1967年,松下电子零部件部门的Ishihara和他的同事们开始着手利用价值工程的功能分析法部署产品功能的研究。这个想法类似于Akao博士的质量链系统,但事实上它并没有从顾客需求的质量入手。Ishihara将此方法应用到了业务操作实践中。Akao表示,Ishihara的"业务功能展开"澄清了质量控制操作的内容,并强调了操作中的疏忽,这就是狭义的质量功能配置概念[3]。通过结合业务功能展开及质量控制,最终制定出了全面的质量功能配置质量保证体系,从而对从设计到生产、检验、销售和服务进行质量管理。

---

[1] Takayanagi A. The concept of the quality chart and its beginnings[M]//Mizuno S, Akao Y. QFD: the customer-driven approach to quality planning and deployment. Tokyo, Japan: Asian Productivity Organization, 1994: 31-49.

[2] Akao Y. Quality deployment system procedures[M]//Mizuno S, Akao Y. QFD: the customer-driven approach to quality planning and deployment. Tokyo, Japan: Asian Productivity Organization, 1994: 50-58.

[3] 同[2].

3.2 质量功能配置模型的发展动向

3.2.1 关注顾客需求的多样化与复杂化

质量功能配置为了保证质量,以令顾客满意作为企业的目标。Muffatto 和 Panizzolo 指出,一直以来,顾客的满意度必须被视为质量改进参考的关键点以及付出所有努力必须达成的结果。以令顾客满意作为企业目标有助于增强企业竞争力,并可以通过几种方式使企业整体实力得到提升[1]。首先,当所有人的关注点都被转移到努力实现顾客满意度的共同目标上时,内部冲突减少了,并且部门之间的矛盾很容易就能得到解决。其次,当企业的目标不再是获取利益而转向使顾客满意时,管理层在制定规划时的重点将从目的转移到手段上来。管理者也因此专注于制定新的经营策略,以满足不断变化的顾客需求。最后,当所有人都致力于实现令顾客满意这一共同目标时,企业将很容易就能找到突破点,其创新能力也将大幅提高。

除了创造令人激动的产品,确定合适的销售价格,降低生产成本之外,QFD 将主要在安全和环境问题的应用以及提高质量功能配置的效率这两个新领域发展[2]。前者是新顾客关注的问题,而后者归因于满足日益激烈的市场竞争需要。随着顾客需求和关注的内容变得越来越多样化和复杂化,人们也开始越来越关注重新制定质量功能配置或将质量功能配置与其他技术和工具进行整合的事宜,以便提高产品和服务开发的效率和效益。在分享瑞典滚轴制造厂(总部设在荷兰的跨国制造公司)的经验时,Bles 声称,质量功能配置必须在实现优化设计的过程中结合其他方法一起使用[3]。以提高产品和服务的开发效率为第一宗旨,Shiu 等人全面综述了质量功能配置,并制定了一个新的实施过程,以支持企业新产品的开发

---

[1] Muffatto M, Panizzolo R. A process-based view for customer satisfaction[J]. International Journal of Quality & Reliability Management, 1995, 12(9): 154-169.

[2] Akao Y. QFD for the 21st century[C]. Novi, Michigan: The 6th International Symposium on QFD, 2000.

[3] Bles B. QFD and other design methodologies in managing product development[J]. Proceedings of the Third Annual International QFD Symposium, 1997, 1: 213-224.

周期,并实现更系统的创新①。Yamashina 等人描述了一种新方法,其系统地整合了质量功能配置与 TRIZ(发明问题解决理论),从而实现新产品的技术创新②。

3.2.2 适应市场竞争的激烈性与颠覆性

要适应市场竞争的激烈性与颠覆性,就需提高产品和服务的开发有效性。Carpinetti 和 Peixoto 将增强的质量功能配置模型和 Akao 模型结合在了一起以加快学习和决策过程,这是因为它可以帮助质量功能配置团队以结构化的方式来考虑一系列的关系③。此外,除了确定了与购买决策有关的产品属性之外,Herrmann 等人还提出了一种扩展的质量功能配置方法以解决行为形成效用维度和消费者的价值观问题④。

3.2.3 尊重实践应用的安全性与生态性

除了顾客的需求和功能要求之外,人们已经开始将质量功能配置扩展应用于解决环境问题和生态问题。例如美国佐治亚大学,采用 QFD 方法制定了将环境设想逐步融入工程解决方案的程序,该程序用于创建一个林木地开发计划。Masui 等人提出了一套将质量功能配置用于产品开发早期阶段的环境意识设计的方法,新光电气工业公司就是采用这种方法开发 BGA 式 IC 封装的⑤。Madu 等人采用质量功能配置不仅评估了产品性能,而且评估了再生纸发展的环境负担⑥。Raggi

---

① Shiu M,Jiang J,Tu M. Reconstruct QFD for integrated product andprocess development management [J]. The TQM Magazine,2007,19(5):403-418.

② Yamashina H,Ito T,Kawada H. Innovative product development process by integrating QFD and TRIZ[J]. International Journal of Production Research,2002,40(5):1031-1050.

③ Carpinetti L C R,Peixoto M O C. Merging two QFD models into one:an approach of application[J]. International Journal of Manufacturing Technology and Management,2002,4(6):455-464.

④ Herrmann A,Huber E,Braunstein C. Market-driven product and service design:bridging the gap between customer needs, quality management, and customer satisfaction [J]. International Journal of Production Economics,2000,66(1):77-96.

⑤ Masui K,Sakao T,Kobayashi M, et al. Applying quality function deployment to environmentally conscious design[J]. International Journal of Quality & Reliability Management,2003,20(1):90-106.

⑥ Madu C N,Kuei C,Madu I E. A hierarchic metric approach for integration of green issues in manufacturing:a paper recycling application[J]. Journal of Environmental Management,2002,64(3):261-272.

和 Petti 通过有关环境方面的综合质量功能配置方法提高了顾客满意度,完善了杜卡德奥斯塔酒店符合环境要求的住宿服务。Cagno 和 Trucco 开发了"综合的绿色和质量功能开发"的方法来设计产品或产品系统,该系统最大限度地满足了顾客需求,并符合公司的产品和环境政策[①]。Yim 和 Herrmann 分享了 Braun 的案例,Braun 利用质量功能配置开发了一种吹风机,从传统的 VOC 中提取了生态 VOC 以应对顾客需求和环境问题[②]。质量功能配置还用于选择对烧结矿生产做进一步分析的关键流程,以便在预算范围内最大限度地提高环境绩效[③]。此外,在波兰本津,质量功能配置也用于选择对实现生态要求而言非常重要的活动。

3.3 基于质量功能配置模型的专业课程体系构建知识论

在我国高等职业教育中,职业教育学生职业能力的内涵随着我国经济结构的转型以及我国在世界经济中格局的变化而发生了变化。与此相对应,我国高等职业教育中职业教育学生的职业素养也随着社会对职业能力需求的变化而发生了根本性改变。职业教育学生的职业素养不仅昭示着我国社会对职业领域中职业人的规格要求,更彰显了我国职业人的精神生命的完满。即具备职业能力与职业素养仅仅是我国高等职业教育的基本目标,而培养充满职业生命力与具有职业精神的人才才是我们追求的理想目标,也是我国高等职业教育的课程设计理念。

3.3.1 全面发展论:学生的职业生命与精神生命融合

我国社会中职业人本真的生命存在状态中内含着两种坚定的价值使命,就是迈向"职业生命"的意识指向与通达"职业理想"的精神指向。不管哪个国家,其高

---

① Cagno E, Trucco P. Integrated green and quality function deployment[J]. International Journal of Product Lifecycle Management, 2007, 2(1):64-83.

② Yim H, Herrmann C. Eco-Voice of consumer(VOC) on QFD[C]. Tokyo, Japan: EcoDesign Third International Symposium on Environmentally Conscious Design and Inverse Manufacturing, 2003:618-625.

③ Halog A, Schultmann F, Rentz O. Using quality function deployment for technique selection for optimum environmental performance improvement[J]. Journal of Cleaner Production, 2001, 9(5):387-394.

等职业教育都关涉"培养什么样的人"的教育目标问题与"如何培养人"的教育规划问题。我国对高等职业教育的定位是为国家的繁荣昌盛培养高端技能型人才,尤其是在我国在世界格局中占据领头人位置的今天,职业教育的最高使命是要求学生的职业生命与精神生命的融合,不仅要具有良好的职业素养,还要具有高端的技能水平,让学生在未来的职业生活中"生活更幸福",在未来的职业发展中"理想更远大"。而所谓"生活更幸福"在美德伦理学看来,就是学生职业生命与精神生命的融合。职业生命是学生所追求的职业教育道德价值观,即最高的幸福。因此,高等职业教育人才的培养不是单一的职业素养培养或技能培养,而是职业素养与职业技能的统一,是职业生命与职业精神的统一。这种幸福导引的职业价值观,体现了学生基于职业素养并要求超越职业素养的理想价值追求。

本着职业生命与职业精神优先的立场,探寻和设定学生的职业素养与职业能力的价值意义与内涵,就是学生的自觉主体性对自身生命存在的职业生命与职业精神的理解与确定。因此,基于这样的职业教育理念,课程目标在价值取向上应该主要凸显人的自觉主体性,即以学生为本,促进学生最终通达职业发展、精神充实和人格完善,这就是我国高等职业教育理念中凸显的"人的全面可持续发展"的所有内涵,更是学生的全面可持续发展与具备职业素养、职业精神的有机融合,在职业发展中追求职业素养,所以学生的全面可持续发展一方面需重视职业教育的现实基础,另一方面又需要超越职业素养而通达职业精神,最终实现幸福人生。职业教育在进行课程设计与课程实施的过程中应注重从现实及未来职业发展中概括对学生的职业生命与精神生命的发展要求,然后将这些要求转化为课程目标并加以实施才是有效途径。因此,将职业素养教育融入课程是迫切需要解决的问题,也是实现职业教育目标的重要途径。它内含着人借由预想对价值目标的美好诉求,以及通过幸福识解对我国高等教育中职业教育学生职业能力与职业素养的意义建构。最终,它衍生出职业教育学生的职业精神与职业生命的全部内容,并指导着我国职业教育的全部实践活动。

3.3.2 自觉主体论:学生的职业素养与职业发展融合

探析学生职业发展与职业素养的融合,并使学生追求幸福的问题,可以拓宽学生主体性根源的路径。在整个课程中进行的提升学生职业素养的研究已经确定了主要的课程,并对这些课程进行了分组。然而,在进入科技迅速发展的21世纪,长期被人们普遍忽视或悬置的就是学生的职业素养与职业发展融合的视角。因为学生的职业素养在工程领域被视为能够取得终身成就的关键要素,所以该领域对职业素养的强调力度更大。职业教育的课程目标被确立后,面临的核心任务便是重新整合和重构课程模块与知识单元,以便有效融合职业理论知识、专业技能与素养教育于一体。前期职业教育中课程目标与企业要求相互脱离,导致学生职业素养受到外界的一片质疑,更致使学生的自觉主体性毫无栖身之所。然而,职业教育学生的自觉主体性究竟如何召回?对此,置身于美德伦理学研究的大量学术成果,将职业教育学生的主体性视为其特有的自我生命存在的力量与永恒追求自主能动发展的力量。实际上,职业活动是一个包括理论知识、专业技能、职业态度、职业行为与职业信念的有机整体,每个项目都有其自身的文化特性,而项目与项目之间有其自身的逻辑关联。职业素养与职业发展的融合更催生出职业教育学生自觉能动性的优化发展。自觉能动性即包括学生对自我历史性存在的不断审视,也涵括他们对未来世界中自我的希望与关怀,从而让其成为职业发展与职业素养融合中的自觉主体。例如,Chen等人制定了一个用于改革工程课程的概念框架,从而最大限度地提高了职业教育学生职业素养与职业发展的融合,也极大限度地促成了他们自觉主体性的优化发展。框架中的课程分为知识、技能与能力等领域。知识领域包括数学或科学方面的一般知识课程;技能领域包括专业课程,如生产控制或质量管理等;能力领域包括有关沟通、CPS(信息物理系统,是多维复杂系统的一种)或科学研究方法的课程[1]。Crawley等人提出了四个工程创意课程的课程群:学科知识与推理,个人的和专业人士的技能及属性,人际交往技能,企业、社会和环境背景下的设计技巧[2]。

海德格尔(M. Heidegger)提出的基本本体论观点体现在德国哲学家胡塞尔提出的"回到事物本身"的命题中,"回到事物本身"也促成了时光再造法(Day Reconstruction Method,DRM)的形成。基于海德格尔的基本本体论与胡塞尔的

---

[1] Cheah C Y J, Chen P H, Ting S K. Globalization challenges, legacies, and civil engineering curriculum reform[J]. Journal of Professional Issues in Engineering Education and Practice, 2005, 131(2): 105-110.

[2] Leat D, Crawley E, Wall K, et al. Using observation and pupil feedback to develop a SOLEs (Self Organised Learning Environments) curriculum[C]. [S. l.]: European Conference on Educational Research, 2011.

"回到事物本身",职业教育领域中的课程体系可依据职业教育学生的职业素养、职业发展规律与企业对职业人的发展需求进行构建,以此来应对职业教育中基本本体论问题的缺失。2002年,美国的卡尼曼(D. Kahneman)与克鲁格(A. B. Krueger)共同试验了时光再构法,该项成果也于2003年在《科学》杂志上发表。时光再构法对职业教育的意义在于让职业教育体系的制定者抛弃所有传统不合理的条条框框,使职业教育生对职业学习的关系转化为直接的真实感受与实际体验。基于此,一方面,职业教育课程开发可根据学生实际设计职业素养教育的课程内容,通过课程目标、教育内容、教学方法和考核评价方式的改革,构建职业素养教育体系,使职业素养的教育任务在教学内容中得到更明确的体现;只有在这时,职业素养自身才对学生直接地凸显出来,职业素养与职业发展的关系也在这时才能被学生认知、体会与控制。另一方面,系统设计作为第一课堂的学校教育、作为第二课堂的企业实习与作为第三课堂的学生自我培养等多种教育平台和载体,使理论课程学习与实践课程学习相互作用,在学生的整个职业教育过程中强化渗透职业素养教育,使学生在各种专业技能实践过程中获得职业人的道德情感体验,以自觉提升职业素养水平。学生所获得的真实感受与体验,就是职业教育学生被社会职业"接受"的基本方法。

卡西尔将人的存在解释为一种不断探寻自身的存在,职业教育体系中学生存在的每一时刻亦是在不断反省与审视自身的成长过程。国外职业教育中有两种主要的途径来实现自觉主体性,即通过学校教育的专业理论课程学习与企业的专业能力实践课程学习来提升学生的职业素养,促进学生的职业发展,进而实现其自觉主体性。美国职业应用类大学非常强调在职业教育中培育学生的职业观与价值观。当然在职业观与价值观养成的过程中,通过对学生从前职业活动的重新反思,势必会深刻地影响学生未来的职业体验与生命优化的走向。职业教育体系中的学生在职业素养教育中需要回答一些关键问题:该职业领域的历史与传统是什么?该职业领域与我国的社会问题或经济问题是否有重大关系?该职业领域需具备什么样的道德素养?学生通过积极、理性地反思与感性地体味自己过去的职业状态,并将其与自己的未来职业愿景融合,就可以对自己进行新的认识,最终使得自己成为一个能主动改造自己本真价值需要的自觉性主体,且以其职业素养的优化发展为希望,迈上职业发展与个人幸福的融合之路。由此,职业课程中对职业素养与人的终生素养的设置对于我国的职业教育而言是非常值得重视的,在各类课程之中渗透职业素养教育,把工具理性与价值理性有效结合,提高学生主体生命自觉的完美体验。

3.3.3 生活实践论:学生的职业实践与学习实践融合

学生只有在自主进行的职业实践与学习实践活动中才成为真正意义上的职业人。由此,企业中对相关职业岗位的实践活动与职业教育课程的实践活动的贯通,需要职业教育者与行业企业依据专业教学需要而进行研究设计,形成职业实践与学习实践相互砥砺的培养标准。然而,学生在职业实践与学习实践活动中,既发生着自身与其他职业者、企业岗位、职业素养要求以及个人未来职业发展规划的道德性互动,也生成着学生与整个职业教育体系的意向性互动。我国的职业教育需要教育专家或课程体系构建专家通过分析不同职业或岗位的各项标准、特定岗位工作的具体实践与能力要求,结合职业教育体系对各种层次的职业人制定的培养方案与职业要求,使得职业标准在经历不断研制与验证之后,转化为职业教育学院课程标准,为职业教育学院的教育、教学与课程体系构建提供系统化的框架、内容与指标。已有复杂但灵动的多维交互的职业教育院校与企业之间相互融合的教育实践活动,让处于其中的学生自己谱写"行之所达"的未来职业发展之路。与此相应,基于企业中的专项能力实践课程与学校中的基础理论学习课程的职业教育课程标准形成之后,对于职业教育人才的培养来说,最关键的一步便是对课程的实施,即针对人才标准进行自适应性的教学设计。学习理念的发展生发出众多学习思想,其中,学习领导思想就提倡学生作为自己学习的领导者。由此,学生自己既是职业素养养成的设计者,也是职业发展的规划者,同时还是职业教育的行动者与研究者。作为职业主体存在的人,就是在大一统的职业素养锻造中、在实现职业理想的道路中通达职业幸福的终极价值创造者。

我国高等职业教育课程体系构建是为本国和世界其他地方现有的和潜在的学习者提供优质的、有意义的教育方案和服务的必要条件。Barnett 和 Coate 认为,不管课程规模大小、属于什么类型或课程内容的来源是什么,课程都被认为是所有教育机构的核心和灵魂。不管是从现在看还是从未来看,课程对于高等职业教育的受欢迎程度和有效性都是至关重要的①。遗憾的是,学术界普遍认为,开发课程的途径被分解为各种关键元素,如机构领导者、社会发展趋势、行业因素和政府发挥的作用等,而这些都是极少被考虑的、孤立存在的考虑因素。Alberta Education认为,课程是教学—学习过程的基础,涉及制订学习计划、教学策略、资源分配、具体的课程计划和学生的评估以及能力开发等②。鉴于此,高等教育机构课程开发的方法是,且应该是,所有利益相关者首要关注的问题,尤其是教育工作者、教育决策者、政府、父母以及整个社会首要关注的问题。

在企业共同体的职业实践与行动中,职业实践与学习实践的融合主要表现在以下方面:课程开发过程中,所有高等教育机构,不论其类型、来源和规模,都应考虑围绕制度的环境变量、用来实施课程中的学习和教学活动的教学策略以及所需的教育机构领导者等内容。在商业和职业生涯中,职业教育学生的能力可用于企业选拔员工,是获得赔偿、绩效评估、培训需求评估、培训效果评估、战略计划等的基准。Evers等人认为,在当今社会中,只有知识是不够的;学生需要适应改变,并运用他们的知识来解决问题③。现有文献中描述的四项常用的能力包括:自我管理、沟通、人员和任务管理以及创新与变革管理。其他能力包括:批判性思维、人际交往能力和计算机技能等。总体而言,我们的目的是培养学习者的职业行为,这可能包括时间管理技能、道德决策、参与专业化组织、适宜的职业形象、恰当的会议行为等④。例如,AACSB规定商业所需的重要技术技能是:生产与经营管理技能、人力资源管理能力、战略规划能力等。对于商学院毕业生来说很重要的能力是:伦理学的推理能力、语言和沟通能力、解决问题的能力以及为终身学习做好准备的能力等⑤。AACSB是国际高等商学院协会,创立于美国,拥有国际分支机构,它的业务涉及商业和会计项目的认证和标准。

总之,考虑到社会、文化和组织环境的持续变革,这种新的后现代氛围就要求

---

① Barnett R,Coate K. Engaging the curriculum in higher education:the Society for Research in Higher Education[M]. Maidenhead:Open University Press,2005.
② Alberta Education. Curriculum development processes,from knowledge to action[EB/OL]. [2015-11-16]. http://www.education.alberta.ca/media/6809242/d_chapter1.pdf,2012.
③ Evers E,Rush J,Berdrow I. The bases of competence[M]. San Francisco:Jossey-Bass,1998.
④ Hall A,Berardino L. Teaching professional behaviors:differences in the perceptions of faculty,students,and employers[J]. Journal of Business Ethics,2006,63:407-415.
⑤ AACSB International. Eligibility procedures and accreditation standards for business accreditation [EB/OL]. [2015-11-16]. http://www.aacsb.edu.

专业人员具有终身学习的能力。掌握一门学术职业要求学生掌握至少三种重要的能力，不管这些能力属于哪个特定的学科或研究领域，包括：模型与理论的应用（理论上的理解），有能力运用研究方法（分析、构建思路），有能力分析实证实践（应用与实践）等。

3.4 基于质量功能配置模型的专业课程体系构建实践论

3.4.1 应用质量功能配置矩阵完善学校课程质量评估系统

20世纪80年代末教育质量运动开始以来，质量功能配置已应用于治理、制度和课堂层面的各种质量改进项目中。这些项目的范围涵盖了从教育系统的制定到课程和服务的规划的方方面面。

在质量和制度层面，质量功能配置主要用于制定提高整体教育质量的计划。墨西哥瓜纳华托州教育部利用综合的质量功能配置矩阵制定了用以完善教育体系的战略计划[①]。斯洛文尼亚某职业中专院校在全面进行质量审计的过程中，利用质量屋确定了需要改进的领域[②]。此外，在利用测量仪器对技术教育质量进行评估时，质量功能配置为其提供了指导方针，以优先处理需要改进的政策[③]。

在机构和部门层面，质量功能配置通常用来提高各种课程和科目的课程质量。在朴次茅斯商学院，顾客心声表和因果图一起用于制定其职业课程的基本结构和课程安排[④]。香港职业教育学院综合利用质量功能配置技术、SWOT分析法、平衡计分卡和马尔科姆·波多里奇国家质量奖的教育标准等，为实现企业信息化与管

---

① Okamoto R H, Rioboo J C A. Deploying and integrating education system indicators with QFD: an application case[C]. [S. l.]: Transactions from the Fourteenth Symposium on Quality Function Deployment, 2002: 93-109.

② Starbek M, Ku ar J, Jemec V, et al. House of quality in secondary vocational education[J]. Journal of Mechanical Engineering, 2000, 46(1): 24-34.

③ Mahapatra S S, Khan M S. A framework for analysing quality in education settings[J]. European Journal of Engineering Education, 2007, 32(2): 205-217.

④ Seow C, Moody T. QFD as a tool for better curriculum design[C]//The 50th Annual Quality Congress Transactions. Milwaukee, WI: ASQC Quality Press, 1996: 21-28.

理提出了课程结构①。

在课堂层面,质量功能配置主要是用于提高授课和教材的质量。朝日大学的 Koura 等人利用质量功能配置的基本步骤,将学生的愿望转化成为提高授课质量的行动计划②。Abdollahi-Negar 和 Yaqoobi 利用质量功能配置设计并管理了英语写作课程的交付③。美国质量控制学会利用质量屋制定了用于完善注册质量审核员进修课程的教学过程的行动计划④。

3.4.2 应用质量功能配置评估教学与学习效果⑤

20 世纪 90 年代初以来,出现了一批在教育领域的 QFD 应用,其中有一项研究使用 QFD 进行统计学课程的发展⑥,有两项研究使用 QFD 进行课程开发⑦⑧。Griffin 等人认为,QFD 是提供产品生命周期各阶段之间的沟通的一大方式⑨。从这些和其他报道中可以发现,QFD 应用的好处包括更少的设计和服务成本,更少的和更早的设计更改,更短的产品开发时间,更少的启动问题,更好的公司业绩,更可靠的营销策略投入,更高的服务质量,总之,提高了顾客的满意度⑩。表 3-1 列

---

① Lee S F, Lo K K. E - Enterprise and management course development using strategy formulation framework for vocational education[J]. Journal of Materials Processing Technology, 2003, 139(1/2/3):604 - 612.

② Koura K, Ito M, Fujimoto H. Using QFD to research the demanded quality of students for lectures [C]. [S. l.]:Transactions from the Tenth Symposium on Quality Function Deployment, 1998:305 - 320.

③ Abdollahi-Negar S, Yaqoobi B. Applying quality function deployment approach to design an English as a foreign language writing course for engineering students[J]. Journal of Applied Sciences, 2008, 8(19): 3513 - 3517.

④ Zaciewski R. Improving the Instructional Process[J]. Quality Progress, 1994, 27(4):75 - 80.

⑤ Al-Turki U, Duffuaa S. Performance measures for academic departments[J]. International Journal of Educational Management, 2003, 17(7):330 - 338.

⑥ 同⑤.

⑦ Hwarng H B, Teo C. Translating customers' voices into operations requirements: a QFD application in higher education[J]. International Journal of Quality &. Reliability Management, 2001, 18(2):195 - 226.

⑧ Gonzalez-Bosch V, Tamayo-Enriquez P, Cruz-Rufz J S. Understanding customer needs for an early childhood educational center[C]. [S. l.]:Proceedings of the14th International Symposium on Quality Function Deployment, 2008:144 - 151.

⑨ Griffin A. Evaluating QFD's use in US firms as a process for developing products[J]. Journal of Product Innovation Management, 1992, 9(3):171 - 187.

⑩ Franceschini F, Rossetto S. QFD: The problem of comparing technical/engineering design requirements[J]. Research in Engineering Design, 1995, 7(4):270 - 278.

出了质量功能配置模型在课程规划领域的部分应用。

表 3-1 质量功能配置模型在课程规划领域的应用

研究者	研究结果
Clayton[1]	使用质量功能配置模型外加过程分析为阿斯顿大学的验光师提供一种具有成本效益的、高质量的终身学习
Jaraiedi 和 Ritz[2]	在美国西弗吉尼亚大学应用质量功能配置模型探讨如何改进建议和教学过程的方法
Lam 和 Zhao[3]	使用质量功能配置模型矩阵评价香港大学管理科学学院的教学效果
Pitman 等人[4]	使用质量功能配置模型测定顾客满意度来评估一个 MBA 课程
Benjamin 等人[5]	使用质量功能配置模型的原则和软件为密苏里大学罗拉分校的开发工程实验室按轻重缓急规划目标
Köksal 和 Eğiman[6]	质量功能配置模型和 AHP(层次分析法)联合来评价中东技术大学工业工程计划的总体设计要求
Krishnan 和 Houshmand[7]	在辛辛那提大学工业课程设计中,使用质量功能配置模型处理顾客的期望
Owli 和 Aspinwall[8]	使用质量功能配置模型的原则来确定过程相关的质量特性的大类

---

[1] Clayton M. Towards Total Quality Management in Higher Education at Aston University: a case study[J]. Higher Education, 1993, 25(3): 363-371.

[2] Jaraiedi M, Ritz D. Total quality management applied to engineering education[J]. Quality Assurance in Education, 1994, 2(1): 32-40.

[3] Lam K, Zhao X D. An application of quality function deployment to improve the quality of teaching [J]. International Journal of Quality & Reliability Management, 1998, 15(4): 389-413.

[4] Pitman G, Motwani J, Kumar A, et al. QFD application in an educational setting: a pilot field study [J]. International Journal of Quality & Reliability Management, 1995, 12(6): 63-72.

[5] Benjamin C O, Cole D, Bradford A. A QFD framework for developing campus-wide entrepreneurship programs[J]. Journal of International Business Strategy, 2007, 11(12): i.

[6] Köksal G, Eğiman A. Planning and design of industrial engineering education quality[J]. Computers & Industrial Engineering, 1998, 35(3/4): 639-642.

[7] Krishnan M, Houshmand A. AQFD in academia: addressing customer requirements in the design of engineering curricula [C]. Novi, USA: Transactions from the Fifth Symposium on Quality Function Deployment, 1993: 505-530.

[8] Owlia M S, Aspinwall E M. Application of quality function deployment for the improvement of quality in an engineering department[J]. European Journal of Engineering Education, 1998, 23(1): 105-115.

续表 3-1

研究者	研究结果
Seow 和 Moody[①]	在朴次茅斯大学,使用 VOC 改进课程开发过程
Chen 和 Bullington[②]	在研究战略规划中应用质量功能配置模型
Ermer[③]	在威斯康星大学麦迪逊分校机械工程系,分析满足每组顾客需求的设计要求
Shukla 等人[④]	使用 TQM(Total Quality Management,全面质量管理)开发制造业课程
Murgatroyd[⑤]	在远程教育中应用质量功能配置模型
Aytac 和 Deniz[⑥]	在高等教育科贾埃利大学 Kosekoy 职业学校的科技部,使用质量功能配置模型审查课程

文献表明,质量功能配置经常被用于课程规划。然而,大多数应用是为了进行课程评价,而不是为了课程的开发。在评价应用中,质量功能配置被视为一种检测工具,用于检查现有的课程是否符合教育或培训目标,或是否与某些专业标准或要求相匹配。例如罗斯-霍曼理工学院为了评价其工程教育的要素,应用质量功能配置的步骤制定了评估计划,从而确定了他们是否足以达到所需的研究生素质[⑦]。为了评估眼视光学本科课程的课程体系构建、交付和资源,阿斯顿大学视觉科学系构建了一个质量功能配置系统流程模型,从而评估它们是否是相关的,是否足够获

---

① Seow C, Moody T. QFD as a tool for better curriculum design[C]//The 50th Annual Quality Congress Transactions. Milwaukee, WI: ASQC Quality Press, 1996: 21-28.

② Chen C L, Bullington S F. Development of a strategic research plan for an academic department through the use of quality function deployment[J]. Computers & Industrial Engineering, 1993, 25(1/2/3/4): 49-52.

③ Ermer D S. Using QFD becomes an educational experience for students and faculty[J]. Quality Progress, 1995(5): 131-134.

④ Shukla S K, Hunt H B, Rosenkrantz D J, et al. On the complexity of relational problems for finite state processes[M]//Automata, Languages and Programming. Berlin, Heidelberg: Springer, 1996: 466-477.

⑤ Murgatroyd S. The house of quality: using QFD for instructional design in distance education[J]. American Journal of Distance Education, 1993, 7(2): 34-48.

⑥ Aytac A, Deniz V. Quality function deployment in education: a curriculum review[J]. Quality and Quantity, 2005, 39(4): 507-514.

⑦ Brackin P. Assessing engineering education: an industry analogy[J]. International Journal of Engineering Education, 2002, 18(2): 151-156.

得学生的认可[1][2]。瑞恩斯大学记录了一个类似的应用。为了让学生掌握鉴定机构和专家小组提出的专业技能，质量功能配置被用来保证针灸课程和东方医学硕士课程已经为学生提供了充分的学习经验[3]。为了实现预期的教学成果，中康涅狄格州立大学利用质量功能配置评估了制造工程技术课程的教学活动[4]。格拉摩根大学将质量功能配置作为监控机械工程课程质量的工具。该大学将学生的反馈信息制成了一个质量屋，以便评估所教授的科目是否有效地实现了课程目标[5]。Suliman 提出了一种课程开发和评析的方法。首先应用质量功能配置确定并评估行业需求、研究的课程领域、内容与教学方法之间的关系；然后课程评析过程利用这些关系，通过插入或删除操作，调整了课程组件属性的相对重要性[6]。

3.4.3　应用质量功能配置开发学位课程

人们已经开展了能够改善欧洲机构的质量功能配置活动。Clayton 报道称，阿斯顿大学视觉科学系采用质量功能配置建立了一个学位课程。Nilsson 等人报道称，在瑞典，采用质量功能配置开发的机械工程项目对不断变化的行业需求更具反应能力。Seow 和 Moody 利用质量功能配置在英国朴次茅斯大学设计了一个质量管理硕士学位课程。最近，Gustafsson 等人在质量功能配置的市场调研结束时采用联合分析，在瑞典林雪平大学做了一项研究，从而开发了一个全面质量管理课程。

在日本，Akao、Nagai 和 Maki 三位专家利用质量功能配置已经将识别、分析高

---

[1]　Clayton M. Towards total quality management in higher education at Aston University: a case study [J]. Higher Education, 1993, 25(3): 363 – 371.

[2]　Clayton M. QFD: building quality into English universities[C]. Novi, USA: Transactions from the Seventh Symposium on Quality Function Deployment, 1995: 171 – 178.

[3]　Bier I D, Cornesky R. Using QFD to construct a higher education curriculum[J]. Quality Progress, 2001(4): 64 – 68.

[4]　Prusak Z. Application of QFD in engineering education: assurance of learning outcomes fulfillment [C]. Williamsburg, USA: Transactions from the International Symposiumon QFD/the Nineteenth Symposium on Quality Function Deployment, 2007: 223 – 233.

[5]　Smith J A, Baker K, Higgins S. The assessment of customer satisfaction in higher education: a quality function deployment approach[C]. [S. l.]: EOQ World Quality Congress Proceedings, 1993: 263 – 268.

[6]　Suliman S M A. Application of QFD in engineering education curriculum development and review[J]. International Journal of Continuing Engineering Education and Life-Long Learning, 2006, 16(6): 482 – 492.

等教育内部和外部评价者的过程系统化了,从而确定并改进了关键性的、相互矛盾的需求。在学生、家长和老师用质量功能配置加强了对澳大利亚高中的学校政策的理解之后,Tiede 调查了老师们对质量功能配置的认知。

3.4.4 应用质量功能配置模型设置职业教育课程

虽然 Brackin 和 Rogers 声称,"质量功能配置与发展教育评估方案的要求有相似之处",但是质量功能配置的主要目的还是保证质量[①]。只有当质量功能配置用于产品和服务的开发时,其强大的质量部署双向矩阵才可用于检查产品和服务的属性是否可以满足顾客的需求,但是质量功能配置的强大在于它能够创造满足不断变化的顾客需求的产品和服务属性的能力。因此,将质量功能配置应用到课程及课程开发中的可行性研究对于在教育行业实施全面质量管理而言是最重要的。对课程进行评估是控制教学质量的基础。然而,在当今瞬息万变的环境中,对于支持行业人力资源开发和社会人力资源开发而言,适时的开发课程是必不可少的。

3.5 基于质量功能配置模型的专业课程体系构建价值论

质量功能配置的原始意图是为建立质量保证体系提供指导原则,并提供一种政策管理和产品开发的技术。虽然应用质量功能配置的方式在很大程度上取决于所要解决的具体问题,但是不同项目的质量改进的目的是唯一的。类似于许多其他行业,在教育行业应用质量功能配置主要旨在实现以下五个质量改进目的中的一个或多个:① 促进组织改革;② 确定需要改进的领域;③ 质量规划;④ 选定最佳的替代方案;⑤ 设计产品和服务。在一定程度上,这五个目的可以被看作实施全面质量管理的演化过程。接下来,将更加详细地对每个目的进行逐一的综述。

---

① Brackin P, Rogers G M. Assessment and quality improvement process in engineering and engineering education[C]//FIE'99 Frontiers in Education. 29th ASEE/IEEE Frontiers in Education Conference. Designing the Future of Science and Engineering Education. San Juan, PR, USA. Washington DC, USA: IEEE, 1999: 11A1/21-11A1/25.

3.5.1 促进组织改革

对改革的抵触心理是许多教育机构在成功实施全面质量管理前不得不克服的一个主要的问题①。因此,一些教育机构利用质量功能配置的客观方法及其团队合作设置来寻求全体教职员工的合作与支持。例如,利用质量功能配置使教职员工通力合作,从而改进生产或运营管理课程的教学内容②。美国威斯康星大学机械工程系开展了三项质量功能配置研究,旨在促进部门改革。第一项研究是在全体教职员工中展开的,此项研究让该大学的董事长获悉了向全体教职员工提供更多支持与认可的必要性。分别在学生和一个主要的用人单位中展开的另两项研究使全体教职员工意识到对本科课程进行重新设计的必要性③。加州波莫纳市的加州州立理工大学利用质量功能配置开发一个制造技术课程时,Rosenkrantz 发现,所有的教师都全身心地投入进来,并为他们所开发的课程感到自豪。他补充道,由于质量功能配置是一种无威胁性、能够控制局势的方法,所以它不仅令年轻的教员能够自由表达自己的想法而不用担心遭到报复,而且还使教师们无法单独垄断其教学领域④。中田纳西州立大学同样利用质量功能配置重新设计了 MBA 课程的运营管理课程,据 Peters 等人的报道,应用质量功能配置的主要好处就是制定出了以事实为基础,完善教师之间讨论的通知领域的规定⑤。

最近,质量功能配置方法已应用于教育行业一些传统做法的改革。塞浦路斯旅游与酒店管理学院在针对满足顾客需求展开研究时,Varnavas 和 Soteriou 利用质量功能配置矩阵确定了可操作特征,从而协助学校建立了以顾客为导向的管理文化⑥。

---

① Winter R S. Overcoming barriers to total quality management in colleges and universities[J]. New Directions for Institutional Research,1991(71):53-62.

② Burgar P. Applying QFD to course design in higher education[C]//The 48th Annual Quality Congress Transaction. Milwaukee, WI:ASQC Quality Press,1994:257-263.

③ Ermer D S. Using QFD becomes an educational experience for students and faculty[J]. Quality Progress,1995(5):131-136.

④ Shukla S K,Hunt H B,Rosenkrantz D J,et al. On the complexity of relational problems for finite state processes[M]//Automata,Languages and Programming. Berlin,Heidelberg:Springer,1996:466-477.

⑤ Peters M H,Kethley R B,Bullington K. Course design using the house of quality[J]. Journal of Education for Business,2005,80(6):309-315.

⑥ Varnavas A P,Soteriou A C. Towards customer-driven management in hospitality education:a case study of the Higher Hotel Institute,Cyprus[J]. International Journal of Educational Management,2002,16(2):66-74.

3.5.2 产品特性转化为工艺特点

随着质量改进工作的开展,一些教育机构采用一种评价方法来评估他们现有的产品和服务是否能满足某些指定的要求或顾客的期望。在这些情况下,通常会采用双向矩阵并将质量功能配置作为主要的评估工具。一项利用质量功能配置进行质量评估的研究评析了大河谷州立大学的工商管理硕士课程。

为了协助商学院获得国际精英商学院协会的认可,利用三个连续的质量屋显示出了课程的优势,并针对学生、用人单位和学术人员的要求确定了需要改进的领域[1]。圣保罗大学理工学院继续教育中心制定的产品管理和工程专业化计划,针对学生们对课程质量改进的要求,利用质量功能配置评估了其课程流程[2]。Maki等人分享了他们利用质量功能配置提高学生对大学教育满意度的研究。针对进入大学的目的,通过分配给不同类别和类型的学生的权重,他们确定了大学可以自行考虑各自改进措施的重要质量要素[3]。

一些教育机构在开始他们的质量改进工作时,通过采用一种积极的方法,确定哪些领域是对顾客很重要的领域。在这些情况下,利用质量功能配置作为一种探索性的工具,从而找出了需要改进的领域。密苏里大学罗拉分校为满足学生的需要,利用质量功能配置估算了工程管理系计算机集成制造实验室目标的优先级,从而规划了适当的行动[4]。埃尔卡密诺学院利用质量功能配置将三个顾客群体——学生、教师和工作人员、社会团体和商界领导人以及来自直属学校和机构的领导的需求与大学的功能进行了匹配,从而确定了应该首先改进的流程和系统[5]。

---

[1] Pitman G, Motwani J, Kumar A, et al. QFD application in an educational setting: a pilot field study [J]. International Journal of Quality & Reliability Management, 1995, 12(6): 63-72.

[2] Kaminski P C, Ferreira E P F, Theuer S L H. Evaluating and improving the quality of an engineering specialization program through the QFD methodology[J]. International Journal of Engineering Education, 2004, 20(6): 1034-1041.

[3] Akao Y, Nagai K, Maki N. QFD concept for improving higher education[C]The 50th Annual Quality Congress Transactions. Milwaukee, WI: ASQC Quality Press, 1996: 12-20.

[4] Benjamin C O, Cole D, Bradford A. A QFD framework for developing campus-wide entrepreneurship programs[J]. Journal of International Business Strategy, 2007, 11(12): i.

[5] Schauerman S, Manno D, Peachy B. Listening to the voice of the customer[M]//Doherty G D. Developing quality systems in education. London: Routledge. 1994: 242-257.

3.5.3 提升课程体系构建的质量规划

一些研究报道了质量功能配置在教育质量规划过程中的应用。在这些研究中,质量功能配置的应用确保质量要素得到了充分发掘,并会被设计到方案和服务中去。在阿萨巴斯卡大学,Murgatroyd 在一个 400 级课程的学生中对组织改革做了初步研究,从而对利用质量屋确定能为学生创造成功学习经验的要素的方式进行了说明,这对远程教育的教学设计是至关重要的[1]。在东南密苏里州立大学,Downing 等人利用质量屋从学生对网络课程的设计在线学习的需求中推导出了教学和技术要求[2]。除了课程以外,质量功能配置还用于规划如何完善各种各样的教育服务。例如,格拉斯哥社区教育服务利用流程图和质量功能配置确定了服务程序包的关键元素,从而分别确定了顾客满意度水平[3]。为了完善技术图书馆和信息服务,研究人员开发了一种六阶段的质量功能配置方法[4]。此外,研究人员还利用质量屋完善了田纳西理工大学工商管理学院研究中心所提供的服务[5]。

近年来,质量功能配置在教育中的应用已经扩展到协助在规划长期改进项目中的管理工作。在评估自费实施全面质量管理的技术机构潜力的研究中,Thakkar 等人开发了一个质量屋,用以了解学生的需求,这表明该机构可以使用四阶段质量功能配置过程探讨进一步改进的机会[6]。此外,Hattingh(2004)利用质量功能配置为南非的高等工程教育确定并量化了顾客需求[7]。

---

[1] Murgatroyd S. The house of quality: using QFD for instructional design in distance education[J]. The American Journal of Distance Education, 1993, 7(2): 34 - 48.

[2] Downing K, Kwong T, Chan S W, et al. Problem-based learning and the development of metacognition[J]. Higher Education, 2009, 57(5): 609 - 621.

[3] Herbert D W, Conroy M. Strategic planning in a community education service[M]//Armistead C, Kiely J. Effective organizations: looking to the future. London: Cassell, 1997: 97 - 100.

[4] Chin K, Pun K, Leung W M, et al. A quality function deployment approach for improving technical library and information services: a case study[J]. Library Management, 2001, 22(4/5): 195 - 204.

[5] Natarajan R N, Martz R E, Kurosaka K. Applying QFD to internal service system design[J]. Quality Progress, 1999(2): 65 - 70.

[6] Thakkar J, Deshmukh S G, Shastree A. Total quality management (TQM) in self-financed technical institutions[J]. Quality Assurance in Education, 2006, 14(1): 54 - 74.

[7] Attfield R, Hattingh J, Matshabaphala M. Sustainable development, sustainable livelihoods and land reform in South Africa: a conceptual and ethical inquiry[J]. Third World Quarterly, 2004, 25(2): 405 - 421.

3.5.4 选定最佳替代方案

据报道,某些案例中利用质量功能配置从一组给定的替代方案中选出了最佳方案。在课程层面,通常利用质量功能配置的零件展开图来选择最合适的教学方法和有助于知识传播的教学辅助工具。法伦市商学院与博伦厄市工程学院利用质量功能配置矩阵确定了能够协助学生将他们的学习与实际工业实践联系在一起的有效途径[1]。为了确定适当的教学方法,Lam 和 Zhao 在香港大学应用统计与运筹学系开展了一项研究,此项研究利用质量功能配置确定了实现两个本科课程教育目标的适当教学方法[2]。此外,在课程层面,质量功能配置还可用来选定能够为课程的目标和所期望的结果提供最好的支持的课程和内容范围。例如,奥多明尼昂大学在重新设计工程管理硕士课程时,Kauffmann 等人制定了一个决策模型,以量化课程决策。该模型利用质量功能配置选定了对课程目标影响最大的课程和论题[3]。

3.5.5 产品开发与服务追踪

质量功能配置不仅用于完善现有的教育产品和服务,还用于开发新的教育产品和服务。对于前者而言,Eringa 和 Boer 报道了荷兰北部的基督教学院(荷兰的一所小的专业大学)的案例,该学院综合利用质量功能配置和服务蓝图调整了学习过程和教学支持,从而促进了学生学习[4]。Ogot 和 Okudan 利用一种基于质量功能配置的方法重新设计了一个技术课程,从而通过他们的教育经验提升了学生的

---

[1] Nilsson P, Lofgren B, Erixon G. QFD in the development of engineering studies[C]. Novi, USA: Transactions from the Seventh Symposium on Quality Function Deployment, 1995: 519-529.

[2] Lam K, Zhao X D. An application of quality function deployment to improve the quality of teaching [J]. International Journal of Quality & Reliability Management, 1998, 15(4): 389-413.

[3] Kauffmann P, Fernandez A, Keating C, et al. Using quality function deployment to select the courses and topics that enhance program effectiveness[J]. Journal of Engineering Education, 2002, 91(2): 231-237.

[4] Eringa K, Boer I L J. Integrating quality function deployment and service blueprinting: restructuring (educational) service processes[C]. Transactions from the Tenth Symposium on Quality Function Deployment, 1998: 289-304.

满意度①。对于后者,大中西部高中利用质量功能配置设计了用以加强学生和家长沟通的指导课程。澳大利亚肉类和牲畜集团还利用质量功能配置开发了肉牛营养与牧场管理的教育软件包,并开发了护理继续教育的培训教材②。

---

① Okudan G,Ogot M,Gupta S. Assessment of learning and its retention in the engineering design classroom:Part B—Instrument application[C]//Proceedings of ASME 2007 International Design Engineering Technical Conferences and Computers and Information in Engineering Conference,September 4 - 7,2007,Las Vegas,Nevada,USA. 2009:663 - 670.

② Shaffer M K,Pfeiffer I L. A blueprint for training[J]. Training and Development,1995,49(3):31 - 33.

第四章
国外职业教育专业课程体系构建的模式与案例

目前,开设职业教育中外合作办学专业的院校在课程设置上呈现了各自为政的局面,因此,本章通过对职业教育中外合作办学专业课程体系构建的原理与理念的梳理,引入质量功能配置模型,并对该理论在国际职业教育界的实践与应用进行了文献梳理与案例梳理,透视其课程设置的背景、实施现状,探讨质量功能配置理论在职业教育中外合作办学专业课程体系构建中的应用局限,寻求职业教育中外合作办学专业课程发展的方向,以期构建课程设置的具体步骤与方法。

4.1 当代国际职业教育课程的演进

通过梳理当代世界各国职业教育院校专业课程发展的历史脉络发现,欧美国家各大职业教育院校专业课程体系构建主要围绕国家所需要人才的三大要素结构,即人才的人格品质、知识结构与能力结构来建构课程组织模式、选择课程内容以及匹配课程实施方案,并以此为标准,划分出当代国际职业教育课程演进的四个阶段,即知识本位课程设置阶段、能力本位课程设置阶段、人格本位课程设置阶段以及素质本位课程设置阶段。不同阶段的发展演进不是一蹴而就的,也没有清晰界限,且人格、知识与能力各要素也不是完全分离的,仅仅是在课程变革的不同时期,各个要素在课程设置与课程实施过程中所占的分量不同而已。

我国第一所职业教育院校金陵职业大学创立于1980年,至今已走过40多载,职业教育从尝试到规模化发展,从专业稀少到学科壮大,经历了很大的蜕变。金陵职业大学的创办由于可借鉴的经验匮乏,主要以普通高等教育的办学模式与课程设置模式作为参照,重视基于学科划分的学科型课程设置模式。之后,逐渐借鉴国际发达国家优秀的职业教育经验,并在自身的蜕变过程中也提炼出了适合中国本土的人才培养模式与课程设置模式。我国职业教育的发展演进也是我国经济结构体制发展变革的真实写照,职业教育学校专业课程变革正是实现我国职业教育变革的根本。

4.1.1 知识本位主导阶段:学科普适性课程

第二次世界大战影响了整个世界。无论是战胜国还是战败国,经济的发展都因为战争受到重创。在当时的社会大环境下,恢复社会经济发展是第一要务,再加上人力资本和现代化理论的影响,各国政府认识到教育对经济发展的促进作用,发展教育普遍得到各国的重视。当时职业教育发展走的是规模化发展道路,目的是满足战后复员军人和大量失业人口的受教育需求,从而实现社会的稳定。因为战争的影响,社会劳动力匮乏,处于供不应求的状态,缺乏提高职业教育的内动力,因此当时国外对教育类型的特殊性要求不高,职业教育主要承袭高等教育模式,采取学校本位和学科本位的课程模式。

人力资本理论作为这一阶段各国主要的人才规划基础,在各大企业内部也形成了稳固的"金字塔"形人力资本结构,其中,初级职业人才与中级职业人才占据了绝大多数的企业人力资源席位。这种结构模式演绎到职业教育领域中,中等职业教育发展与高等职业教育的发展远远快于普通大学教育的发展;这种结构模式演绎到国家经济体制发展中,基层劳动力与中层劳动力成为国家政府急需的人群。因此,各个国家的中等职业教育与高等职业教育在这一阶段的发展特征是规模的急剧扩大与课程专业的迅速开拓。

在这一特殊的国际背景下,世界各国的政府为了大力发展职业教育,均采取了一系列改革措施。如1945年,美国颁布了《退伍军人就业法》,以法律的形式保障与支持退伍军人接受职业教育和提供就业机会,同时也为美国职业教育发展建立了人力保障;随后在1958年又颁布了《国防教育法》,在1963年颁布了鼓励大力发展职业教育的《职业教育法》。英国政府颁布的第一个有关职业教育的法案是1944年的《教育法》,这一法案的颁布确定了职业教育的地位;随后,1945年颁布的建立高等工程技术学院的《帕西报告》,1956年的《技术教育白皮书》等法案都对其职业教育的发展提供了大力支持。

这一阶段职业教育中的课程价值取向是社会需要,即课程设置是为了满足社会经济、政治与文化的繁荣与发展。但职业教育兴起之初,由于办学经验没有前车之鉴,也无很好的经费支持,各国及地区的高等职业教育课程大体上采用的都是学科普适性课程,课程的组织是按照学科来分类建构的,围绕学科知识与能力养成,按照各学科知识逻辑、学科关系、教学顺序等安排一个完整的课程方案。仅有几个国家有所不同,比如澳大利亚,其战后的工业化进程有力地促进了技术学院和技术教育的发展。为了应对国民经济的发展和经济结构的变化带来的挑战,以马丁为首的咨询委员会的成立,成为调整高等职业教育的开端。此后成立了高等教育学院,其课程设置适应了澳大利亚经济多样化发展的需要,具有灵活性、针对性。

4.1.2 能力本位主导阶段:改良版的学科普适性课程

这一阶段以中东地区的石油危机为导火线,引发了资本主义国家战后规模最大并且持续时间最长的经济危机。这段时间,许多国家经济出现衰退,很多社会人员失业,人才供求关系从供不应求转为供大于求。经济形势的变化直接影响教育的发展,此时教育的发展出现危机,之前人们为了寻求升值投入金钱去学校接受教育,但是毕业的学生大量找不到工作,这使得人们开始质疑学校教育模式的合理性,开始寻找一种新的人才培养模式,能够直接上岗,具有操作能力的人才得到了普遍重视。此外,美国芝加哥大学福斯特教授对巴洛夫的职业技术教育学说提出质疑,他反对单一的职业学校教育,主张"非正规灵活"的在职培训,主张企业参与到职业教育中来。这个阶段企业与学校加强了教育联系,产学合作得到重视,但是产学合作还是以学校为主导,当时就业能力或者具体的岗位操作能力是课程设置的核心内容,具有代表性的课程模式是MES。这个阶段,世界发达国家都不同程度地遭受了经济危机的打击,教育质量在下降。许多国家开始重视职业教育,开始考虑建立不同类型的教育,职业导向、工学交替模式的教育开始萌生。德国高等专科学院与企业合作,把企业的用人需求放在首位,这是一种典型的工学结合。普适性最强的美国也开始推行生计教育,加强职业教育与普通教育之间的联系,增强课程的职业性。

我国的高等职业教育随着经济结构的转型与在世界政治格局中的变化也出现了明显的变化。前一阶段职业教育发展的一些弊端也逐渐显现出来,如职业教育的办学目的是为了我国社会经济的发展,职业教育的课程设置重视理论课程与专业基础课程,而实践类课程与能力拓展类课程却少之又少。后来出台的一系列文件法案都是针对这一弊端的,如《教育部关于加强高职高专教育人才培养工作的意见》(教高〔2000〕2号),这也是我国职业教育变革的一个里程碑,即课程设置要重视实践应用,强调学生的社会实践教学与能力训练。这次职业教育界的课程改革强烈地冲击了学科本位的三段式传统课程模式,取而代之的是四段式课程模式(如图4-1所示),其特征是模块化,强调专业基础与实践能力。然而这次改革仍然没有突破学科本位的思维逻辑桎梏。

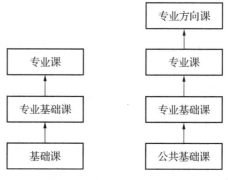

图4-1 三段式和四段式课程模式

我国职业教育能力本位的课程改革的标志性文件是《教育部关于全面提高高等职业教育教学质量的若干意见》(教高〔2006〕16号)。在这一阶段,我国职业教育做出的最大变革便是在部分职业教育院校出现了中外国际合作项目,这一项目也使得国际上先进的课程模式纷纷进入中国,如以职业分析为课程设置基础的MES课程模式、以核心阶梯为基础的德国的双元制课程模式,以及加拿大的CEB课程模式等。这些课程模式在我国的落地生根也使得我国职业教育的培养目标转为对技能型人才的实践能力培养,课程设置以职业分析作为指导的方法论基础。

4.1.3 素养本位主导阶段:以设计和建构能力培养为导向的课程

20世纪90年代末,德国不莱梅大学技术与教育研究所与德国大众公司进行了合作,提出了工作过程的职业教育课程理念和设计方法,运用了工作过程系统化的课程设置方法,并于21世纪在德国大范围推广[①]。欧盟各国的政府联合推行的"职业院校技能型紧缺人才培养培训指导方案"项目遵从的工作过程系统化课程设置模式强调企业与职业教育学校的合作,强调职业发展与专业学习的结合,并将这一职业教育课程设置理念推广到了中国。同一年,我国教育部与劳动部于2004年提出,职业教育专业课程体系构建需要加强理论类课程、专业基础类课程、专业方向类课程与通识类课程之间的联系,同时也颁布了《职业院校技能型紧缺人才培养培训指导方案》作为这一理念推行的行政支持。

这一阶段以"设计和建构能力培养为导向"的课程设置理念对我国职业教育院校课程改革产生了强烈的冲击,同时,有关学习科学的相关研究成果也为这一时期的课程设置提供了新思想,产生了新的课程体系。如基于项目的课程模式、基于任务的课程模式,均脱离了能力本位课程观,强调了职业教育学生职业素养的新型课程观。新型课程体系的构建、新型课程模式的建立虽然在教育目标上满足了我国高等职业教育的需求,然而,由于职业教育院校教师在课程实施方法上未能与新型课程模式实现平等的对接,课程开发的滞后、课程资源的欠缺以及学生对于项目式学习与任务式学习等学习方式的匮乏,使得这一阶段的课程改革频频遇挫。

我国职业教育课程改革的失败使得教师、学校领导及教育部的领导深刻反思,并提出了相应的对策,如教育部于2007年开始组织教师出国访学,尤其是德国,以便系统学习课程设置、课程实施、课程评价、学习方式等经验。通过教师的国际参观与学习,我国职业教育课程设置开始采用系统化的方法,在课程目标上强调培养职业教育学生的综合职业能力,在课程实施上强调学校学习与企业实践相结合,在课程评价上强调过程性评价。这样的系统性转变使得职业教育对职业教育学生的培养连通学生的职业发展、专业学习、能力训练,聚焦于学生的综合职业素养,更有利于实现学生的职业生涯发展。

4.2 国际典型职业教育专业课程体系构建模式

国际上流行的较为典型的CBE、双元制和MES课程模式,都是以职业分析为

---

① 黄斌.工作过程系统化课程:高职课程模式的理性选择[J].中国成人教育,2008(23):101-102.

导向而开发的课程模式。它们的共同特点是都十分注重实践，注重学生动手能力的培养，打破了学科课程模式，具有开放性和适应性等特点，更好地加强了企业与学校的联系，准确反映了企业对技能的实际需要。但这三种模式也有着各自的不足。

4.2.1 德国的双元制课程设置模式

职业教育专业课程体系构建是一个过程，在过程哲学关照下它会经历不同的阶段，并且是在有关教育机构确定了各特定阶段后才能进行的。虽然在不同的职业教育院校，它可能会有所不同，但一般来说，这个过程连同不间断的修订和更新，将持续四到五年的时间。课程设置可能需要花费大约 3 个月的时间，机构的规模不同，时间也不尽相同。一旦课程被设置出来，课程的实施与评估都会在这特定的几年中展开。因此，开发课程的方法应包括课程的设计、实施和评估过程。奥恩斯坦(Ornstein)和汉金斯(Hunkins)认为，课程设置包括如何进行课程计划，经历哪些过程与程序，课程如何实施，如何评估课程，以及涉及哪些对象[①]。课程模式的路线图可能有助于进行课程设置的领导们系统而全面地处理这一具有挑战性的、复杂的任务[②]。

双元制课程设置模式是发起于德国，以职业教育院校与相关企业的协作分工为特征的设置模式，它关注企业的需求，强调职业教育的社会实践性，更将职业教育课程体系中的理论课程与基础实践课程紧密结合，是以学生的企业实践与项目研究为中心的职业教育课程设置模式。企业对职业教育课程的需求也需要严格依据由联邦政府以法律形式规定的职业教育规章与教育大纲来设置基础实践课程与技能训练课程，这种课程模式近似于学徒制教育思想指导下的课程设置。职业教育院校的课程设置则需遵循德国各州教育行政部门制定的教学大纲来设置理论课程、基础实践课程以及专业技能训练课程。职业教育学生在校企合作办学模式中被赋予了双重社会身份，他们的学习场所不仅是在职业教育院校，更是在企业的各

---

① Ornstein A C, Hunkins F P. Curriculum foundations, principles and issues[M]. 5th ed. Boston: Allyn and Bacon, 2009: 24.

② O'Neill G. Program design: overview of curriculum models[EB/OL]. [2015-11-16]. http://www.ucd.ie/t4cms/ucdtlp00631.pdf.

个岗位；他们的导师不仅仅是职业教育院校的教师，更是企业的技术专家，这种双重身份使得学生能够将理论课程、实践课程与专业技能训练课程统整地进行整合。

德国双元制课程设置模式之所以在国际职业教育领域溅起波澜，主要与其产生的社会背景与突出特点紧密相关。1960年前后，德国急需国家经济产业部门、劳工界与职业教育院校为社会提供高水平的工程技术人员，虽然德国的职业教育课程体系被世界职教界尊称为"没有死胡同"的体系，然而其现状仍然是状况层出不穷，最突出的便是学生的职业专业理论课程、普通学科基础课程、基础实践课程以及专业技能训练课程无法在职业教育体制下有效整合，这就促使了《联邦共和国各州统一高等学校协定》的出台，这份文件将原有的工程师学校，社会教育类、社会工作类、经济类、设计类与农业类等不同类别的高等专业学校合并，成立了新的应用技术类大学，以培养工程师为主要教育目标。这就为德国职业教育双元制课程设置模式的产生提供了生发的肥沃土壤。

自此开始，德国的应用技术类大学、高等职业类大学都注入了双元制课程设置元素，其突出特征主要体现在教学培训的四个方面和办学单位的四个层面，这四个方面也廓清了双元制课程设置模式的双元性。一是理论课程与实践课程的双向整合，这是课程的体系层面。职业教育学生在职业教育的三到四年学习过程中，一部分时间是在学校里进行理论知识与学科基础知识的学习，一部分时间是在企业里进行基础实践课程与专业技能培训类课程的学习，企业的实践有助于学生了解国际最先进的专业设备与技术，有利于学生以项目或生产的方式在实践中操作、掌握标准的程序与方法，这有力地促进了学习的实效性，有助于学生毕业后成功胜任工作岗位。二是高校教师与企业岗位专家合作教学。这一特征一方面倒逼企业在职业教育生培养过程中广泛参与，另一方面也倒逼高校教师掌握国际先进专业技术与知识，从而提升了学校理论课程的前沿性与创新性，也推动了企业在相关领域的应用研究，这为课程设置提供了职业能力与科研能力并重的思路。三是学生研究能力与实践能力的双重培养。双元制课程设置模式不仅强调学生自主学习能力与科研创新能力的培养，更注重学生在企业的实践能力与专业技能操作能力的培养。四是各类教育形式的相互融通。德国教育的一个显著特征是各种教育形式之间的分离与分化。职业教育学生在企业专业人员的指导下，每参与一项实验、一个项目研究或一个实践活动，都会在实践类课程目标的要求下，在企业导师制定的实践项目与任务驱动下完成项目总结报告与撰写实验论文、实习体验和实际收获，以完成课程评价考核。而职业教育院校的指导教师则会指导学生完成理论学习、文献资料综述撰写,最终使职业教育学生能以研究者的身份探究国际前沿领域的技术与经验,获得科学研究能力与科学研究思维[①]。

4.2.2 加拿大的 CBE 课程设置模式

CBE 是加拿大职业教育领域开发的一种课程设置模式,它以企业各部门的岗位胜任力为出发点,具有具体的目标针对性,其课程目标设置的依据更聚焦于职业教育学生所需具备的专业能力与职业素养。CBE 这种以学生职业能力为本的课程设置模式,不仅契合了企业用人岗位与职业教育系统之间的深度合作,也为职业教育的教学计划研制提供了岗位分析的系统分析基础,更为职业教育模块体系化的建构提供了框架。CBE 课程设置模式为起点不同、需求不同、专业不同的职业教育学生提供了自适应的课程内容。

自此开始,加拿大的应用技术类大学、高等职业类大学都注入了 CBE 课程设置元素,其突出特征主要体现在职业教育的课程、教学、学习与评价的各个环节上:① 以职业能力作为教育的基础,作为培养目标和评价标准;② 以能力作为教学的基础,而不是以学历或学术知识体系为基础;③ 强调学生的自我学习和自我评价;④ 在教学上灵活多样,在管理上严格科学[②]。以职业能力作为教育基础体现在职业科目的划分上,职业能力的划分与确定是基于职业能力分析的方法进行的,运用这种方法能够按照能力的不同类型与等级,为职业教育科学规划好教学计划与学习计划。职业院校教学大纲的制定也是基于能力的,自职业教育学生入校起,就对学生的能力进行考核,以确定学生现有的职业认知与职业能力等级类别,这样可以真正做到因材施教,并照顾到学生个性化的学习需求。在职业教育体系中,教师在教学中担任管理者、辅导者与促进者的角色,教师依据学生的职业能力分析标准为学生设计个性化的学习方案,建构自适应的学习模块,激发学生学习的自信心、主体性与能动性。而学生是学习的主体,自主制定学习方案,搜集学习资源,选择学

---

① Duale Hochschule Baden-Württemberg. Richtlinien für Bearbeitung und Dokumentation der Module. 6−21[EB/OL]. [2015-05-18]. http://www.dhbw.de/fileadmin/user/public/Dokumente/Portal/Richtlinien_Praxismodule_Studien_und_Bachelorarbeiten_JG2011ff.pdf. 2011.5.

② 张盈.中外高职课程设置的比较研究[D].桂林:广西师范大学,2008.

习方法与策略,并在学习的过程中进行自我评价。企业的需求是 CBE 课程模式的重点,职业能力需求与企业的需求相互砥砺,成为职业院校课程设置的重要依据,而学生的职业能力与自主学习是 CBE 在教学与学习层面所强调的重点。

概括起来,能力本位的职业教育模式就是以企业需求作为职业教育的逻辑起点,以培养目标作为职业教育课程设置的切入点,以学校学习与企业实践作为课程实施的突破点,以学生的能力标准与企业的工作质量标准作为课程实施的监控点,以学校学习条件与企业实践条件的双重保障作为课程实施的支撑点,以社会满意度作为职业教育的落脚点。能力本位的职业教育模式是我国职业教育从"数量时代"转型为"质量时代"的关键点,职业教育的目标就是在全面分析职业岗位所需的职业能力的基础上,以学生具备胜任企业岗位的能力为目标。

4.2.3 澳大利亚的 TAFE 课程设置模式

澳大利亚的 TAFE(Technical And Further Education,职业技术学院)课程设置模式是其教育体系所支撑的一类准高等教育模式,类似于中国的职业教育。TAFE 起源于澳大利亚在 1973 年成立的技术教育(technical education),历经 40 多年的发展与壮大,现已成为一种综合性的、成熟的职业教育培训体系。它的特点体现在两个方面,即多层级性与相对独立性。多层级性主要指它是在国家教育框架体系下,以客户为中心,经由国家政府、企业与学校相互协作的办学模式。相对独立性一方面指它与澳大利亚的中学和大学既相互衔接又彼此独立,另一方面指在它的体制下,同时存在职业院校、技校、中专与专科或高等专科学校。

在澳大利亚,TAFE 课程设置模式运用得比较典型的学校是昆士兰州政府公立学院——黄金海岸职业技术学院(Gold Coast Institute of TAFE),这所学院位于澳大利亚最具魅力的观光胜地昆士兰黄金海岸,它的课程体系包括文凭课程和证书课程。文凭课程和证书课程都与澳大利亚大学相关专业课程有很大程度的衔接与整合,既提供给学生进一步完成大学本科课程继续深造的机会,方便学生的职业学院学分与大学学分相互认证,又缩短了学生在大学学习的年限。黄金海岸职业技术学院主要的培养对象是专业性技术人员与企业中高级领导者,它的证书课程和文凭课程既为学生设置了专业的职业能力训练内容,也为学生进一步升入大学的相关专业进行学习提供了学分互认的帮助。它的专业技术文凭课程包括国际商业、工商管理、会计、行销、商业、酒店管理、社团服务、旅游观光、儿童看护、信息技术、应用科学、多媒体技术、护理等。

TAFE 的职业教育课程设置模式的内涵体现在两个方面：一方面是廓清职业教育实施的等级层次与学校人才培养的等级规格；另一方面是参与职业教育的管理体制与相关利益集团。从这两方面的内涵可以看出，职业教育学生的学习需求与企业岗位的专业能力需求是 TAFE 职业教育课程目标的参照系，同时也是 TAFE 职业教育课程设置所遵循的基本理念。TAFE 职业教育课程并非我们所理解的单科课程，而是一个课程模块的组合，类似于我国职业教育中所讲的以基础理论类课程、专业知识类课程与职业技能训练类课程为中心的多个科目的组合。不同专业学习的课程以及所学的科目都不同，一个专业由哪些课程组成，每一个课程由哪些科目组成，以及包括多少个科目，都是根据证书课程或文凭课程所规定的标准来制定的。概括地讲，证书课程也叫作短期培训课程，它包括不多于十个科目，完成年限一般都在一两年之内，但也有复杂证书课程，它所规定的科目会达到几十个，完成的年限会延长至三到四年。文凭课程也叫作长期培训课程，它包括不少于十个科目的课程集合，完成年限为三年，甚至更长。澳大利亚 TAFE 学院的所有课程都需经过政府的注册，且都被政府与企业协会认可。澳大利亚 TAFE 学院的所有证书课程和文凭课程的证书都能得到国际认可，因为它们都是由政府直接管制的公立学院所颁发的。

基于 TAFE 的专业设置与课程设计需依据该国的经济发展与社会结构的现实状况而定。澳大利亚实施 TAFE 模式的最大的学院是悉尼理工学院，这是因为除了悉尼拥有发达的旅游业与商业之外，它还是一个极具现代化特色的港口城市与金融中心。悉尼理工学院每年能够从全世界吸引五万多名新生，学院也因此需向这么多新生提供多样化与个性化的课程。据统计，该学院每年提供的课程多达七百多门，足以囊括该国社会经济的所有领域，为了适应来自不同国家学生的需求，它们还不断挑战与创新洲际课程与国家课程。澳大利亚各州教育培训部严格管控 TAFE 的课程设计，1992 年之前规定以学院为主，之后以产业为主，这可体现出 TAFE 的课程设置的发展趋势是越来越以客户为中心，以企业需求为中心。以国家制定的统一的行业组织职业能力标准与证书制度作为 TAFE 专业与课程设置的主要依据，以企业需求、行业岗位需求与职业技能标准作为澳大利亚各行业培训理事会与顾问咨询理事会商定课程的标准，设置出了专业理论课程与实践应用类课程比例相当的课程架构体系。为了提升实践类课程的实施效率,各个学院纷纷寻找经济实力与技术专家实力雄厚的企业作为自己的实践培训基地,将企业也纳入 TAFE 课程实施的重要场所,这样学生的基本理论课程在学校由学校教师指导完成,而专业实践课程则在企业由岗位专家指导完成;此外,学院为学生加大了企业实习课程的比例,也为学生在学校建立了模拟工作场景的实习环境。这对课程设计专家来讲,可为他们遵从职业技能等级标准设置相对应的课程标准提供保证,同时对教师的教学来讲,也可为他们井井有条地将教学环境与工作环境结合起来实施课程提供保证。

近年来,各国的高等职业院校一直以迅猛的速度在扩张,这一扩张增加了对于保持毕业生质量的担忧。在全球化经济中,本科教育质量与竞争力之间的关键环节是非常重要的。目前,各国的职业教育院校正面临如何使其项目更有吸引力这一高压。拥有有效的课程是具有吸引力且可取的项目最重要的因素之一。为获取有价值的课程,将 TAFE 模式作为设置课程的有效手段。TAFE 模式提供了一种确定顾客(学生)需求并优先考虑将其转化为课程设计参数系统的方法,这种方法简单、高效,且在发现有效课程的主要特征方面功能强大。很多职业教育院校主动引进并正确使用 TAFE 模式帮助教师在设计过程中提早识别教学设计及技术问题。在课程规划阶段提早使用该模式会使学习过程最大化,这可使学生以及教师的知识以及学习经验更有效。大量有关基于 TAFE 模式的课程设置实证研究表明,为了改进工业工程教育,必须注重学习内容的范围,如工业工程项目、生产力及工程管理、企业管理及工业工作效率研究。所要考虑的关键问题及学习经历、实践培训,与工业部门的协作、实地考察、参与知识能力及案例研究或示例有关。虽然在确定顾客(学生)需求以及将顾客需求转化为课程设置要素中 TAFE 模式比其他模式更为有效,但采用学生的学习质量关系展开主要的问题在于大关系矩阵的管理及分析。这是因为其涉及各方的需求,也涉及许多服务要素。

基于 TAFE 的课程设置模式能够适用于不同年龄与行业的社会人群,这凸显了它特有的灵活性,这种灵活性有助于为我国社会结构转型和职业转变提供适应这个时代特征的人才规格的知识学习与技能学习。

4.2.4 中国的"宽基础、活模块"课程设置模式

20 世纪末,我国职业教育家蒋乃平先生提出了"宽基础、活模块(Modules of

Employable Skill，MES）"课程模式。MES 职业教育课程开发模式契合了国际劳工组织的课程设置策略，该模式提出的价值在于，依据职业能力或岗位标准设置实践类、技能类课程，且将课程组合与技能培训模块化。MES 课程设置的逻辑脉络是通过一个完整模块内若干单元的理论课程、实践课程与技能训练课程的学习，学生能够掌握企业中某一岗位所要求的一种整体素养，其中包括基础理论素养、实践操作素养与技能素养等。模块化课程中的单独一个模块内技能课程单元与理论知识课程单元之间的组合灵活多样，但每一单元都需包括理论知识与实践技能训练。然而，MES 课程设置模式也有其致命缺陷，因为教师或学生选择课程模块的灵活性，课程模块与模块之间缺乏系列性与逻辑性，课程体系的建构缺乏标准的逻辑系统，教师在课程实施过程中，容易将课程的模块泛化，致使模块化课程体系在职业教育中没能发挥应有的作用。

  在看到模块化课程的若干缺陷后，我国职业教育界不断探索，最终将普通教育系统中运用的"宽基础、活模块"课程模式迁移到职业教育的课程体系中，通过对职业教育中传统学科课程模式的改良，使理论知识课程的学习与职业岗位实践的联系不断加强，进而能够设置出符合学生职业发展特色的课程方案。"宽基础、活模块"课程模式编制的第一个程序是分析课程目标，第二个程序是依据课程目标确定课程内容，第三个程序是依据提出的课程目标，评价课程内容并提出修改建议。课程模块设置的起点是"宽基础"，课程的"宽基础"着眼于为学生的职业发展提供必需的基础理论知识，体现为一个职业群体对岗位所需的基础知识与专业技能的掌握，目的在于有助于学生毕业后的终身学习和拓宽某一职业中所有岗位必备的专业技能与理论知识，而不仅仅局限于某一特定岗位，它更凸显某一类职业通识能力的培养与核心技术的学习。"宽基础"由"政治文化基础板块""职业群专业应用类板块""公关类板块"与"专业能力训练类板块"等四大板块组成。"宽基础"要求学生在校期间全部掌握相应板块，因此它们都被列为必修类课程。而"活模块"课程的设置理念是为了强化学生的从业能力，以及为学生掌握或获取更多职业资格认证书提供优越的学习条件。"活模块"课程的目的是提高学生毕业后进入社会的核心竞争力，因此在课程定位上着重强调某一特定岗位需要的专业知识与专业能力。在课程实施上，分为"主修课程模块""辅修课程模块"与"选修课程模块"，尤其强调学生在"选修课程模块"方面的学习兴趣与动力。这样的课程设置模式不但为学生提供了更多、更自主的课程选择权利与条件，更提高了职业教育院校在课程设置方面融合新专业、新需求的灵活性。

4.2.5　瑞士CBL课程设置模式

从课程教学理念层面来看,CBL(Craft-based Learning,技能本位学习)模式是糅合了CBE和PBL的创新模式,是对传统课程设置理念的改革。它糅合了PBL和CBE的方法理念,却是对二者优势的继承、发扬与实践创新。CBL模式与国内传统实训教学的一大区别不仅是重视自我学习和评价能力,更为重要的是重视通过建构与迁移习得实训技能,弱化教师在教学中的主导作用。也可以说,CBL实训课程的设置更多地关注学习者个人职业需要和自我发展,紧紧围绕学习者的实践经验和实践需求,通过体验实训建构学习从而使学生比较有针对性地掌握自己感兴趣的和今后职业需要的专业技能。

PBL即基于问题的学习(Problem-Based Learning),也称作问题式学习,它强调把学习设置到复杂的、有意义的问题情境中,通过让学生合作解决真实性问题,来学习隐含于问题背后的科学知识,培养学生解决问题的技能,并形成自主学习的能力。CBE教学模式的原义是"以能力培养为中心的教学体系"。它强调的是职业或岗位所需能力的确定、学习、掌握和运用,也就是以职业或岗位所必需的知识、技能、行为意识为从业能力的基础,以能力表现为教学目标、教学进程的基准,注重"学"并以学生的学习为中心,亦不受时间和环境的限制组织课程与实施教学的系统方法。

CBL教学模式同样主张建构知识和习得技能的过程本身就是一个问题解决的过程、一个学会学习的过程。比如,在目的地管理课程的教学中,先要让学生分成小组,然后设置问题和技能目标,所提出的问题应该是开放的、实际的岗位任务。在学生思考的同时,教师应当鼓励学生运用各种媒介甚至网络去搜集资料,而后整理思绪,最终给出自己的回答。在课堂上,老师会提供给各组学生一张大的写字白板,小组成员发散思维(头脑风暴),最终讨论一致并选派代表在大白板上写出每组观点,然后教师组织各组进行集体比照反思。这一做法看似简单却非常有效。CBL课程所强调的不只是让学生解决问题,而且要让他们理解问题背后的关系和机制,通过解决问题而习得技能。学生要在学习的过程中学会反思,进行自我评价;通过反思把相关概念、具体技能、策略与当前的问题类别联系起来,学生能够对这一系列任务形成更加协调统一的理解,这对知识的建构和能力的迁移来说至关重要。

CBL课程开发的指导思想是以满足企业和雇主对受训对象的主要要求为基本原则,课程开发的出发点是岗位环境,它的基本步骤包括任务分析、工作分析与课程设计。在CBL模式的指导下,课程设置应当首先根据DACUM量表制定各专项能力相对的教学大纲与计划,并据此设计好对应的课程。课程以技能岗位命名,不以传统学科而定。在开发课程的时候,构建若干个模块,每个模块要形成一个相对独立的教学单元,各有清楚的起点与终点,时间即做变量,而在大体规定的阶段中,老师指导学生定位自己合适的学习进度、方式、内容、顺序,这就转变了传统教学方式中统一手段、统一进程之类的弊端,从而保证学生技能习得的培养与提高。

以瑞士库尔技术与经济学院(HTW Chur University of Applied Sciences, HTW Chur)为例,经过对瑞士旅游企业、旅游从业人员、旅游类高校教师的调查访谈和研究分析,且在征求业内权威人士(高质量的学术委员会及多家大公司的知名人士)见解的基础上,HTW Chur确定其培养目标为培养能够敬业于旅游一线工作、有较强实践能力与创新能力的旅游企业管理人员。它强调了职业教育旅游管理专业就业岗位的相对宽泛性,确定对旅游策划、旅游营销、目的地管理等职业岗位进行研究,分析其所需的能力:要求学生必须具有一定的经营管理能力和服务能力。其中在服务能力方面,培养学生积极热情的服务意识及过硬的服务技能。

CBL课程设计根据以上所分析的岗位技能,首先使它转化成课程标准,之后把那些目标进行优选、组织和排列,来构成目标单元,以此设计相对的学习模块。课程目标的优选、组合和排列不但可以规避课程目标互相重叠、增减课程目标数量,更重要的是加强了各课程目标之间的关联性,这有助于建构一个整合性的课程。依据CBL理论,课程设计最终显现出来的是逐个相对独立但完整的学习单元——模块。模块是整体模块课程的基本单元,亦是评价考核的基本单元。

教学模块对应某一职业领域工作范畴内一项工作划分的若干部分。各个模块从技能规范上相对独立并当富有个别化之特征,组合成为一个完整的"学习包",且内含学习过程与目标。依照CBL课程设计理念,结合瑞士旅游职业教育之特点,将任务分析的结果作整合,将旅游类职业教育理论课程设置成四大模块:专业基础能力课、管理能力课、方法能力课、语言能力课;将实践课程设置成三大模块:基础模块、专业技能模块、综合实训模块。此三大模块相辅相成,唯有学生达到了三大模块之目标要求,方能具备过硬的职业岗位技能。于每个模块内设置相适的实训单元与次级实训单元。于教学过程中对学生需要具备的各项技能开展逐项培训,指导学生定位自己合适的学习进度、方式、内容、顺序并以此进行锻炼和学习,使学生可以掌握做一位称职的旅游工作人员所需具备之综合技能。最终学校会设置综合实训模块。综合实训的有效实施不仅能够帮助学生理解消化所学的理念知识,并且能够提升学生的基本技术技能熟练程度。此外,经过综合实训,还能够使学生了解并掌握旅游企业业务环节与管理方法(如旅游营销)等,让学生于思想认识与技能方面获得极大的提高,为他们能够适应今后的工作而打下良好的基础。

综观各种课程设置模式,它们实质上就是课程设置的实际运行状况的缩影,或理想运行状况的纲要式呈现。

4.3 国外典型职业教育专业课程体系构建案例

4.3.1 瑞士职业教育课程设置现状

2014年5月,国务院印发的《关于加快发展现代职业教育的决定》提出建立现代职业教育体系的战略性任务,明确了未来我国职业教育改革创新的方向。据此,"服务经济社会发展和人的全面发展,建设现代职业教育体系,成为加快发展现代职业教育的主攻方向"。借鉴国际先进经验,具有重要的理论和现实意义。

瑞士作为近年来全球竞争力和创新力排名连续领先的国家,其高度发达的教育体系,特别是职业教育体系,被认为是其经济社会发展的秘诀。尽管瑞士职业教育绝对规模并不算大,但其接受职业教育人口的比例却是全球最高的。

与德国等职业教育发展良好且总体规模较大的国家相比,瑞士职业教育制度更加简明、精细、灵活而协调。研究表明,在实施合作式职业教育制度的国家(典型的还有德国、奥地利和丹麦等)中,瑞士职业教育的融合性和开放性更高,治理效果更卓越,培训收益也最大。

依据2004年生效的瑞士《联邦职业教育法》以及2009年国际经济合作与发展组织(OECD)《关于瑞士职业教育创新的国别报告》,笔者以为,按照中国对高等职业教育的理解,可以从狭义和广义两个角度,来研究瑞士的高等职业教育。

狭义的高等职业教育，是指根据瑞士《联邦职业教育法》定义的高等职业教育。这一概念是在2004年生效的《联邦职业教育法》中引入的。该法将高等职业教育定义为独立的高等教育类型。根据国际教育分类（ISCED 97/ISED 2011），相对于纯高等学校形式的大学高等教育A（第三阶段教育A类），它是高等教育B（第三阶段教育B类）层次的大学之外的非学术领域的高等教育。高等职业教育要使学生获得从事要求严格且责任心强的职业所需要的资格，其教学是能力导向和劳动市场取向的。瑞士高等职业教育强调教学与职业实践紧密结合，致力于促进应用导向的学习、专业知识的迅速转换和快速的创新周期，为瑞士经济和社会输送了大批具有高技能、高质量意识和迅速胜任职业工作的人才，从而使得第二阶段Ⅱ级的双元制职业教育延伸至第三阶段教育B类层次，为高度专业化的瑞士经济界培养了大批高素质、高技能的职业人才。基于此，可以将瑞士高等职业教育视为培养高素质专门技能型人才的本科层次的高等教育或称为技能本科教育或职业教育本科教育。

广义的高等职业教育，是经济合作与发展组织对瑞士职业教育的评估报告所指的专业大学（德文为Fachhochshule，也译作"高等专业学院"），它隶属于瑞士国民经济部下对职业教育行使管理职能的联邦职业教育与技术署（BBT）。经济合作与发展组织认为，瑞士专业大学是第三阶段教育A类的职业教育，是正规高等学校形态的职业教育。专业大学为从事需求导向的、以科学或艺术的知识及相应的方法掌握为前提的职业培养人才。与大学相比，专业大学的优势是实践导向的。目前，瑞士有12所公立大学，分布在德语区、法语区和意大利语区。其中包括2所独立大学组成的瑞士联邦理工学院，分别是德语区的苏黎世联邦理工学院和法语区的洛桑联邦理工学院，以及分布在瑞士前5大城市的5所综合性大学、4所专业性大学和1所意大利语区大学。与大学一样，瑞士的专业大学也将按照《博洛尼亚宣言》的规定，分为学士和硕士两级。鉴于专业大学的前身也是高等专业学校，而且专业大学的学生主要来自4B层次的职业高中，因此可以将专业大学的学士学习视作基于职业教育的技术（应用）本科教育。

从20世纪末开始，瑞士职业教育的改革显现出三条基本脉络：一是部分高等专业学校升格为属于5A层次的、以培养工程师为目标的高等教育，也就是教学地点为学校的、既规范过程也规范结果的普通高等教育；二是部分高等职业学校升格为属于5B层次的、以培养技术员为主的高等教育，也就是教学地点为企业和学校等双元或多元的、既规范结果也规范过程的高等职业教育;三是属于5B层次的、以培养技师为目标的高等教育,也就是无显性教学地点而是伴随职业发展需要的、仅需参加联邦考试的、只规范结果而不规范过程的高等职业教育。需要指出的是,严格地说,若按照传统的学校标准,上述第二种5B层次的高等学校,也只是对过程进行了部分规范,因为它是具有学校和企业等多个学习地点的非传统学校形式的高等教育。例如,企业教师的任职标准与学校教师的任职标准就并非同一。

由此,高等职业教育,即第三阶段教育B类教育,与大学和专业大学(高等专业学院),即第三阶段教育A类教育,构成了完整的瑞士高等教育体系。

4.3.2　瑞士库尔技术与经济学院课程设置现状

2014年5月教育部批准了上海工程技术大学与瑞士库尔技术与经济学院合作举办国际商务(旅游及商务管理)专业高等职业技术教育项目。

2015年4月26日到5月9日,笔者赴瑞士库尔技术与经济学院进行调研,通过实地考察、随堂听课、与教学管理人员的访谈等全面了解了瑞士职业教育体系和瑞士库尔技术与经济学院旅游管理专业课程体系构建情况。

1) 课程设置现状

瑞士库尔技术与经济学院是全日制公立的应用科技大学。瑞士公立教育系统如图4-2所示。

在瑞士,普通教育和职业教育一视同仁。应用科技大学和州立大学在瑞士拥有相同的地位但实施不同的任务。应用科技大学面向专业学科,提供专业教育,开展实践教学。在应用科技大学,学生须有相关方面的工作经验,上大学的目的是加强职业技能训练和学习科学的方法与技巧。应用科技大学的科研任务是知识创新,服务社会,而州立大学注重于基础科学研究。

瑞士政府深刻认识到,要想使国家长期保持高水平创新力和竞争力,必须依靠教育培养大批有实践能力、创造能力和管理能力的高等应用型技术人才。而传统普通大学培养的人才不能够满足瑞士经济结构升级的需要,在这种背景下,瑞士政府开始对高等教育进行改革。1995年10月6日,瑞士政府颁布了《应用科技大学联邦法》,明确提出建立应用科技大学,从而以立法的形式为应用科技大学的建立

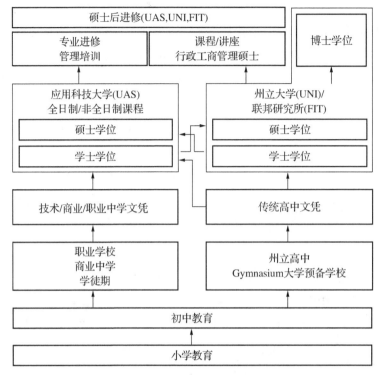

图 4-2 瑞士公立教育系统

提供了政策、法律依据。

瑞士应用科技大学虽然历史很短,但发展迅速,在发展过程中形成了鲜明的办学特色。瑞士库尔技术与经济学院(HTW Chur),作为一所国立理工学院成立于1963年。2000年,它被转变为现在的应用科技大学。在 HTW Chur 校区,有1 500名在校学生。除了旅游管理专业(英语授课),还有其他几个专业科系:企业管理、信息科学、通信和电子工程、建筑与设计(德语授课)。HTW Chur 中的七个研究所积极从事着应用研究和发展,以确保将知识和技术传递到瑞士的经济发展中。

HTW Chur 作为应用科技大学,其目标是培养高层次技术技能人才,教学活动突出实践性,尤其强调为学生就业提供必要的理论知识和科学方法,定位明确,特点鲜明。一是以培养创新型、综合性的应用型人才为目标。多数企业的管理人员、金融机构的高级管理人员及研发人员,一般都是在接受中等职业学校教育之后,并根据职业发展的需要,才能够到应用科技大学进一步学习深造。二是以产业需求为导向,并与产业、行业等开展合作,进行科学研究和开发。HTW Chur 的课程培养目标如图 4-3 所示。

学年	1		2		3	
创造思维						
整合思维						
自律思维						
程序性知识						
条件性知识						
观念性知识						
事实性知识						
尊重思维						
伦理思维						
	记忆	理解	应用	分析	评价	创造

图 4-3　HTW Chur 应用科技大学课程培养目标

HTW Chur 的课程培养目标主要有四个导向,分别是:实践导向、呈现能力、自信心构建和批判思维。

(1) 实践导向(Application Oriented)

实践导向是指教学的核心目标是如何应用所学知识解决实际问题的。学习知识的三个层次,即 what—why—how,对于应用科技大学而言,重点在于如何应用。这种实践导向全面体现在所有理论和实践课程中,当然也包括在学生社团组织与活动中。因此,在 HTW Chur,只有在大一阶段的教学内容会涉及较多的知识记忆和理解,从大二开始就以知识的应用为主。

比如在"决策方法"的课堂上,学生几乎完全围绕决策过程,以团队的方式,完成决策问题的定义、分析和解决。通过与授课老师和部分同学的交流得知,他们整门课程大多数都是以工具的应用为主,至于各种决策工具是什么,教师在课堂上基本不讲,要靠学生在自主学习的阶段完成。

这种做法不仅体现在"决策方法"课程中,几乎听过的每一堂课,都有这样的特征。即使是要靠专业知识对财务报表进行分析的财务管理课程,教师也是将知识点通过发放材料的方式让学生自学,课堂上直接分析具体的例题。对于实践课程更是强调应用,而且是强调应用过程。比如"电子旅游"课程的实践部分,是 HTW Chur 直接与 Google 公司合作的一个推广项目。学生在每一门课程的学习过程中,亲身参与公司业务实践,从中获得的能力自然具有与生俱来的可持续性和不可替代性。

(2) 呈现能力(Ability to Present)

呈现能力是指学生对自己见解的表达能力、对呈现载体的运用能力和对现场表述的掌控能力等。呈现能力的锻炼和培养是为了避免出现那种"茶壶煮饺子,倒不出"的现象,侧重培养学生利用所学知识分析解决实际问题的思维和能力。同时,如何将解决问题的观点及方案有效地呈现出来也非常重要。于是,HTW Chur专门开设了"PPT制作与展示技巧"课程。可以看出,几乎在所有的课程中,学生们都非常重视小组作业的呈现。

比如,在"人力资源管理"课程中,每个小组在汇报的过程中,不仅分工明确、全员参与,而且所有成员着正装,现场有摄像,有提示词卡片,还有手工制作的流程图。学生呈现见解的过程也从一个侧面展示了他们内在的职业素养。

(3) 自信心构建(Confidence Building)

无论一个人的知识多渊博或者多专业,如果他在做事上缺乏自信心,那么他是不可能将他的专业知识或专长全部发挥出来的。所以,自信心的培养和构建就显得尤为重要。这也是HTW Chur为什么在教学过程中非常重视自信心的培养和构建的原因——他们要培养的是应用型人才。而关于重视自信心构建的做法几乎都体现在一些细微当中,这属于心理学的范畴。比如,对于积极参与到课堂上的学生,当他们回答或提问过后,教授都能给予相对正面的评价。或者,教师不直接评论学生的观点表达,而是引导学生去表达自己的观点。

(4) 批判思维(Critical Thinking)

批判思维,是指学生在课堂上具有与教授平等的人格和地位,可以随时与教授进行对话、交流、讨论甚至争辩。只要留心,就会发现不管在什么课堂上,学生和老师之间都是相对平等的。他们的交流更像是在讨论,各抒己见。这些都与学生的自信心分不开。

2) 课程内容选取原则

课程内容的选取原则主要有聚焦、动态、综合与实时四个方面。

(1) 聚焦(Focused)

与国内"大而全"的课程内容的选取原则不同,HTW Chur教学内容的选取是聚焦的。也就是说,在 HTW Chur,每门课的教学内容不求多而求精。每门课的教学内容都有重要的几个点,每节课的教学内容也一定会聚焦。课堂上讲最重要的 1~3 个点,剩下的点留给学生在自主学习的阶段自己完成。

比如在"统计学"的课堂上,教师只是围绕洛伦兹曲线设置几个问题和两个练习。再比如,在"市场营销"课堂上,教师的重点也只有一个,而且上课节奏与国内相比是非常缓慢的。他们聚焦课堂上要讲的知识点,通过讲授、分析、学生参与讨论,以及学生自主练习等方式把那一个知识点讲透,让学生理解透。而类似的知识点就让学生在课后自主学习完成。

(2) 动态(Dynamic)

教学内容的选取是动态的。因为在教学内容地选取上都会聚焦地选取几个点,所以不可能面面俱到。但是,聚焦的要重点讲解的内容却要根据当前的实际情况动态选取。比如要根据学生掌握的情况,要结合当前的社会热点等情况,进行动态选取。

(3) 综合(Comprehensive)

教学内容的选取是综合的。这个原则,一方面是说在课程内容本身的选取上,知识点在围绕教学目标的基础上要广泛;另一方面是说教学内容的选取一定要考虑和其他课程的联合及分工,联合是说和其他课程的知识点要有衔接,分工是说有些重复的工具或方法要有分工。因为教学内容的选取是综合的,所以学生在有的课程大作业完成的过程中,就可能应用到多门课程所学知识。

(4) 实时(Updated)

教学内容的选取是与时俱进的。因为 HTW Chur 是应用科技大学,培养的人才直接服务于社会,所以课堂上的内容都要实时与具体实际的社会现象或问题相联系,因此在内容选取,尤其是有些案例的选取上,就一定要与时俱进。另外,对有些不适用于当前的知识要及时将其剔除,而对有些新型的概念或理念等知识也要实时地将其加入教学内容中。

3) 课程设置凸显技能本位

HTW Chur 在课程设置上凸显技能本位学习(以下简称"CBL 课程"),要将 CBL 课程阐释清楚,必须先对其所依据的三个理论环境基础做如下阐述。

体验式学习模型,是指学习者通过在真实或模拟环境中的具体活动,获得新的知识、技能和态度,并将理论或成果应用到实践中的过程。它是20世纪80年代美国人卫·库珀在以前学者的研究基础之上,提出的新兴体验式学习模型。该模型强调亲身体验在学习中的重要性,通常将被培训者置身于特定的场景或事件中(亲身体验),对于自身所亲历的事件发表看法、进行反思(观察反省),形成有关思想、感觉、联想及其他观察的资料(经验资料),进而运用理性逻辑分析资料,在自己已知的知识中寻求类同的体验(总结领会),并将形成的初步结论、新知识运用到实践中去。整个过程将学习、转变及成长三个过程加以整合,强调"做中学"及资源的共享与应用的重要性。

建构主义教学模式:"以学生为中心,在整个教学过程中由教师起组织者、指导者、帮助者和促进者的作用,利用情境、协作、会话等学习环境要素充分发挥学生的主动性、积极性和首创精神,最终达到使学生有效地实现对当前所学知识的意义建构的目的。"在这种模式中,学生是知识意义的主动建构者;教师是教学过程的组织者、指导者,意义建构的帮助者和促进者;教材所提供的知识不再是教师传授的内容,而是学生主动建构意义的对象;媒体也不再是帮助教师传授知识的手段、方法,而是用来创设情境、进行协作学习和会话交流的工具,即作为学生主动学习、协作式探索的认知工具。

微格教学(Microteaching),起初是为培训师范学校学生教学技能而设计的,它综合运用现代教育学原理、认知心理学理论(体验式学习模型)及现代视听技术手段,把相对复杂的教学过程分解成诸多容易掌握的具体技能(语言技能、讲解技能、演示技能、体态技能、变化技能、强化技能),并对每项技能提出具体训练目标及评价标准。通过对受训者录像,将这些技能转变成声、形、意展现在其面前,帮助受训者全方位地感知自己的技能操作行为,在短时间内进行反复训练,达到强化受训者专业技能之目的。

图4-4为瑞士库尔经济与技术学院旅游管理专业的学士课程设置。

Overview

Numeric information represents ECTS points	Assessment-Level		Bachelor-Level				Weighting	
	Sem. 1	Sem. 2	Sem. 3	Sem. 4	Sem. 5	Sem. 6		
Fundamental Competence	10	10	16	10	8	0	54	28%
ECO 1: Microeconomics	4						4	

Course	S1	S2	S3	S4	S5	S6	Total	%
ECO 2: Macroeconomics		4					4	
ECO 3: International Economics					4		4	
Finance and Accounting	4						4	
Financial Management in Tourism		2					2	
Tourism Financing			2				2	
Law 1: Introduction Law		4					4	
Law 2: Tourism Law			2				2	
Environment and Sustainability			2				2	
Tourism and Sustainability				4			4	
Introduction to Tourism	2						2	
Products in the Tourism and Leisure Industry			4				4	
Project Management in Theory			2				2	
Project Management in Practice				2			2	
Consumer Behaviour			4				4	
Service Management				4			4	
Landscape Planning and Touristic Infrastructures					4		4	
Management Competence	**6**	**8**	**6**	**8**	**8**	**4**	**40**	**22%**
GM 1: Enterprise and Environment	2						2	
GM 1: Introduction to Management	4						4	
GM 2: Procurement and Production of Goods and Services		2					2	
GM 2: Organisation and Human Resources		2					2	
GM 2: Marketing and Distribution		2					2	
Sociology			2				2	
Psychology			2				2	
Communication		2					2	
Entrepreneurship in Tourism and Hospitality						4	4	
Language Competence	**4**	**6**	**4**	**4**	**2**	**2**	**22**	**12%**
German, English, Spanish, Italian, French	2	4	2	2			10	
English, German, French, Italian, Spanish, Russian, Chinese	2	2	2	2			8	
English, German, French, Italian, Spanish, Russian, Chinese					2	2	4	
Majors							**12**	**7%**
Event Management*					4	8		
Event Management 1					4			
Event Management 2						4		
Event Management 3						4		
Leadership**					6	6		

Arbeit und Sinn					3			
Leadership					3			
Human Resources Management						3		
Employee Relations						3		
Mountain Tourism and Leisure Management					4	8		
Fundamentals of Leisure Industries in Alpine Regions					4			
Mountain Marketing						4		
Mountain Management						4		
Destination Management					4	4		
Human Resource Management				2		2		
Tourism Marketing			2			2		
Cultural Studies				2		2		
Transport Systems and Logistics				4		4		
International Business					4	4		
Methodology Competence	**10**	**6**	**4**	**8**	**0**	**0**	**28**	**16%**
Essential aspects of scientific work	2						2	
Scientific research methodology: Research Paper		2					2	
Empirical Social Research: Practical Experience			2				2	
Methodology of Decision Making		2					2	
Mathematics	4						4	
Applied Statistics		2					2	
Business Etiquette			2				2	
Presentation and Moderation Techniques	2						2	
Applied Information Technology	2						2	
eTourism				4			4	
Intercultural Management				4			4	
Marketing and Product Management in Tourism					8	4		
Marketing Strategy and Innovation					4			
Product Management and Pricing					4			
Distribution, Communication and Branding						4		
eCommerce and Sales in Tourism					4	8		
Sales negotiation skills, tactics and strategies					4			
Creating and managing business relationships through eCommerce						4		
Sales management in a digital era						4		
Sports Management					8	4		

Fundamentals of Sports					4		
Sports Management in Theory and Practice					4		
Sports Marketing						4	
Sustainable Tourism Management					4	8	
Sustainability Management					4		
Environmental Change						4	
Development and Implementation						4	
Transportation					8	4	
Transport (R)evolutions					4		
Air Transport Systems					4		
Transport Modes in Tourism						4	
Minors						12	7%
Cross Cultural Competence					4		
Hospitality Management					4		
Media and Public Relation					4		
Niche Tourism					4		
Sustainable Tourism Management					4		
Insights into Transportation						4	
Leisure Management						4	
Leadership and Organizational Behaviour						4	
Product Development and Management						4	
Sports Event Management						4	
Bachelor Thesis						12	12	7%
Total ECTS	30	30	30	30	30	30	180	100%

图 4-4 瑞士库尔经济与技术学院旅游管理专业学士课程设置图

4.4 国外典型职业教育专业课程体系构建模式的启示

4.4.1 课程价值取向：力求以综合型的职业素质本位观统领各类课程

我国的高等职业教育，相对于注重学术性与基础研究性的综合类普通大学而言,更强调产业行业的专业性,强调人才培养方式的实践性与应用性,以便能更好地推动我国经济社会的发展与繁荣。职业教育者在思考如何使我国的高等职业教育更好地服务于社会与企业,形成双向砥砺前行的格局时,将关注点指向了社会各个行业的专家、企业和学校。只有三方共同探讨职业教育的转向问题,才能真正结合各个地区经济社会发展的现状、不同行业企业的特色与需求,研制出适合学生、为了学生的自适性课程与自适性教学。

不管是德国的双元制课程设置模式、加拿大的CBE课程设置模式、澳大利亚的TAFE课程设置模式、中国的"宽基础、活模块"课程设置模式,还是瑞士的库尔技术与经济学院课程设置案例,从中我们可以借鉴的对我国职业教育课程设置的价值取向有意义的就是"力求以综合型的职业素养本质观统领各类课程"。目前,我国已有许多高等职业教育院校采用了德国的双元制课程设置模式来制定人才培养方案,然而,直接引进德国双元制课程设置模式的培养目标与课程内容大多会产生水土不服的现象,从中我们所得出的经验是要从师资队伍建设、课程设计、基础理论课程、实践应用课程与技能训练见习课程之间的衔接多多考虑我国企业与高校的特色与现状,保障教学内容、科技创新与教学成果等能够有效列入考评内容中,最大限度地激励企业参与到职业教育的课程设置、实施、评价等环节中。从众多国际典型职业教育专业课程体系构建模式与案例的分析,以及基于多年用于提高课程设置质量的方法的系统性描述中发现,质量功能配置模型确保了在课程设置的各个层次和环节考虑顾客(学生、企业)的需求,而被称为质量屋的图形矩阵则作为实现其目的的手段。多数文献阐述了如何将这些原理与技术应用于职业教育系统学术领域中的课程设计示例,从中可以获得更能有效满足职业教育学生或企业需求的课程。

在国际高等职业教育领域,高层次职业技能人才缺乏与职业教育院校的优秀师资有限是一个普遍存在的问题,且该问题比课程设置存在的问题更严重。通常,鲜有老师在重要行业的所有领域都能达到一定的深度;或者,没有足够可以学习的课程供学生在实践或实习中学习到重要的知识与能力;再者,有可能会缺少跨学科课程或知识结构组织合理的课程模块。鉴于这些因素,职业教育领域中的系列课程及课程结构将得益于功能配置设计方法以确保课程理念中的综合性职业素养目标得以实现。

4.4.2 课程目标:注重以生涯发展为导向的综合职业素质的培养

高等职业院校发展的核心就是课程的建设。现阶段,我国正在从职业院校转型升级为综合型的应用技术大学,转型的关键点就是职业教育专家重新构建课程体系。大学的转型是一个不断尝试的渐变过程,需要各个层次、各个领域的相关人员做好充分的考察和调研,在调研结果的基础上再重新商榷可以长久且高效运转的课程体系,使企业、学校和学生都能维护各自的利益。前面分析过了综合应用型大学课程设置的理念问题,接下来面临的是课程目标问题。基于前期对国内外文献的综述性分析研究,在课程目标方面,应该注重以生涯发展为导向,实现学生的综合职业素养的培育。设计课程目标以满足某些顾客(企业)要求的工业流程与设计课程以满足涉众需求的学术流程类似。例如,在综合型应用技术类大学环境中,我们有设置课程目标的管理人员、根据自身观点设计学术项目及独立课题的专家,以及变为职业教育规划设计产物的学生。新的实践项目、研究项目的课程目标首先需要被开发,然后被整合,可能与现有课程整合,也可能被吸收。关键是,这些课程目标涵盖了所有必需的要素,便于实践项目中的学生在避免不必要的重复时不会错失关键环节。

德国的职业教育之所以能够成功地使企业参与到学校的教育体制建设与课程体系设置中来,除了学校实行双元制模式以外,更重要的是德国的职业大学为企业培养了具有职业素养与职业精神的高层次人才,为企业贡献了卓越的创新性技术成果与创新性科技成果。高等职业教育中课程体系的实践性课程与研究性课程多围绕企业中存在的问题或岗位需求设置,基于在企业中进行的实践应用类课程,学校的教师需要按照课程体系的目标布置任务模块,并带领学生在企业中共同研发,以便研究成果能够有效转化成为企业的生产力或新技术,提高企业在同一领域中的竞争力和在未来的发展力。职业教育机构和企业的用人单位都认为,教育应帮助学生获取必备的专业理论知识,并掌握专业的技能。设计适当的课程是提供这样的知识和技能的关键。而且,如今越来越需要高等教育机构,通过精品课程,积极地采用以学习者为中心的方式,来应对不断变化的环境。例如,能力本位课程所培养的毕业生已经为自己将来的管理工作做了更充分的准备。能够适应变化,适应各种环境和情况的学生就具备了这个动荡不安的世界所需的管理能力。有趣的是,教育机构课程开发的理论与实践仍然是学术界激烈辩论的主题,这主要是因为除了课程设计方法发生了改变之外,对术语"课程"也有不同的定义和解释。最重要的是,术语"课程"与"教育"虽然在理论上有不同的定义和解释,但在实践中,两者是相互联系的,且是不可分割的。因此,不管教育计划和机构属于什么类型,设计适当的课程均被认为是提供高品质的计划和服务的基石。素质教育是要培养素质全面发展的人,因此课程管理的方法(设计、实施、评估)应包括技术技能的开发,并将学习者培养成具有综合职业素养的人。

开发综合性的课程已成为全球范围内讨论的问题,并且对所有高等教育机构而言很有挑战性。我国的高等职业院校在向综合应用型大学转型的过程中,在课程目标设置上,需要找到一个综合性的目标体系设置方法,将课程看作知识或产品的主体,将课程设置亦看作一个过程、运用、实践,抑或一种环境。基于综合职业素养的课程设置不仅需要开发某些预先确定的能力或素养,而且必须将实现一个人的全部潜力和能力这一内容考虑其中,以便利用这些能力、潜力或素养使自我和他人都有最优化的发展。

4.4.3 课程结构:重视系统化的职业分析和工作岗位分析

可以从两个不同的视角来看课程结构,即课程的内部结构与外部结构。内部结构又称职业制度结构,反映的是职业文化、岗位运行、人、能力、方法与结构等。外部结构又称组织文化,反映的是学校历史、企业特色、职业传统,以及在很长一段时间内开发并维护的工作管理。对课程结构做出决策,不仅学校的教育者(教师、行政人员)应当参与到与课程内容结构决策有关的管理和政策中,学生也应当参与到课程开发的过程中。课程结构的外部影响因素有两种,即教育部门或企业以及高校或机构。在教育部门或企业方面,分析的内容包括:在部门中运作的现有大专院校的数量;教育部门中新教育机构所占的比率;新的学术课程(研究生和本科生的)的改革和设置;制定新的学术标准;引入新的教育模式(如网络和虚拟教育课程);等等。在高校或机构方面,分析的内容包括:高校内部不同学院间合作与竞争的程度;结构和策略的改革,在制度上对新课程创新的支持水平;引入新的教育模式;制定新的学术标准;等等。

与当今世界高等职业教育机构所面临的挑战不谋而合的是:日益加剧的全球

竞争；必需的批判性思维能力，灵活的和具有合作精神的知识时代的劳动力；终身学习与第二职业培训；等等。培养具有不同能力，如批判性思维、创造力、解决问题的能力，以及规范性/应用伦理学能力等的毕业生是所有职业教育系统的责任。课程设置除了是一门科学和艺术外，还是一个过程和系统。在不可预测且竞争激烈的当代教育世界里，一个精心制作的过程和有效的系统是唯一的选择，它涉及所有有影响力的变量。课程设置的侧重点应该放在机构的战略规划活动上，并需要一个系统化的方法，因此，应分阶段进行。在第一阶段，为了获取全面的知识，并了解教育机构及其周围所发生的事情，对内部环境和外部环境都应进行研究。第二阶段是以第一阶段的知识为基础的，并与之有着更密切的关系，在此阶段确定并分析了在学生中开发的特定能力；然后，将这些能力分为个人能力、专业能力和制度能力。第三阶段以前两个阶段的知识为重心，设计并开发了当前的课程。在第四阶段，确定并提出了具体的教学策略，这在传授课程中的知识时最确切且最有效。在第五阶段，对于教育机构而言，重要的是为以下内容建立必要的机制：按计划实施后续的课程；对学习效果进行定期评价；为教育中的利益相关方，包括政策制定者、学术带头人、家长、教师和学生等，提供必要而及时的反馈。另外，还必须充分考虑课程开发的其他因素，如社会、产业与政府的作用等。这就需要充满活力的、参与型的且积极主动的机构领导者。

4.4.4 课程内容：职业教育课程与其他课程之间的融合衔接

上文提出了一个整合的课程设置方法，基于上述方法的五个阶段可以得出，任何一个职业教育学生的职业教育生活不是一个循环，而是一个单向的、直截了当的途径。一旦学习者向前迈进了，就不能返回到第一阶段或第二阶段。此外，学生的个人背景和人格因素，如人口特征（如年龄、收入、婚姻状况等）和心理统计特征（兴趣、意见、生活风格、需求、自我效能感等），随着时间的流逝而不断地、逐渐地发生改变——更不用说人类生活的社会动力学了。另外，设计课程，连接着——过去、现在和未来——学习者的知识和经验，肯定会使课程更多地以学习者为导向，且更具有趣味性和创造性。这有助于学生与学习环境和教学活动更加相关，基础更牢固。要想探讨高等职业教育中课程内容设置的有效方法，应该将职业教育课程与其他课程之间衔接或融合起来。但由于工作和社会环境的不断变化，学生个体的学习风格存在差异，教师个体的教学风格也存在差异，因此并不容易找到两者的最佳搭配方式。一些机构有集中的管理系统和它们自己开发课程的传统,并且它们认为这些都是可操作的,鉴于这一事实,教育机构的文化就成了一个关键的因素。一些教育机构,尤其是公共部门中的教育机构,往往是官僚主义的、死板的,且不太容易受到外部的影响。并且,它们的工作流程、方法和其他资源,如技术、信息管理系统和管理信息系统等,都不是很先进;要想让不同的利益相关者达成共识几乎是不可能的,因为它们看重不同的利益,并有着不同的目标;组织资源包括管理时间、资金、制度支持在内都是有限的。因此,为了确保课程开发能够适时且及时地展开,就需要充满活力的战略领导者。

基于职业教育课程与其他课程融合或衔接的课程内容组织理念,还需要考虑从学生的学习方式上来探究。通过大量国内外文献分析可知,目前职业教育领域学生的学习方式可分为如下几种:基于研究的学习、基于服务的学习、基于项目的学习、基于案例的学习以及协作学习。课程内容的组织可以利用这些学习方式中的一种或一个组合来设计。教师的培训与评估是成功地在课堂上调整这些方法的关键。教育学专家的支持对于设计和培训教师而言是必要的。学生的定位对于这些方法的实施也很重要。其他教学与学习机制,如职业实践内容(到企业实习的课程内容)可以增加学生的知识和经验的价值;课外活动内容(或横向项目)如体育、音乐和舞蹈等是对教育计划的补充,能够帮助学生们开发能力(沟通、纪律、自信),构建社交网络。设计多学科的集中课程内容(或选修课程内容)有助于学生专注于他们感兴趣的领域(如研究、创新、咨询、创业和社会领导力的开发等)。此外,通过派遣学生到国外学习一个学期到一年的时间,或至少学习一个夏天,也能使课程内容得到很好的补充。这样,学生们还可以从国际环境中的学习和生活中得到历练。接受国际环境的熏陶可以让学生学到新的文化,遇到具有不同文化背景的人,建立关系网并培养更开阔的视野。为了在新兴的全球市场中成功地获得工作,这些都是大学毕业生将要并应该掌握的关键技能。教学目标、课程的组织、课程结构和教学方法必须以学生为中心。

简言之,职业教育领域的课程设置必须是动态的、多样化的,具有挑战性和趣味性的。这对于所考虑的学生的学习风格(主动的和被动的)、教师的教学风格(以学生为中心和以老师为中心的),或企业的用人需求也是重要的,并且应该将学生作为职业教育政策与计划的中心。

第五章
职业教育中外合作办学专业课程体系模型构建

5.1 模型构建依据

5.1.1 模型构建理念

本章基于生态整合的课程体系构建取向来构建职业教育中外合作办学专业课程体系模型。艾斯纳(Eisner)和瓦伦斯(Vallance)在《课程概念的冲突》中清楚地说明了课程取向的作用："尽管有关课程取向的问题在课程分类和课程理论方面存在一些冲突,但是在课程取向方面建立起来的模式,对于研究课程的人们来说,用其认识具体课程的一些特征,要比一般的哲学观点,如实用主义、现实主义、理想主义有更多的实用价值,也比那些诸如学生中心、学科中心和社会中心等关于课程的提法要精确得多。"[1]

艾斯纳和麦克尼尔曾对课程及课程设计取向做了具体的描述,并归纳出学术理性主义取向、认知过程取向、人本主义取向、社会重建主义取向和技术学取向五种基本的课程取向。普瑞恩特在此基础上进一步阐述了这五种课程设计取向的目标、内容、方法和评价,并提出许多具体的课程设计所采用的是综合的取向。

如表5-1所示,尽管我们可以在理论上对课程设计取向作以上清晰的划分,但在实践中几乎没有人单纯地按照其中某一种课程设计取向设置课程。课程体系构建者常常发现他们处于两个或多个课程概念结合的位置。不同取向之间的协调有助于设计出平衡的课程,因此,在反思不同取向的基础上,试图整合各种课程设计取向,取其精华,优势互补。生态整合设计取向正是基于这样的考虑而出现的。

---

[1] Eisner, Vallance. Conflicting conceptions of curriculum[M]. San Pablo, CA: McCutchan, 1974: 17.

表 5-1 课程体系构建取向

类型	基础	目标	内容	方法	评价	代表人物
学术理性主义取向 (academic rationalist conception)	永恒主义 要素主义	培养有理性、有智慧的人；促进个体智力的发展	重点是过去和永恒的学科知识，掌握永久性知识、技能和价值观以及经典教学内容	以学科知识为中心；以教师为中心	强调传统学科知识考评价值，强调理性思考能力培养，关注古典文献整理和记忆，与现实割裂	赫钦斯 阿德勒 哈里森
认知过程取向 (cognitive processes conception)	要素主义 认知主义	促进个体智力发展，培养有能力的、会学习的，拥有专业化或学术成就的人	重点是各门学科的程序性知识、处理信息和思考问题的一般方法；与学科相关但又保持各自的特征	以学科知识为中心，关注学术探究特征和学生探究特征；遵循逻辑顺序和知识逻辑顺序	强调专业化，追求卓越和高标准，关注优等生	布鲁纳 费尼克斯
人本主义取向 (humanistic conception)	进步主义 存在主义 人本主义	为促进民主的社会生活而培养和发展学生的自我概念与经验	关注学生个体和集体的经验、兴趣和需要，提供一般的包括情感、社会问题和自我理解的经验	强调促进学习者的自我激励和支持；以现实社会生活经验统一课程内容	强调人的整体发展，特别是自我概念的形成；关注过程、平等，但对学科知识不重视	马斯洛 罗杰斯
社会重建主义取向 (social reconstruction conception)	进步主义 改造主义	培养为改善和重建社会，促进社会改革的有强烈意识和能力的人	当代社会的主要问题，科目内容是综合的	根据问题或学生的兴趣组织课程、内容的设计：以问题为中心组织起来的	强调一般的非专业性人员的培养；经典学科、实践性学科和职业性学科混合；不利于系统知识的设计和学习	布拉梅尔德 康茨 吉鲁
技术学取向 (technological conception)	要素主义 行为主义	培养有理性、有能力的人	学术性学科	强调学习者与信息来源之间的关系，如计算机辅助学习、个别指导教学等	强调通过有效的刺激产生有效的学习效果；但过于机械和僵化	斯金纳 泰勒

"生态"是由生物及周围所赖以生存的非生物构成的生存空间和状态。在一定的时间和空间范围内,生物与生物之间、生物与非生物之间通过不断的物质循环和能量流动而相互作用、相互依存。这就形成了生态系统(ecosystem)。它是自然界最重要的功能单位,在任何情况下,群落都不是孤立存在的,总是和环境密切相关、相互作用着的。任何个体都不可能脱离周围的社会环境而独立存在。

课程的来源包括了自然、社会和文化的各个方面,因此课程设计取向就应该协调各个方面的因素。生态整合设计取向关注人与环境(自然、社会)质性的互动,强调人与环境关系的生态整合;应以人与自然的相互依存、协调、和谐及可持续发展等概念有机整合形成的"人与环境"系统论为核心内容,体现人与自然和社会关系上应有的整合,特别要关注人与环境的关系以及可持续发展知识、技能等。这种设计取向具有四个特征:强调人对意义的追寻;假设个人信度(以及个人意义)是通过整合自然及社会环境而获得的;未来取向;着重强调社会需求及个人获得需求之间的均衡而没有偏颇,并且强调学科内容以满足社会需求和个人需求的重要性。此外,教育的共同目标为个人发展、适应环境及社会互动。而这种课程设计取向的目标就在于促进学生在一个社会、自然、文化有机统一的环境中获得身心的全面发展。由此可见,生态整合设计取向试图把课程的三大来源,即学科内容、学习者的需要及社会需要兼收并蓄。

职业教育中外合作办学专业课程体系模型构建应当是基于生态整合设计取向的。课程体系模型构建的依据要包括社会需求、岗位需要、学习者诉求和学科逻辑,课程目标是实现学习者、企业和社会相关利益者的和谐、可持续发展。

5.1.2 模型构建假设

1) 顾客范围的界定

运用质量功能配置进行职业教育中外合作办学专业课程体系构建的过程中通常会涉及多个参与方,其目的不尽相同。有的是要收集更多有关提升质量的想法。例如,在工程课程体系构建的框架中调查了用人单位和毕业生,从而获得了他们有关方案目标和结果的想法[1]。有的是要迎合利益相关者的广泛利益,顾客不但受

---

[1] Al-Turki U,Duffuaa S. Performance measures for academic departments[J]. International Journal of Educational Management,2003,17(7):330-338.

邀表达了他们对毕业生的期望,并且参与确定了课程特色。例如,中东技术大学在进行工业管理学课程体系构建时,学生、用人单位和教师受邀对毕业生所需的能力进行了排序[1]。三个利益相关者群体,即学生、用人单位和教师,还被要求对七个给定的教育过程进行排序,从而确定工程系需要改进的领域。不同于中东技术大学的情况,由三个利益相关者群体给出的评级被分别分配了不同的权重,以便在做最终决策时调和他们各自的重要程度[2]。在泰国宋卡王子大学的工业工程专业课程体系构建中,除了用人单位、教师和学生之外,学生的父母也参与表达了他们自己的期望,并确定了毕业生希望具备的重要素质[3]。权重法再次被用来调和利益相关者群体的重要性程度。佐治亚南方大学在设计"工程制图导论"课程时,没有采用权重平衡利益相关者的需求,而是利用获得共识的解决方法弥合了用人单位、专业团体和评审委员会对毕业生素质要求的差异[4]。这些案例的特点是参与方的需求被认为处于相同的水平且具有类似的性质。利益相关者之间唯一的区别就是需求重要性的量级不同。然而 Sahney 等人发现,不同利益相关者群体的需求和意见可能并不总是一致的,特别是用人单位和学生的需求和意见[5]。教育工作者必须找出阻碍让他们团结起来的问题所在,从而使他们能够共同解决不同的利益和需要。

为了提高职业教育中外合作办学专业课程体系构建的质量,就要最大限度地强调满足用人单位和学生需求的重要性[6]。为了妥善解决用人单位和学生的需求,我们必须认识到,他们有不同的需求且他们的需求处于不同的层面。外部顾客和内部顾客的概念就显示出了用人单位的需求和学生的需求之间的差异[7]。在这

---

[1] Koksal G, Egitman A. Planning and design of industrial engineering education quality[J]. Computers & Industrial Engineering,1998,35(3/4):639-642.

[2] Owlia M S, Aspinwall E M. Application of quality function deployment for the improvement of quality in an engineering department[J]. European Journal of Engineering Education,1998,23(1):105-115.

[3] Boonyanuwat N,Suthummanon S,Memongkol N,et al. Application of quality function deployment for designing and developing a curriculum for Industrial Engineering at Prince of Songkla University[J]. Songklanakarin Journal of Science and Technology,2008,30(3):349-353.

[4] Desai A, Thomassian J C. Engineering course design based on quality function deployment(QFD) principles:incorporation of diverse constituencies and continuous improvement[C]//Proceedings of the 38th ASEE/IEEE Frontiers in Education Conference. Washington DC,USA:IEEE,2008:T2G-17-T2G-21.

[5] Sahney S, Banwet K, Karunes S. Enhancing quality in education: application of quality function deployment:an industry perspective[J]. Work Study,2003,52(6):297-309.

[6] Bemowski K. Restoring the pillars of higher education[J]. Quality Progress,1991,24(10):37-42.

[7] Siegel P,Byrne S. Using quality to redesign school systems:the cutting edge of common sense[M]. San Francisco:Jossey-Bass Publishers,1994:19-23.

个概念中,用人单位是教学质量的外部顾客,而学生和教师是其内部顾客。前者是教育机构的顾客,而后者是教育机构提供的教育服务的顾客。当将这一概念应用于职业教育中外合作办学专业课程体系构建的时候,用人单位和学生、教师作为两个不同层面的顾客,除了他们的需求以外,他们的角色和参加的活动也不同。正如Akao 等人所主张的,只有当学生(内部评估者)在满足公司(外部评估者)需求的前提下进行评估时才能完善地设计出教学质量[1]。按照这一逻辑,用人单位负责明确课程体系构建要求的质量,例如毕业生的能力;学生负责确定替代方案,例如知识领域或研究课题,从而使所设置的课程能够提供用人单位所需要的质量。

实施质量功能配置时涉及多个参与方的中心目的就是要在产品和服务开发中履行合作关系。通过合作关系,开发的产品或服务就能满足各方各自的需求。如果所涉及的多个参与方的目的只是简单地收集想法或迎合不同参与方的需求,那么就很难获得高质量的课程。反而是合作安排才能有效促进参与方贡献他们的专业知识,从而构建出优质的课程。

鉴于这种重要性,本书将顾客范围界定为:外部顾客——用人单位,内部顾客——学生和教师,因此,他们可以尽其所知来共同设置课程。接下来将讨论参与方在职业教育中外合作办学专业课程体系构建中各自所起的作用和担负的责任,以及每一方在此过程中所参与的活动。

(1) 外部顾客——用人单位

用人单位是外部顾客,因为他们是任职人员能力的使用者。他们为课程体系构建提供信息。受资助的教育联盟 Greenfield 在设置工程课程时,邀请行业合作伙伴描述他们对毕业生需要具备的能力的期望[2]。在开发供应链管理课程时,同样邀请用人单位描述了他们对这一领域未来的专业从业人员所掌握的知识和经验程度的期望[3]。以前,用人单位轻而易举地就能列举出车间工人所需的技能种类。然而,工作性质的变化意味着行业专属的知识不再是在职人员所需的核心知识。用人单位发现,越来越难以准确、全面地确定出服务型制造业在职人员的行业专属

---

[1] Akao Y, Nagai K, Maki N. QFD concept for improving higher education[C].//The 50th Annual Quality Congress Transaction. Milwaukee, WI: ASQC Quality Press, 1996: 12 - 20.

[2] Hillman J, Plonka F. Using QFD for curriculum design [C]. Transactions from the Seventh Symposium on Quality Function Deployment, 1995: 179 - 182, 304.

[3] Gonzalez M E, Quesada G, Gourdin K, et al. Designing a supply chain management academic curriculum using QFD and benchmarking[J]. Quality Assurance in Education, 2008, 16(1): 34 - 60.

知识。法赫德国王石油矿产大学系统工程系在设置统计课程时,没有直接询问用人单位学校应该教授什么,或者要求他们对课程主题进行排序,而是邀请他们明确了经营要求,或者探索了他们期望工作人员为了完成特定的工作或任务所需具备的技术能力。

在实施质量功能配置的背景下,对顾客需求按重要程度排序的参与方是不同的。在数控专业课程体系构建中,分别邀请用人单位和毕业生参加了一个会议,先是对课程目标给出建议,然后对这些课程目标按照重要程度进行排序[1]。在科喀艾里大学高等教育职业学校,除了公司的管理人员外,学校的老师也受邀参加了技术部课程的修订,他们针对毕业生所需具备的技能和资格给出了建议,并对其按照重要程度进行了排序[2]。尽管教师和毕业生们毫无疑问地了解了毕业生的必备素质,但是也许让用人单位来对这些素质进行排序更加合适,因为他们是毕业生的顾客。

(2) 内部顾客

• 学生

学生是内部顾客,因为他们是课程知识的顾客。他们也为课程体系构建提供信息。正如前面所讨论的,学生不能自由决定课程内容。然而,学生将对教师建议的知识领域或研究对象进行排序,从而实现用人单位指定的绩效要求。辛辛那提大学一年级"经验设计"课程中的安排就是这样的一个例子。学生们受邀对给定的关键技能进行排序,然后将确定的重要技能用于设计课程方案[3]。

对于职业教育中外合作办学专业课程体系构建而言,不要把学生视为他们唯一的顾客,因为他们有许多需要服务的教育利益相关者。通过全面审视教育过程,Reaville 确定了高校的十一个利益相关者[4],而 Brennan 和 Bennington 得出结论,高校有六个不同的潜在顾客市场[5]。Eagle 和 Brennan 认为,因为学生既不是高等

---

[1] Chao C. A QFD approach for vocational technical curriculum development[C].[S. l.]: Proceedings of the Third Annual International QFD Symposium, 1997: 281-287.

[2] Aytac A, Deniz V. Quality function deployment in education: a curriculum review[J]. Quality & Quantity, 2005, 39(4): 507-514.

[3] Houshmand A A, Lall V. Continuous quality improvement tools at work: case studies at the University of Cincinnati[J]. Quality Engineering, 1999, 12(2): 133-148.

[4] Reavill L R P. Total quality management and models of higher education[C].[S. l.]: Proceedings of the 2nd International Conference on ISO 9000 & TQM, 1997: 507-512.

[5] Brennan L, Bennington L. Concepts in conflict: students and customers: an Australian perspective[J]. Journal of Marketing for Higher Education, 1999, 9(2): 19-40.

教育系统唯一的消费者,也不是其唯一的顾客,所以学校绝不能只为学生的利益服务,而不考虑其他利益相关者群体的利益①。然而,Winn 和 Green 认为,虽然学校在不同的情况下有不同的顾客,但是学生总会是这些顾客中的一类群体②。

为实施全面质量管理,建议学校不要直接将学生视为顾客,因为学生在教育过程中扮演着多重角色。Sirvanci 提出了学生在学校中扮演的四种不同的角色,即正在生产中的产品、设备的内部顾客、学习过程中的劳动者以及教材传递的内部顾客③。从另一方面来看,在大多数教学背景下学生是"原材料",但在各种实习活动中,他们也是"劳动力"的一部分,他们还是自身知识的"建设者"以及自主学习的"管理者"。Wallace 强调,学生在课堂上可以被视为顾客之前,他们必须意识到他们的责任④。由于教育不是一种商品,所以它不仅仅是一种有来有往的交易。课堂上所取得的质量结果不仅仅取决于教师做了什么,学生的贡献同样重要⑤。Albanese 使用"学习工人"这个术语来描述学生在教育中所扮演的角色,因为他认为,学生就应该积极参与他们自己的学习⑥。Hoffman 和 Kretovics 用"部分员工"描述学生,因为学生必须执行员工喜欢的任务,以促进教育过程的推进⑦。

为了鼓励学生积极参与学习,教育者逐渐从专注于教学转向了促进学生的学习。在向高校就如何降低学生成本,提高学生的学习方面提出建议时,Guskin 强调,教师需要调整自身的作用,从而最大限度地利用必不可少的教师与学生的互动,将新技术融入学生的学习过程中并通过同伴互动提高学生的学习成效⑧。有学者表示,管理者需重组系统,教师也必须管理学生的学习并改善学习环境。在传统教学模式中,教师主要扮演知识提供者和活动组织者的角色。然而,在新的教

---

① Eagle L, Brennan R. Are students customers? TQM and marketing perspectives [J]. Quality Assurance in Education,2007,15:44-60.

② Winn R C,Green R S. Applying total quality management to the educational process[J]. International Journal of Engineering Education,1998,14(1):24-29.

③ Sirvanci M B. Critical issues for TQM implementation in higher education[J]. The TQM Magazine, 2004,16(6):382-386.

④ Wallace J B. The case of student as customer[J]. Quality Progress,1999,32(2):47-51.

⑤ Beaver W. Is TQM appropriate for the classroom? [J]. College Teaching,1994,42(3):111-114.

⑥ Albanese J D. Educational reform:an interview with commissioner J. Duke Albanese[J]. Main Policy Review,1997,6(1):27-34.

⑦ Hoffman K D,Kretovics M A. Students as partial employees:a metaphor for the student-institution interaction[J]. Innovative Higher Education,2004,29(2):103-120.

⑧ Guskin A E. Reducing student costs and enhancing student learning:the university challenge of the 1990s[J]. Change:The Magazine of Higher Learning,1994,26(4):23-29.

学模式中,教师必须扮演一些深入的角色来协助学生的学习,如主持人、导师、课堂管理者或辅导员等。为了扮演好新的角色,教师需要寻找更多的方法来激发学生学习[1]。他们需要采用新的方法,如辅导,来提高学生的自我意识和自我发现能力,并激励学生开始一个不断学习和发展的过程[2]。他们还需要实施相应措施,减少学生成绩的不确定性,并提供合理的反馈量,来增强学生的求知动力[3]。此外,教师需要提供各种各样的帮助,以辅助学生的学习。Shelley 声称,教授们需要承担更多的责任来支持学生学习,如与学生讨论他们在学术上的进步,与同事分享他们对学生表现的评估,如果必要的话,就像医生照顾他们的病人那样为学生提供辅助服务等等[4]。在新的教学时代,教育工作者要重新认识教学过程并改变他们的方法,以便提供优质的教育[5]。

从上述描述可以得出结论,教育的中心是教学,而教育的主要顾客就是学生。这同样适用于职业教育中外合作办学专业课程体系构建。为了真正提高质量,有必要采用以学习为导向的和以工作为中心的这两种方法来规划职业教育中外合作办学专业课程体系构建。类似于教育,只有视学生为主要顾客才能给职业教育中外合作办学专业课程体系构建赋予其独有的特征[6];并且,这是服务于学生和学校的长远利益的方式[7]。

• 教师

作为内部顾客的教师包含了两类群体:一类是作为课程体系构建人员的教师群体,一类是作为课程体系构建实施者的教师群体。课程体系构建人员在课程体系构建过程中起到了促进的作用。他们不仅聆听用人单位对指定工作的需求的看法,

---

[1] Helms S, Key C H. Are students more than customers in the classroom? [J]. Quality Progress, 1994, 27(9):97-99.

[2] O'Neil D A, Hopkins M M. The teacher as coach approach: pedagogical choices for management educators[J]. Journal of Management Education, 2002, 26(4):402-414.

[3] Meirovich G, Romar E J. The difficulty in implementing TQM in higher education instruction[J]. Quality Assurance in Education, 2006, 14(4):324-337.

[4] Shelley P H. College need to give students intensive care[J]. The Chronicle of Higher Education, 2005, 51(18):14-18.

[5] Cleary B A. Relearning the learning process[J]. Quality Progress, 1996, 4:79-85.

[6] Dovaston V, Muller D, Funnell P. Delivering Quality in Vocational Education: new developments in vocational education[J]. British Journal of Educational Studies, 1992, 40(1):74-76.

[7] Bailey D, Bennett J V. The realistic model of higher education[J]. Quality Progress, 1996(11):77-79.

而且与学习者合作,获取有用的知识并创新知识体系,从而协助学习者提高符合指定工作绩效的能力。他们的任务是进行课程体系构建,并采用符合逻辑的、条理分明的方式对这些内容进行整理分类。课程体系构建人员所做出的贡献就是在课程体系构建中利用他们的专业知识实现两个主要顾客,即用人单位和学生的期望,并满足他们的需求。而作为课程体系构建实施者的教师,同样能够为课程体系构建提供建议和期望,并从课程实施的反馈角度对课程体系构建的能力需求提供排序建议。

一直以来,职业教育普遍采用的都是以用人单位为中心、以就业为导向的传统方法来进行课程体系构建的,该方法在设置技能型课程时是有用的。然而,该方法并不适合设置与日益复杂的工作职责和当今瞬息万变的工作环境相匹配的课程。于是,为了应对新的国际化人才需求,以学习者生涯发展为主线,以顾客需求为导向,以任职人员为中心的方法才是用于职业教育中外合作办学专业课程体系构建更合适且更有效的方法。接下来将解释为什么要将这种方法用于课程体系构建框架模型的构建。此外,还将具体说明参与到此过程中的相关利益者及他们各自在给定的质量功能配置模型中要起到的作用和承担的职责。

2) 以用人单位任职人员为中心

许多职业教育课程体系构建都是为了满足用人单位的需求,因为一般来说,这样可以给经济和社会都带来正面效益。一方面,适当的人力资源供应将支持工业的增长和发展;另一方面,如果他们能为用人单位的劳动力需求做好准备,那么学生的就业能力将得到提升。Bailey 和 Bennett 说:"如果一个学生上大学主要是为了获得一份好工作,那么很明显,企业和其他聘用学生的用人单位就是学校的顾客。"[1]

文献表明,一些高等教育机构已将满足用人单位的需求作为了课程体系构建的主要目标。在辛辛那提大学,Krishnan 和 Houshmand 将提高产品(学生)的质量作为满足顾客(用人单位)需求的手段,并以此作为设置工程课程的基础[2]。在

---

[1] Bailey D, Bennett J V. The realistic model of higher education[J]. Quality Progress, 1996, 11: 77 - 79.

[2] Krishnan M, Houshmand A A. QFD in academia: addressing customer requirements in the design of engineering curricula [C]. Novi, USA: Transactions from the Fifth Symposium on Quality Function Deployment, 1993: 505 - 530.

管理信息系统课程的设计中，Denton 等人指出，在课程设计中，用人单位被视为顾客，因为他们是毕业生的下游消费者[①]。高等技术学校在为工业工程专业学生设置综合制造课程时，同样将满足用人单位的需求作为了目标。Balderrama Duran 解释说，这是因为，如果他们做了更充分的准备，那么该行业将更有兴趣去聘用该校的毕业生。

然而，日益增长的学习的重要性以及制造业不断变化的性质表明，以任职人员为中心的方法要比以用人单位为中心的方法更适合于中外合作办学视域下的职业教育专业课程体系构建。以任职人员为中心的方法并不意味着任职人员可以自由决定课程的知识领域或研究对象。采用这种方法，用人单位仍然负责告知什么样的经营要求是必需的，同时教师仍然负责建议学生应该学什么。它只是把重点放在了任职人员认为很重要的各种知识和技能上。是任职人员，而不是用人单位或教师，从一套给定的知识领域或研究对象中，依据能够符合他们工作绩效要求的知识或对象的重要程度，确定应收录进课程中的内容。

3) 学生、教师和用人单位任职人员共同参与

越来越多的教育工作者倡导将学生视作提高教育教学质量的合作伙伴。在教学和学习间建立合作伙伴关系的益处是双重的，不仅可以实现教育目标，而且教学和学习双方都将从合作伙伴关系中收益。

一些教育工作者认为，虽然学生和教师是合作伙伴，但是他们在合作关系中的地位是不平等的。Svensson 和 Wood 将学校和学生之间的关系描述为社区和公民之间的关系，而 Bailey 则将师生关系描述为专业人员和顾客的关系。前者揭示了机构的学术权威，而后者强调了教师的教学专业性。Ferris 将学生称作"合伙人"，而将教授称为"高级合作伙伴"。这个比喻表明了双方合作的必要性，同时显示了合作中权力的顺序。然而，关注重点应放在双方各自应起的作用和应担负的责任上，而不是关注分配不均的权力上面，这样才能建立一个成功的合作伙伴关系，从而提高教学质量。

日益增长的学习的重要性以及对教学和学习的合作关系的倡导使学生越来越

---

① Denton J W, Kleist V K, Surendra N. Curriculum and course design: a new approach using quality function deployment[J]. Journal of Education for Business, 2005, 81(2): 111-117.

多地参与到各种教育规划活动中。在课堂上,一些学校汇报了他们涉及学生的教学设计案例。马来西亚工艺大学在对基于问题的学习系统效能评估中,邀请学生表达了他们对此的担忧。在西弗吉尼亚大学,学生的意见被视为提高工程咨询与教学的基础。Franceschini 和 Terzago 进行了研究,其中要求 SPC 培训课程的参与者阐述他们希望从课程中得到什么,进而可以利用这一信息来提高教学质量[①]。在另一项研究中,用学生的意见不仅评价了一个为期两个学期的质量技术研究生课程的课程体系构建,而且将其视为识别过程的关键课程教学属性。

除了教学设计之外,学生越来越多的参与到了课程体系构建评价中。在澳大利亚的一个课程开发项目中,2011 年和 2012 年有超过 800 名学生受邀评估了高中体育课的教学大纲[②]。在制度层面,萨姆休斯顿州立大学的学生受邀就课程成绩和职业需求,评估了理论课程的权重[③]。罗马尼亚接受商业教育的学生受邀评估了不同业务能力的重要性水平以及他们对获取能力时做的准备工作的认知水平[④]。

显然,用人单位的任职人员适合与学生、教师合作进行课程体系构建。用人单位任职人员的知识和经验使得他们成为学生和教师在职业教育中外合作办学专业课程体系构建过程中的理想合作伙伴。

5.2　职业教育中外合作办学专业课程体系构建的检测工具与方法

从质量控制到质量保证的运动带来了设计方法的发展,产生了一套新的质量控制(QC)工具。传统质量控制工具由于被设计用于分析数字数据,不适合用于分析言语类型的数据。七大新类型的 QC 工具被开发出来用于协助设计方法的应

---

① Franceschini F, Terzago M. An application of quality function deployment to industrial training courses[J]. International Journal of Quality & Reliability Management, 1998, 15(7):753-768.

② Brooker R, MacDonald D. Did we hear You?: issues of student voice in a curriculum innovation[J]. Journal of Curriculum Studies, 1999, 31(1):83-97.

③ Leavell H. Acknowledging the student as the customer: inviting student input into course weights[J]. Academy of Educational Leadership Journal, 2006, 10(2):83-95.

④ Glaser-Segura D A, Mudge S, Brătianu C, et al. Quality improvement of business education in Romanian universities: the student as customer and client[J]. Higher Education in Europe, 2007, 32(2/3):2-3.

用,包括亲和图、关系图、树图、阵图、矩阵数据分析图、箭头图、工艺决策程序图。中谷声称,七大新的质量控制工具的主要目的是分析客户的需求,其中,绝大多数不能用数字表示,而用口头图表进行组织[①]。他们的目标是在满足客户需求的基础之上增加价值[②]。此外,这些工具有很多都有着独特的贡献,这对全面质量管理的实施非常重要[③]。如 Mazur 强调,当这七个新的质量控制工具组合使用时,将更为有效[④]。每个工具有自己的优势,质量功能配置为它们提供了协同组合,产生的结果将远远超过工具的简单机械叠加。通过巧妙地将工具组合成活动周期,其中前一个的输出将在接下来成为后一个的输入,将由该质量功能配置产生的这种无缝结合的结果和实现客户满意度的信息有效地联系在一起。

质量功能配置已经从一个仅仅是七个新质量控制工具的组合演变成一个用于连接各种工具和技术的应用平台。消费者所面临的质量和管理工具有很多实例,如新兰彻斯特策略和管理工具战略、约束理论(TOC)、发明问题的解决理论(TRIZ)、VOC 分析、失效模式有效分析(FMEA)和统计过程控制(SPC),它们可以结合起来在新产品开发过程中使用质量功能配置。此外,对于其他领域一些有用的技巧,如模糊逻辑、人工神经网络、田口方法和实验设计,也建议结合使用以提升质量功能配置的各种应用[⑤]。

5.2.1 课程体系构建的顾客需求分析

除了巧妙地选择和组合适当的新质量控制操作工具之外,质量功能配置为了提高其可靠性,还融入了新的技术和方法。其中,在不同的质量功能配置应用中最常见的两种工具就是亲和图和层次分析法(AHP)。在下文中将简明扼要地综述

---

① Nayatani Y, Eiga T, Futami R, et al. The seven QC tools: new tools for a new era[J]. Environmental Quality Management, 1994, 4(1): 101-109.

② He Z, Staples G, Ross M, et al. Fourteen Japanese quality tools in software process improvement[J]. The TQM Magazine, 1996, 8(4): 40-44.

③ Anjard R P. Management and planning tools[J]. Training for Quality, 1995, 3(2): 34-37.

④ Mazur G. QFD 2000: integrating QFD and other quality methods to improve the new product development process[C]. Novi, USA: Transactions from the Twelfth Symposium on Quality Function Deployment / the 6th International Symposium on QFD, 2000: 305-317.

⑤ Bouchereau V, Rowlands H. Analytical approaches to QFD[J]. Manufacturing Engineer, 1999, 78(6): 249-254.

这两种工具的特性以及在操作质量功能配置时对两种工具的操作方式。

1）亲和图

亲和图是用于管理和规划质量控制的七种工具之一。它起源于日本人类学家川喜田二郎提出的亲和图（KJ）法，旨在从错综复杂的信息中建立有序的系统。亲和图是一种对原始素材进行自下而上的归类总结的方法，已被广泛用于从大量的想法、意见或问题中识别主要的主题。它提供了一个易于理解的、易于使用的方法，用来分组这些自然相关的项目，之后再识别出能够将所有组联系在一起的足够通用的概念[①]。亲和图能够非常有效地透过错综复杂的信息，把一个问题看得清清楚楚。该图特别适用于从模糊的、不确定的或欠明了的情况中找出并结构化问题[②]。亲和图有助于人们用三种方法更有效地思考问题：① 界定问题的性质并使隐藏的问题显现出来；② 组织并整理混乱的想法；③ 在解决问题的过程中指出正确的方向。Smith 声称，亲和图与界定问题是有关的，因为它要求通过组织整理，使复杂局面的方方面面具有一致的表现[③]。此外，亲和图有助于小组成员更好地相互理解、相互学习，从而促进团队合作，并激发执行团队任务时的热情。它要求每个参与者都心胸开阔，能够包容"奇怪的"想法。亲和图不是一个逻辑的过程，而是一个创造性的过程，针对所面临的情况能够突破先入为主的观念。

亲和图在质量功能配置应用中起到的最主要的作用就是用于分析顾客的需求并将其划分出层次。例如，在应用质量功能配置设计一个线上旅行社网站时，用亲和图将从网络设计课程参与者采访中收集到的顾客心声进行了分组。另一个例子是，一个丹麦供应商应用质量功能配置制定一个交互式产品开发过程时，销售经理和生产经理利用亲和图构建了零售商的需求[④]。

2）层次分析法

层次分析法（AHP）是由托马斯·萨蒂提出的，也经常被称作萨蒂方法。层次

---

① ReVelle J B. Quality essentials: a reference guide from A to Z[M]. Milwaukee, Wis.: ASQ Quality Press, 2004: 3-4.

② Nayatani Y, Eiga T, Futami R. The seven QC tools: new tools for a new era[J]. Environmental Quality Management, 1994, 4(1): 101-109.

③ Smith G F. Quality problem solving[M]. Milwaukee, Wis.: ASQ Quality Press, 1998: 77.

④ Holmen E, Kristensen P S. Supplier roles in product development: interaction versus task partitioning [J]. European Journal of Purchasing & Supply Management, 1998, 4(2/3): 185-193.

分析法是一种优先选择的方法,用来解决结构决策问题。层次分析法尝试模仿人类的决定过程。它采用成对的比较矩阵方法来估计参与者需要的相对值。成对的比较矩阵方法通常用一个1～9分的得分,这个得分被称为萨蒂等级得分。由于对比中会参入个人看法,因此矩阵有一定的不确定性。所以通过计算一致性比例(CR)来保证矩阵的确定性。如果一致性比例小于0.1(限值),成对矩阵构想被认为是可信的,否则需要复审校正。

层次分析法已被广泛应用于质量功能配置的优化工作。质量功能配置在发展初期采用的是4-2-1符号,或一些其他类似的符号来实现加权的有效性,以实现质量屋中的"需求"矩阵。此方法的优势在于能够鼓励人们接受并运用质量功能配置。然而,面对日益加剧的市场竞争和有限的可用资源,这个加权步骤成了能够在政策管理和产品开发上取得成功的关键。层次分析法是一种决策支持系统,用于提高质量功能配置的精度[1]。正如在质量功能配置应用于工业时的优先次序矩阵方法与层次分析法的比较研究中所指出的,如果产品开发中主要关注的问题是时间、成本和难度,那么优先次序矩阵方法就是首要选用的方法,然而,如果主要要求的是精度,则最好选择层次分析法[2]。

层次分析法通过帮助决策者对层次结构中的一个复杂问题进行建模来支持决策的制定,从而表明目的、目标(标准)、子目标和替代方案间的关系。为了在没有确切的数值结果的变量的基础上制定复杂的多标准决策。层次分析法可融入主观判断,并允许数据、经验、洞察力和直觉的应用,从而通过符合逻辑的、全面的方式制定决策。它使决策者能够推导出优先级或权重,而不是任意的分配[3][4]。在这种情况下,层次分析法提供了一个数学上有效的途径来运作质量功能配置。这不仅易于使用,而且大大增强了质量功能配置在策略管理和产品开发中所发挥的作用。

将层次分析法用于质量功能配置应用中有几点好处。第一,层次分析法可以

---

[1] Zultner R E. TQM for technical teams[J]. Communications of the ACM,1993,36(10):79-91.

[2] Wang H,Xie M,Goh T N. A comparative study of the prioritization matrix method and the analytic hierarchy process technique in quality function deployment[J]. Total Quality Management,1998,9(6):421-430.

[3] Berrell M,Gloet M,Smith R. Decision-making and research priorities:the analytical hierarchy process [M]//Research in Distance Education 3. 1st. Geelong,Australia:Deakin University Press,1994:152-162.

[4] Saaty T L,Niemira M P. A framework for making better decisions[J]. Icsc Research Review,2006,13:44-48.

追溯参与者所做出的任何判断决定。第二,层次分析法的重要性允许决策者将重心放在关键的少数上,而不是集中精力在琐碎的许多顾客的需求上。第三,层次分析法的效率使决策者可以及时做出艰难的决定并结束讨论,同时为每一位参与者争取发言权。此外,因为层次分析法允许每一位参与者都能表达自己的意愿,所以它更好地创造了要实施的"买进"的决定[①]。

在质量功能配置应用中采用层次分析法的第一个目的就是为顾客需求分配重要性的相对权重,以确保在产品和服务设计中,顾客的优先权已经得到了整合[②]。为了实现此规划目的,层次分析法运用了确定子目标的相对重要性的功能。为了实现优先顾客需求的目的,相当多的质量功能配置研究中采用了层次分析法。在 Smalltalk-80 的原型开发中,Fukuda 和 Matsuura 利用层次分析法将顾客需求划分了优先顺序,从而选定了一种合适的连接方法[③]。Ahmed 等人在应用质量功能配置的项目中运用层次分析法将用户需求按优先等级进行了排序,从而为卡布斯苏丹大学医院开发了一个软件系统[④]。在利用质量功能配置调查将印度瓦拉纳西发展成为旅游胜地的可能性项目中,同样利用层次分析法将游客的需求按重要性等级进行了排序。Raharjo 等人利用相同的方法提高了高等教育的质量。他们首先利用层次分析法将各顾客群的顾客心声按照优先等级进行了排序,然后利用质量功能配置制定了符合顾客需求的策略[⑤]。Soota 等人利用相同的方法还设计了一款摩托车。首先利用层次分析法确定了顾客需求属性的相对重要性,之后利用质量功能配置评估了顾客需求与技术属性之间的相关性[⑥]。在为土耳其伊兹密尔市

---

① Hepler C, Mazur G. The analytic hierarchy process: methodologies and application with customers and management at Blue Cross Blue Shield of Florida[C]. Williamsburg, USA: The 19th US and 13th International Symposium on QFD, 2007: 137 - 149.

② Lu M H, Madu C N, Kuei C H, et al. Integrating QFD, AHP and benchmarking in strategic marketing[J]. Journal of Business & Industrial Marketing, 1994, 9(1): 41 - 50.

③ Fukuda S, Matsuura Y. Prioritizing customer's requirements by AHP for concurrent design[J]. Transactions of the Japan Society of Mechanical Engineers Series C, 1994, 60(579): 3638 - 3642.

④ Ahmed M, Islam R, Al-wahaibi S K. Developing quality healthcare software using quality function deployment: a case study based on Sultan Qaboos University Hospital[J]. International Journal of Business Information Systems, 2006, 1(4): 408 - 425.

⑤ Raharjo H, Endah D. Evaluating relationship of consistency ratio and number of alternatives on rank reversal in the AHP[J]. Quality Engineering, 2006, 18(1): 39 - 46.

⑥ Soota T, Singh H, Mishra R C. Selection of curricular topics using framework for enhanced quality function deployment[J]. International Journal of Industrial Engineering: Theory Applications and Practice, 2009, 16(2): 108 - 115.

都古兹艾依大学中央图书馆制定服务营销策略时,同样先利用质量功能配置确定了顾客需求,然后利用层次分析法评估它们的相对重要性[1]。

在质量功能配置应用中采用层次分析法的第二个目的是为替代方案分配有效性的相对权重以满足顾客要求。Wasserman声称,在质量功能配置规划过程中将技术要求进行排序是重要的,因为为了满足顾客需求并实现成本约束,权衡设计特征是必要的[2]。为了实现这一目的,利用层次分析法量化了质量功能配置矩阵中行和列之间的关系,从而得到了替代方案的权重。在许多质量功能配置研究中也采用了层次分析法,以评估能够满足顾客需求的替代功能和流程的有效性。Hanumaiah等人利用层次分析法选定了一个适当的快速模具工艺,并针对该组硬模/模具开发的属性,利用层次分析法对工具要求进行了排序[3]。一家制药公司在选择遥控设备时,利用质量功能配置确定了技术要求标准,同时利用层次分析法衡量了能够满足标准的每项技术要求的优先级,并针对每项技术要求评估了遥控设备的替代品的优先次序[4]。在为7岁以下的儿童研制音乐玩具时,首先采用质量功能配置以及故障模式和效应分析配置了定性设计参数和设计标准,之后再用层次分析法对其进行了量化,从而在所获得的最佳设计目的基础上完成了详细的设计[5]。宾夕法尼亚某轮胎和车轮公司在选择资本预算项目时,利用层次分析法:① 将顾客和他们的需求联系在了一起;② 将顾客需求与设计规范联系了起来;③ 将设计规范和制造工艺联系了起来;④ 将制造工艺与所涉及的四个质量功能配置矩阵的资本预算项目联系了起来[6]。在利用质量功能配置设计足球比赛规则改革以及评估和选择设施位置时,利用层次分析法确定了质量功能配置矩阵的行和

---

[1] Bayraktaroğlu G, Özgen Ö. Integrating the Kano model, AHP and planning matrix: QFD application in library services[J]. Library Management, 2008, 29(4/5): 327-351.

[2] Wasserman G S. On how to prioritize design requirements during the QFD planning process[J]. IIE Transactions, 1993, 25(3): 59-65.

[3] Hanumaiah N, Ravi B, Mukherjee N P. Rapid hard tooling process selection using QFD-AHP methodology[J]. Journal of Manufacturing Technology Management, 2006, 17(3): 332-350.

[4] Bhattacharya A, Sarkar B, Mukherjee S K. Integrating AHP with QFD for robot selection under requirement perspective[J]. International Journal of Production Research, 2005, 43(17): 3671-3685.

[5] Hsiao H C, Chen S C, Chang J C, et al. An AHP based study to explore the entrepreneurial competences for starting a store[C]//The 5th International Conference on New Trends in Information Science and Service Science. [S. l.]: IEEE, 2011: 416-419.

[6] Partovi F Y, Epperly J M. A quality function deployment approach to task organization in peacekeeping force design[J]. Socio-Economic Planning Sciences, 1999, 33(2): 131-149.

列变量之间的关系强度,并利用网络层次分析法(ANP)确定了各矩阵的列变量间的协同效应的强度[1]。此外,Zultner 声称,层次分析法在将普格矩阵提升为一个功能更强大的用于技术概念选择的方法上是有用的,并且已经成为实施质量功能配置时最常见的应用之一[2]。一些质量功能配置的应用将层次分析法不仅用于识别重要的需求,而且用于确定能够满足需求的有效的其他方案。在利用质量功能配置提升中东技术大学工业工程系的教育质量时,首先利用层次分析法评估了利益相关者的利益要求的相对重要性权重,之后对满足利益相关者的利益要求的其他教育需求进行了排序[3]。在利用质量功能配置构建技术集成市场战略规划框架时,利用层次分析法对顾客需求进行了排序,并将顾客需求与营销政策联系了起来[4]。在利用质量功能配置模型进行厂址选择时,利用层次分析法衡量了每项位置需求的相对重要性权重,并针对每项特定的位置标准,评估了每个候选位置的评价得分[5]。

在确定美国部署在波斯尼亚的维和部队的组成时,层次分析法不仅用于评估各利益相关者的相对重要性权重,而且用于确定所涉及的三个质量功能配置矩阵相关变量之间的关系强度:① 将利益相关者和他们的利益联系了起来;② 将利益相关者的利益和维和活动联系了起来;③ 将维和活动和力量配置联系了起来[6]。

---

[1] Partovi F Y, Corredoira R A. Quality function deployment for the good of soccer[J]. European Journal of Operational Research,2002,137(3):642-656.

[2] Jayaswal B, Patton P, Zultner R. The design for trustworthy software compilation understanding customer needs:software qfd and the voice of the customer[M]. Upper Saddle River, USA: Prentice Hall Press,2007.

[3] Köksal G,Egitman A. Planning and design of industrial engineering education quality[J]. Computers & Industrial Engineering,1998,35(3/4):639-642.

[4] Lu M H, Madu C N, Kuei C H, et al. Integrating QFD, AHP and benchmarking in strategic marketing[J]. Journal of Business & Industrial Marketing,1994,9(1):41-50.

[5] Chuang P T. Combining the analytic hierarchy process and quality function deployment for a location decision from a requirement perspective[J]. International Journal of Advanced Manufacturing Technology, 2001,18(11):842-849.

[6] Partovi F Y, Epperly J M. A quality function deployment approach to task organization in peacekeeping force design[J]. Socio-Economic Planning Sciences,1999,33(2):131-149.

5.2.2 顾客需求权重的确定

1) 确定的工具:关系矩阵

关系矩阵表示的是顾客需求与课程体系构建要素之间的相互关系,以矩阵的行和矩阵的列交叉点上对应的数字表示二者的关系,从而建立关系矩阵。二者的紧密程度可以通过量化进行分析。

用 r_{ij} 表示二者的紧密关系并进行量化,采用 1、3、5、7、9 等数字进行表示:

1——该交点对应的课程体系构建要素和顾客需求之间存在微弱的关系;

3——该交点对应的课程体系构建要素和顾客需求之间存在较弱的关系;

5——该交点对应的课程体系构建要素和顾客需求之间存在一般的关系;

7——该交点对应的课程体系构建要素和顾客需求之间存在密切的关系;

9——该交点对应的课程体系构建要素和顾客需求之间非常密切的关系。

实际情况不同的话,也可以在必要的时候用 2、4、6、8 等数字表示中间等级。有时也采用 1、5、9 三个等级,以◎表示 9,○表示 5,△表示 1,空白即为 0,表示不存在关系。

大多数情况下,将关系数值填入关系矩阵后,数据没有规律,分布呈随机状态,若出现关系数值异常分布,则需要对顾客需求、课程体系构建要素进行调整和修改。当关系矩阵出现以下几种异常情况时,需要进行调整和修改:

第一,空行,表示顾客需求没有对应的课程体系构建要素,如图 5-1 所示,这样需要重新评估顾客需求,或者增加可满足该项顾客需求的课程体系构建要素。

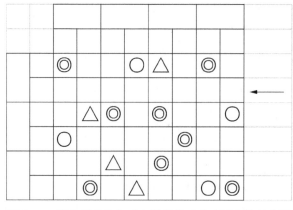

图 5-1 顾客需求没有对应课程体系构建要素的示意图

第二,空列,即课程体系构建要素与所有的顾客需求的关系数值都是0,如图5-2所示,这种情况下,应当对课程体系构建要素进行检查,看看是由哪一项顾客需求推导出来的,是否应当取消。

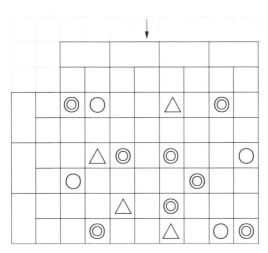

图5-2 课程体系构建要素与顾客需求关系数值都是0的示意图

第三,没有强相关关系的行,表明对应的顾客需求很难实现,如图5-3所示,此时应当考虑进一步提炼出强相关的课程体系构建要素。

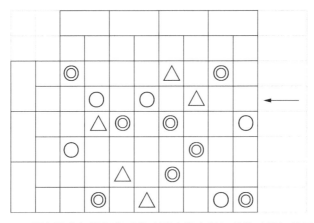

图5-3 顾客需求与课程体系构建要素没有强相关关系的行的示意图

第四,相关关系重复出现的行,表明在顾客需求层次的划分上可能存在问题,如图5-4所示,此时应当检查亲和图,判断是否恰当地考虑到一些细节,这种现象可能是由于上一层次的顾客需求细节被下一层次的顾客需求细节混入。对于相关关系重复的情况,当某些课程体系构建要素的权重过高时,可能对课程体系构建造成严重的影响。

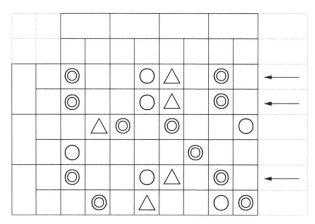

图5-4 顾客需求与课程体系构建要素相关关系重复出现的行的示意图

第五,相关关系密集出现,如图5-5所示,这可能是顾客需求和课程体系构建的层次划分上都出现了问题,要重新检查并且纠正。另外,也可能是课程体系构建的要素确定得不恰当所致。

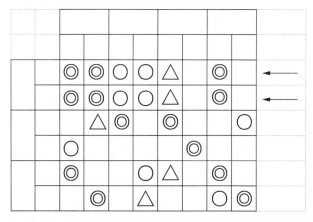

图5-5 顾客需求与课程体系构建要素相关关系密集出现的行的示意图

第六,一行具有太多的关系度,如图5-6所示,出现这种情况的原因可能是第一层或者第二层的顾客需求与较低层次的顾客需求混淆在了一起,应当对顾客需求的分析过程,尤其是层次的分析过程进行重新检查。

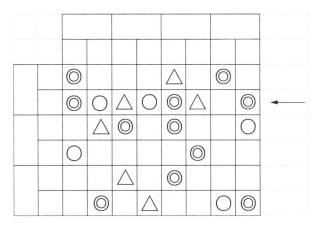

图 5-6 顾客需求与课程体系构建要素具有太多关系度的行的示意图

第七,关系矩阵中有太多的弱相关关系存在,如图 5-7 所示,表明课程体系构建要素的确定可能不够清晰,课程体系构建要素应当至少与一种顾客需求关系密切相关。

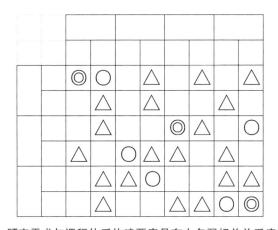

图 5-7 顾客需求与课程体系构建要素具有太多弱相关关系度的示意图

2) 确定的方法

(1) 比例配点法

比例配点法就是根据比例分配数值的方法。在关系矩阵中,根据对应关系的不同,将◎、○、△赋以不同的数值,先求出顾客需求的总和,然后将总和根据◎、○、△按比例分配数值,最终体现在纵向的质量特性重要度上,这种计算顾客需求重要度时采用的计算方法被称为比例配点法。如表5-2所示,将顾客需求B的重要度6对◎、○、△符号按3∶2∶1的比例进行分配,那么◎为3,○为2,△为1,顾客需求B的总和为3+2+1=6,同理,顾客需求A的总和为3+1=4,顾客需求C的总和为3,从而可得质量特性1的重要度为3+2+1=6;质量特性2由于只存在一个相关符号△,因此重要度为1;质量特性3的重要度为3+3=6。

表5-2 用比例配点法的需求重要度转换

顾客需求	需求重要度	质量特性1	质量特性2	质量特性3
A	4	△/1		◎/3
B	6	○/2	△/1	◎/3
C	3	◎/3		
比例配点法		6	1	6

比例配点法的缺点是,由于根据顾客需求中◎、○、△的多少来分配比例,所以顾客需求中◎、○、△的数目多少和分布情况会对最终计算结果产生相应的影响。如果横向的顾客需求中◎、○、△的数目过少,那么纵向上的重要度就会出现过高的评价;反之,如果横向的顾客需求中◎、○、△的数目过多,那么不但分配比例时会遇到困难,而且最终体现在纵向上的重要度也会过低。

(2) 独立配点法

独立配点法可以克服比例配点法的缺点,它是对顾客需求中的◎、○、△直接进行赋值,并采取加权平均式的求和来求得纵向上的质量特性的重要度的方法。在独立配点法的应用过程中,常见的赋值情况为◎∶○∶△=5∶3∶1,有时也采用◎∶○∶△=4∶2∶1或◎∶○∶△=3∶2∶1。

独立配点法的计算方法如下:假设CIR_i是第i个顾客需求的重要度,R_{ij}是第i个顾客需求和第j个质量特性之间关系符号所对应的数值,TIR_j是第j个质量特性的重要度,那么,有

$$TIR_j = \sum_{i=1}^{n} CIR_i \times R_{ij} \quad (j = 1, 2, \cdots, m) \quad (5-1)$$

如表5-3所示,对于同样的例子我们用独立配点法进行重要度转换,按照◎∶○∶△=3∶2∶1,可得质量特性1的重要度为4×1+6×2+3×3=4+12+9=25,同理得质量特性2的重要度为6,质量特性3的重要度为30。

表 5-3 用独立配点法的需求重要度转换

顾客需求	需求重要度	质量特性 1	质量特性 2	质量特性 3
A	4	△/4		◎/12
B	6	○/12	△/6	◎/18
C	3	◎/9		
独立配点		25	6	30

5.3 顾客需求的课程体系构建要素转换

顾客是受价值驱动的。产品或服务的价值是通过设计进行传递的,任何设计都是以功能为基础的。因此,功能是所有产品、服务和系统的基础。质量功能配置的工作就是要将顾客所看重的要求映射到功能上。

质量功能配置又叫质量功能展开,其中"配置"是指顾客或技术的抽象需求分解,或者使用矩阵将要求的品质转换为质量元素。虽然质量规划的方式高度取决于所研究对象的性质,但还是有三个主要的产品或服务质量设计的配置。第一个配置是构成主体质量的元素。例如,Bech 等人利用质量屋将顾客对食品的良好感官品质的需求转化成了可通过传统的感官描述分析的感官属性①。第二个配置是为了创造出对象的品质,需要执行或处理的任务和活动。在规划一个拉挤成型机的设计中,将顾客的需求转化成了技术、操作和维护要求②。第三个配置是有助于实现对象品质的选项和配件。在设计一种先进的装配站时,应用质量功能配置针对选择最有前途的概念的工艺特点评估了潜在的概念,以进行进一步的开发③。

---

① Bech A C, Hansen M, Wienberg L. Application of house of quality in translation of consumer needs into sensory attributes measurable by descriptive sensory analysis[J]. Food Quality and Preference, 1997, 8(5/6): 329-348.

② Rahman Abdul Rahim A, Shariff Nabi Baksh M. Application of quality function deployment (QFD) method for pultrusion machine design planning[J]. Industrial Management & Data Systems, 2003, 103(6): 373-387.

③ Mrad F. An industrial workstation characterization and selection using quality function deployment [J]. Quality and Reliability Engineering International, 1997, 13(5): 261-268.

在设计空间模型时,利用质量功能配置选定了满足设计要求的最佳配置概念①。不同的项目对质量的配置方式也各不相同,Hofmeister 建议,规划一个质量功能配置项目时,为了避免浪费时间和资源,应该制定一个路线图来探索所需的配置②。

5.3.1 转换工具:质量屋

质量功能配置图是一个用于实施配置的双向矩阵。该图有助于团队为顾客的重要问题设定目标,并对实现这一操作的方式进行了说明,同时该图还有助于团队打造技术标杆和顾客标杆,从而将公司的产品与竞争对手的产品进行排名③。该图直观地显示了所涉及的关系,帮助团队专注于顾客在整个开发周期中的需求。它们在概念和最终产品之间架起了有效的桥梁。此外,它们是一种为跨功能规划和沟通提供手段的概念图,这是因为带有不同问题和具有不同岗位责任的人在参照质量屋网格模式的同时,可以彻底讨论设计的重点。质量功能配置图有助于向人们展示哪些因素是最重要的,并揭示出多个目标和工程属性之间的相互依存关系,这个过程鼓励工程师、市场营销的管理人员和总经理齐心协力地去了解彼此的优先事项和目标。

日本质量控制协会的 Fukahara 教授的第一个质量屋是用来制定质量规划的,其通常用在质量功能配置的应用中。对于质量功能配置,一个图对应一个配置,几个相互联系的图对应多个或连续配置。图 5-8 就是一个典型的质量屋。

质量功能配置是一种思想、一种产品开发和质量保证的方法论,它要求我们在产品开发中直接面向顾客需求,在产品设计阶段就考虑工艺和制造问题。质量功能配置的核心内容是需求转换,而质量屋是一种直观的矩阵框架表达形式,它提供了在产品开发中具体实现这种需求转换的工具。质量屋将顾客需求转换成产品和零部件特征并配置到制造过程,是质量功能配置方法的工具。

---

① Han H S, Park E Y, Kim K Y, et al. Commercial Aspects of Ubiquitous Contents Access Technologies: User Perspective Analysis using QFD[J]. Korea Management Science Review, 2006, 23(2): 59 - 74.

② Hofmeister K R. Applying QFD in various industries[C]. Novi, USA: Transactions from the Second Symposium on Quality Function Deployment, 1990: 84 - 115.

③ Bouchereau V, Rowlands H. Methods and techniques to help quality function deployment(QFD)[J]. Benchmarking: An International Journal, 2000, 7(1): 8 - 20.

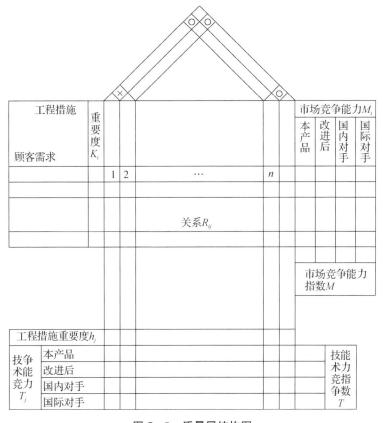

图 5-8 质量屋结构图

通常,狭义的质量屋如图 5-9 所示。一般情况下,狭义的质量屋作为质量功能配置过程的第一个质量屋在产品规划阶段中使用,而广义的质量屋是指质量功能配置过程中的一系列矩阵,如图 5-10 所示。

按照质量屋的结构来构建质量屋的过程,就是运用质量功能配置技术进行分析的过程。广义质量屋包括以下六个广义矩阵部分:

(1) 左墙——WHATS 输入项矩阵

这一部分用于分析和确定顾客需求及其相应的重要度,表示质量屋的"什么"。顾客需求是质量屋的输入项信息,它应当高度概括顾客的期望和要求。

(2) 天花板——HOWS 矩阵

这一部分用于提出技术需求,就是根据每一项的顾客需求分别列出对应的技术需求,表示质量屋的"如何"。

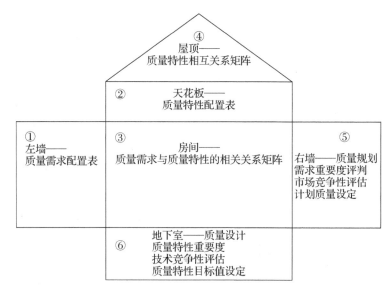

图 5-9 狭义的质量屋

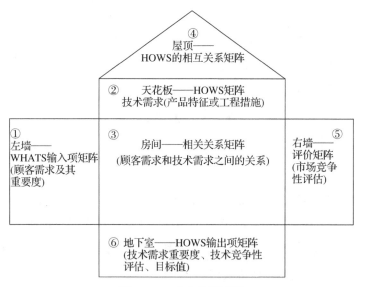

图 5-10 广义的质量屋

(3) 房间——相关关系矩阵

这一部分用于分析顾客需求与技术需求的关系程度,通过关系矩阵可以表明技术需求对顾客需求的贡献程度。

（4）屋顶——HOWS 的相互关系矩阵

它表示 HOWS 即技术需求各个项目之间的关联关系,形成三角形的自相关矩阵,可以发现技术需求的重复或交叉等问题。

（5）右墙——评价矩阵

这一部分用于从顾客的角度评估和分析产品的市场竞争能力。

（6）地下室——HOWS 输出项矩阵

这一部分用于分析技术竞争能力,通过定量分析与定性分析相结合得到 HOWS 矩阵,即完成从"什么"到"怎样去做"的变换。

5.3.2 转换方法:四阶段模型

1）单一配置的质量屋模型

许多情况只实施单一的配置,并且在研究中只采用质量屋,即第一个质量功能配置图。Cohen 声称,单一配置的质量屋可以被认为是主要的质量屋。它具有创建产品开发重要方面共享视图的优势,可以减少为每个新的开发项目创建质量屋时的工作量,并且它重复使用了先前确定的顾客需求、需要具备的特性以及它们之间的关系。大多数情况是利用单一配置的质量屋来做的质量规划[①]。Marsot 利用单一配置的质量屋提高了剔骨刀的符合人体工程学的质量[②]。加利福尼亚南部波音公司为军用飞机和导弹系统制作了单一配置的质量屋,这有助于分析卓越绩效准则 19 个项目的战略目标和举措,包括分析协同、权衡关系的活动、找出差距和冗余、通过有竞争力的比较、针对其他组织在标杆学习上的进步等[③]。

2）综合配置的质量屋模型

为了获得一个全面的质量计划,可对顾客需求做垂直和水平配置。在垂直配

---

① Cohen L. The master house of quality: reusability in quality function deployment[C]. Linköping: Proceedings of the Third Annual International QFD Symposium, 1997: 239-252.

② Marsot J. QFD: a methodological tool for integration of ergonomics at the design stage[J]. Applied Ergonomics, 2005, 36(2): 185-192.

③ Walden J. Performance excellence: a QFD approach[J]. International Journal of Quality & Reliability Management, 2003, 20(1): 123-133.

置的情况下，顾客的需求被配置到了不同级别的不同功能中，并且对质量功能配置用了序列模式，其中已经确定的第一个矩阵中的"方式"成了第二个矩阵中的"顾客需求"，依此类推。针对使用质量功能配置的情况，新加坡阿特拉斯纸制品信息化规划的实施采用了平衡计分卡与价值链分析，公司的愿景被用来确定关键的业务流程，之后所确定的关键业务流程用来确定关键的信息化应用[①]。在水平配置的情况下，顾客需求配置在了同一级别的不同功能中。然而，质量将被配置到哪一个维度取决于项目团队想要获取的质量规划的信息种类。例如，用生态质量功能配置改进挪威的捕鱼船队时，利益相关者对可持续捕鱼船队的需求被分别用于确定关键管理响应和技术响应[②]。

要进行配置的数量取决于项目团队想要获得质量规划的详细程度。在某些情况下，只会实施两个配置。例如，对于一个电源整流器的设计案例，顾客心声用于确定对质量功能的要求以及对可靠性的要求[③]。然而，在其他情况下，会实施大量的配置。在针对未来作战系统规划的质量功能配置阶段性进展方面，设计团队对国家军事战略做了连续的配置，一个接着一个，一直进行到第十个，直到确定了所有层面的工作和技术为止[④]。

以下是常用于多个配置的几种模型的综述。

(1) 赤尾的质量配置模型

质量功能配置在日本的应用是从赤尾的质量配置模型开始的，该模型提供了将顾客需求转化成设计质量的方法，配置了形成质量的功能，实现了将设计质量配置到子系统和零部件之中，并最终确定了制造过程的要素[⑤]。早期的模型版本主要进行的是垂直配置，以保证产品的生产质量。随着质量配置在产品设计中的使

---

① Tan B L, Bennett D J. Development and application of an electronic-manufacturing selection framework for SMEs[J]. International Journal of Innovation and Technology Management, 2007, 4(3): 241-265.

② Utne I B. Improving the environmental performance of the fishing fleet by use of quality function deployment(QFD)[J]. Journal of Cleaner Production, 2009, 17(8): 724-731.

③ Tan C M, Neo T K. QFD implementation in a discrete semiconductor industry[C]. Seattle, USA: Reliability and Maintainability Symposium, 2002.

④ Jones M, Kirkpatrick R, Martin L, et al. Future combat systems concept development: integrating service and product requirements in QFD[C]. [S. l.]: Transactions from the Thirteenth Symposium on Quality Function Deployment, 2001: 143-167.

⑤ Akao Y. Quality deployment system procedures[M]//Mizuno S, Akao Y. QFD: The customer-driven approach to quality planning and deployment. Tokyo, Japan: Asian Productivity Organization, 1994: 50-58.

用日益增多,该模型的应用范围进一步扩展至技术、可靠性、成本特性配置等方面。这种横向配置允许在产品设计阶段提取瓶颈技术、预防潜在故障,以及规划实现目标所需的成本等。三菱重工利用该模型的综合版本开发了 H-IIA 火箭用阀门[①]。图 5-11 中显示的就是赤尾的质量配置模型扩展版本。

(2) 四阶段模型

由可靠性工程师 Macabe 提出的四阶段模型是用于了解质量功能配置基本操作的简化版本。典型的四个阶段是:① 产品规划;② 产品设计;③ 工艺规划;④ 过程控制。

该模型已经被广泛应用于西方国家针对质量功能配置的应用中。美国三大汽车公司,即通用汽车、福特汽车和克莱斯勒汽车,用该模型开发了子系统、部件和车辆等[②③]。

在锂电池的设计中,四阶段模型被用来对产品措施、零部件特性、制造工艺步骤等做详细的说明,并且还被用于制定制造过程控制计划[④]。此外,Thackeray 和 Treeck 以四阶段模型为基础导出了嵌入式系统的质量功能配置模型,包括软件开发的需求分析、架构设计、技术评估和规划实施等四个阶段。

实例表明,根据特定的目的,传统的四阶段模型被改成了不同的版本。Mazur 通过将质量功能配置步骤映射到顾客配置、顾客需求配置、质量配置、功能配置、可靠性配置、流程配置、新概念配置以及任务配置中,发展了他的日语翻译业务[⑤]。

在一些实例中,为了应用质量功能配置而将四阶段模型修改成了三阶段模型。Hwamg 和 Teo 将四阶段模型修改成三阶段模型,并将其应用到新加坡国立大学商学院的三个教育过程中[⑥]。特定的服务要素、工艺操作和操作要求都是以顾客需

---

① Kojima K, Matsuda M, Yoshikawa K, et al. Development of highly reliable valves for H-DA rocket [C]. Williamsburg, USA: Transactions from the International Symposium on QFD/the Nineteenth Symposium on Quality Function Deployment, 2007: 245 - 252.

② Ross H, Paryani K. QFD status in the U. S. automotive industry[C]. Novi, USA: Transactions from the Seventh Symposium on Quality Function Deployment, 1995: 575 - 584.

③ Lockamy A, Khurana A. Quality function deployment: Total quality management for new product design[J]. International Journal of Quality & Reliability Management, 1995, 12(6): 73 - 84.

④ Halbleib L, Wormington P, Cieslak W, et al. Application of quality function deployment to the design of a lithium battery[J]. IEEE Transactions on Components, Hybrids, and Manufacturing Technology, 1993, 16 (8): 802 - 807.

⑤ Mazur G H. QFD for service industries: from voice of customer to task deployment[C]. Novi, USA: Transactions from the Fifth Symposium on Quality Function Deployment, 1993: 485 - 503.

⑥ Teo E C, Ng H W. Analytical static stress analysis of first cervical vertebra (atlas)[J]. Annals of the Academy of Medicine, Singapore, 2000, 29(4): 503 - 509.

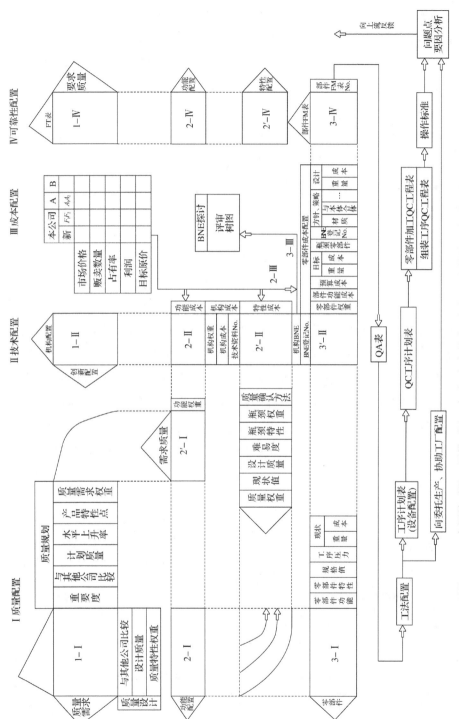

图 5-11 赤尾的质量配置模型扩展版本（包含技术、成本、可靠性的综合质量功能配置）

求作为出发点的。西班牙国家银行为引入电子银行而确定策略时,将四阶段模型转化为三阶段模型,包括用于识别服务元素的规划矩阵、用于将服务元素连接到服务操作的关键部分矩阵,以及根据前两个矩阵中的信息制订行动计划的行动计划矩阵。此外,源于四阶段模型的三阶段模型还用于规划酒店的服务质量,以及提高企业的敏捷性[①]。

5.4 职业教育中外合作办学专业课程体系模型构建

5.4.1 职业教育中外合作办学专业课程体系模型构建的总体框架

基于质量功能配置的职业教育专业课程体系模型构建框架就是将职业素质配置到课程体系构建中的一种方法。这一方法的基本思想是使用一种逻辑体系确定可能的课程组合,实现综合职业素质的培养。框架的逻辑体系就是通过质量屋的传递过程和转换,最终将专业的综合职业素质要求配置到相关课程内容中,明确它们与专业综合职业素质的关系及相应的质量标准。

在职业教育中外合作办学专业课程体系构建的现状调查中,本书明确了课程体系构建的维度:课程体系构建依据、课程体系构建目标、课程结构、课程内容和课程排序,本章第一节中我们就课程体系构建依据进行了回答,而在这一部分中我们将围绕质量功能配置模型的核心工具——质量屋,通过构建四个质量屋子模型,着重解决课程体系构建目标、课程结构、课程内容和课程排序等方面的问题。

我们将基于质量功能配置的职业教育专业课程体系构建流程分为以下几个阶段:

第一阶段——构建课程目标子模型

在明确了课程的价值取向之后,首先进行的就是课程目标的确定,根据前述,

---

① Baramichai M,Zimmers E W,Marangos C. Agile supply chain transformation matrix:a QFD-based tool for improving enterprise agility[J]. International Journal of Value Chain Management,2007,1(3):281-303.

我们已经确定了顾客的范围界定，即以用人单位为外部顾客，以学生和教师为内部顾客。由此在第一阶段，作为质量功能配置的第一步就是需要用一定的方法收集、提取顾客需求，并根据顾客需求的重要度进行权重比较，将不同类型的企业需求、学生需求、教师需求转换成课程目标的要素特性，进而形成课程目标矩阵，这也是第一个质量屋。这个课程目标矩阵将顾客的需求转换成通过职业教育专业课程体系构建所能满足这些需求的服务结果特性，即将顾客的需求转换成课程目标的要素特性。

第二阶段——构建课程结构及课程内容子模型

这一阶段在有形的产品中一般体现为产品整体结构与主要组成部件的设计与选择，而在职业教育中外合作办学专业课程体系构建中主要体现为针对专业教育的课程群规划。这些课程群构成了整个课程方案的课程结构和课程内容。以课程群的组合来实现教育服务的功能。

第三阶段——构建课程排序子模型

在确定课程群的课程体系构建基础之上，如何进行课程群的排序，即如何按照课程群的逻辑顺序进行排序，以使得整个课程体系构建的课程方案合理便是在这个阶段完成的。

第四阶段——构建课程相关关系子模型

经过前三个阶段的流程，我们已经能够从顾客需求—课程目标—课程结构及内容（课程群）—课程排序获得基本的课程方案，本阶段通过对形成的所有课程群及课程构建相关关系子模型，从而对课程的选择进行最后一步的优化，剔除掉内容重复或毫无关系的课程，从而使整个课程方案的内容更加科学、合理。

通过这样的流程，将最初的顾客需求一步一步逐渐转化成为课程目标、课程结构、课程内容、课程排序，最终完成课程体系构建，形成课程方案。这样的流程设计使职业教育中外合作办学专业课程体系构建有了一个完备的理论框架和系统的实施方法，而每一个环节都指向了具体的顾客需求，并为明确的顾客需求而服务。这样的框架使得职业教育中外合作办学专业课程体系构建成为严谨的系统工程。

职业教育中外合作办学专业课程体系构建框架及简化模型如图5-12所示。

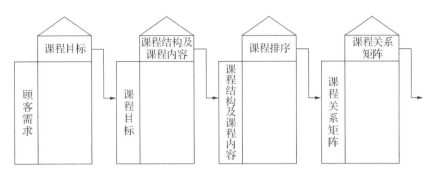

图 5-12　职业教育中外合作办学专业课程体系构建框架及简化模型

5.4.2　课程目标子模型

课程目标子模型的核心任务是通过课程体系构建的能力需求调研(矩阵的列)和分析推导出课程体系构建目标(矩阵的行)。首先,从质量屋矩阵的列开始,即从大范围的调研开始,按照顾客范围的界定,从外部顾客——用人单位和内部顾客——学生、教师的角度进行课程体系构建能力需求的深度调研。获得信息的途径可以是问卷调查、访谈、专家咨询等,采用的方法可以是自显性表述、联合分析法、KJ法、层次分析法、功能分析法等。对于用人单位的需求,主要是针对未来此专业毕业生在工作中需要担任的职责与任务来进行分析,内部顾客——学生、教师在课程体系构建实施过程中有关能力需求的意见和建议也应当被充分地重视起来。综合以上能力需求信息的获取和分析,我们可以推导出中外合作办学视域下的职业教育专业课程体系构建的目标(矩阵的行),即预期实现的学生应当具备的知识、能力、素质等特征。质量屋模型如图 5-13 所示,关系矩阵中的 R_{ji} 可以用符号◎、○、△表示,也可以用数字 9~1 来表示。质量屋顶可以用"√"和"×"表示技术需求之间的正相关关系和负相关关系。

5.4.3　课程结构及课程内容子模型

如图 5-14 所示,课程结构及课程内容子模型的核心任务是将课程目标子模型得到的课程目标作为已知条件,输入课程结构及课程内容子模型的矩阵列中,分析推导出课程结构及课程内容——课程群的规划,最终显示在矩阵行中。而这些

课程设置技术需求		课程目标				重要程度 L_i
顾客需求 (企业、学习者、教师)	权重 K_t	课程目标1	课程目标2	⋯ 课程目标 i ⋯	课程目标 n	
顾客需求1		R_{11}	R_{12}	⋯ R_{1i} ⋯	R_{1n}	
顾客需求2		R_{21}	R_{22}	⋯ R_{2i} ⋯	R_{2n}	
⋯		⋯	⋯	⋯	⋯	
顾客需求 i		R_{i1}	R_{i2}	⋯ R_{ii} ⋯	R_{in}	
⋯						
顾客需求 m		R_{m1}	R_{m2}	⋯ R_{mi} ⋯	R_{mn}	
重要程度						

图 5-13　课程目标子模型

课程结构的确定和课程内容的选择则会与课程目标子模型得出的课程目标特征相关联,其中的关联既可以用相应的关系矩阵表示,也可以采用符号或数字表示。这个过程需要通过专家咨询法整合规划课程结构以及课程群的课程内容分布,同时分析每一门课程对应的课程体系构建目标需求,以及两者对应的关系矩阵。根据课程体系构建目标特征的要求与不同课程性质可以做出不同课程群下相应课程的规划。

课程设置技术需求		课程结构及课程内容						重要程度 L_i
		课程群1		⋯		课程群 m		
课程目标	权重 K_t	课程1	⋯ 课程 i	课程 $i+1$	⋯ 课程 j	课程 $j+1$	⋯ 课程 p	
课程目标1		R_{11}	⋯ R_{1i}	R_{1i+1}	⋯ R_{1j}	R_{1j+1}	⋯ R_{1p}	
课程目标2		R_{21}	⋯ R_{2i}	R_{2i+1}	⋯ R_{2j}	R_{2j+1}	⋯ R_{2p}	
⋯		⋯	⋯	⋯	⋯	⋯	⋯	
课程目标 i		R_{i1}	⋯ R_{ii}	R_{ii+1}	⋯ R_{ij}	R_{ij+1}	⋯ R_{ip}	
⋯								
课程目标 n		R_{n1}	⋯ R_{ni}	R_{ni+1}	⋯ R_{nj}	R_{nj+1}	⋯ R_{np}	
重要程度(绝对权重)								

图 5-14　课程结构及课程内容子模型

5.4.4 课程排序子模型

如图 5-15 所示,这一阶段的核心任务是对由第二个质量屋模型得到的课程结构和课程内容进行重要度比较,进而得到每个课程群对应的权重加权平均,最终得出课程群或具体课程的绝对权重,并进行排序,作为课程体系构建排序的重要依据。

课程设置技术需求		课程结构及课程内容							重要程度 L_i	按重要程度排序
		课程群1			...	课程群m				
课程目标	权重 K_t	课程 1	...	课程 i	课程 $i+1$	...	课程 j	课程 $j+1$	...	课程 p		
课程目标1		R_{11}	...	R_{1i}	R_{1i+1}	...	R_{1j}	R_{1j+1}	...	R_{1p}		
课程目标2		R_{21}	...	R_{2i}	R_{2i+1}	...	R_{2j}	R_{2j+1}	...	R_{2p}		
...												
课程目标i		R_{t1}	...	R_{ii}	R_{ii+1}	...	R_{ij}	R_{ij+1}	...	R_{ip}		
...												
课程目标n		R_{n1}	...	R_{ni}	R_{ni+1}	...	R_{nj}	R_{nj+1}	...	R_{np}		
重要程度(绝对权重)												
按重要序排序												

图 5-15 课程排序子模型

5.4.5 课程相关关系子模型

经过前三个阶段的建模,我们可以分别实现课程体系构建目标的确定、课程结构的落实以及课程内容的选择和排序,而在本阶段,我们将进行最后的课程体系构建优化。本阶段的核心任务是通过考虑所有课程之间的关联性而建立相关关系矩阵,对选取的课程采用量化指标表示关联度,并且根据相关关系矩阵量化指标的高低来判断课程重复率,以便优化课程体系构建。在质量功能配置模型中,对选取课程采用量化指标 q_{ij} 来表示,并将课程之间的相关关系矩阵定义为

$$Q=|q_{ij}|_{n\times n}, \quad i=1,2,\cdots,n; j=1,2,\cdots,n \quad (5-2)$$

式中,q_{ij} 为课程 i 和课程 j 之间的相关系数。若课程 i 与课程 j 不相关,则 $q_{ij}=0$;若课程与其自身相关度最大,则 $q_{ij}=1$,因为 $q_{ij}=q_{ji}$,此时课程自相关关系矩阵为对称矩阵。

5.5 职业教育中外合作办学专业课程体系模型构建的操作策略

5.5.1 课程目标子模型构建的操作策略

第一阶段:顾客需求配置

步骤一:顾客需求的识别和获取

(1) 合理确定顾客范围

职业教育中外合作办学专业课程体系构建的顾客范围如前所述分为内部顾客和外部顾客两部分。我们将学生和教师定义为内部顾客,将企业即用人单位定义为外部顾客,那么顾客需求的来源如图 5-16 所示。

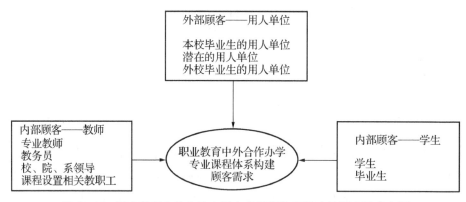

图 5-16 职业教育中外合作办学专业课程体系构建的顾客需求来源

(2) 选择合适的获取与分析方法

作为课程体系构建模型的输入,顾客需求起到了至关重要的作用。在确定顾客需求的基础之上,我们将通过科学的方法,如询问、访谈、邮寄问卷、观察、电话等,充分获取职业教育中外合作办学专业课程体系构建的顾客需求。在进行调查时,要合理认识到各种方法的优缺点,并根据职业教育专业课程体系构建的实际情况和适用条件,选择其中的一种或几种方法综合运用。

例如:顾客需求在调查中通过直接采访或邮件的形式被收集,收集的数据汇总成了一张需求表,学生、教师和企业对这张表进行深入探讨从而从中找到更加全面的需求。我们也会再次检查和分析客户的需求,确保所收集到顾客需求的正确性、完整性以及清晰性。

步骤二:顾客需求的转换

(1) 考察顾客需求的原始数据

通过步骤一,我们获得了职业教育中外合作办学专业课程体系构建顾客需求的原始数据,称之为顾客心声。顾客心声具有各种各样的内容和形式,不同类别的顾客心声的范畴也不尽相同,因此,应当对原始数据进行翻译、转换和整理。如图 5-17 所示,例如,我们可以用 5W1H 法对顾客需求的原始数据进行考察,从什么顾客提及这个问题,想象顾客提及此项需求的情境,顾客希望实现此项需求的理由等方面进行考察。

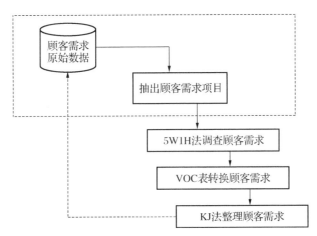

图 5-17 职业教育中外合作办学专业课程体系构建的顾客需求转换流程图

(2) 抽出顾客需求项目

在获得学生、教师和企业有关职业教育中外合作办学专业课程体系构建需求的原始数据之后,我们将着力抽出顾客需求项目。实施着力点有:不论其抽象程度如何,表达方式如何,只要是源自真实的内心表达,否定形式的表述方式也可以。

(3) 顾客需求变换及表述

抽出顾客需求项目之后,需要对顾客需求的表述进行具体变换,用凝练简洁的语言将顾客需求表述出来,需要注意的是,在表述形式上要尽量使用实证分析法,回答"是什么"的问题,即客观真实的顾客需求展示,而避免使用规范分析法,即规避使用"怎么样"的表达。

步骤三:顾客需求整合与分析

获得职业教育中外合作办学专业课程体系构建的顾客心声之后,通常会发现存在顾客心声交叉、重复的现象,因此需要对顾客心声进行层次化的分析和整合,这里将运用前述的亲和图法对顾客心声进行聚类和层次化分析,用亲和图来呈现顾客需求中的深层结构。亲和图,也被称为KJ法,被用来解放创造性思维,寻找描述一些关系的不一样的途径,如图5-18所示,以便使顾客需求更加清晰明了。

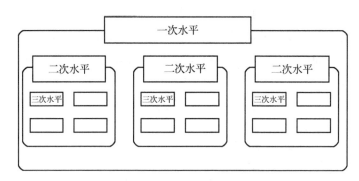

图5-18 职业教育中外合作办学专业课程体系构建的顾客需求聚类

① 将职业教育中外合作办学专业课程体系构建的顾客心声分别记录在卡片上。

② 为了避免交叉重复,去除顾客心声内容相同的卡片,并且将剩余的顾客心声卡片排列成一行。

③ 将顾客心声内容相似或相近的卡片放在一起,并聚类为几个组别。

④ 概括并命名各组,编入蓝色卡片。

⑤ 将蓝色卡片中内容相似或相近的卡片放在一起,并聚类为几个组别。

⑥ 概括并命名各组,编入红色卡片。

这样,我们在上述六个具体步骤中已经形成了顾客需求的三次展开,产生了顾客心声的三次水平,其中步骤③中原来卡片的具体内容就是一次水平,步骤④中蓝色卡片的内容就是二次水平,而步骤⑥中红色卡片的内容就是三次水平。

步骤四:顾客需求的重要度排序

对职业教育中外合作办学专业课程体系构建众多的学生需求、教师需求和企业需求如何科学地进行排序,对后续的分析和研究来说至关重要。我们运用层次分析法,把给出定性描述的顾客需求分别一组一组地成对地加以比较,分析它们之间的相对重要程度,从而得到定量的各个顾客需求的重要度权重。因此,通过定性分析与定量分析相结合的系统分析,我们将得到职业教育中外合作办学专业课程体系构建的顾客需求重要度排序。

① 分析各顾客需求之间的关系,构建层次化结构,如图 5-19 所示。

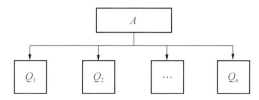

图 5-19 职业教育中外合作办学专业课程体系构建的顾客需求层次化结构

② 将上一层次的某个顾客需求作为基准,与某一个层次的各个顾客需求的重要度进行两两相互比较,构建判断矩阵,进入重要的定量分析环节。判断矩阵的基本形式如表 5-4 所示。

表 5-4 判断矩阵的基本形式

A	Q_1	Q_2	⋯	Q_n
Q_1	a_{11}	a_{12}	⋯	a_{1n}
Q_2	a_{21}	a_{22}	⋯	a_{2n}
⋯	⋯	⋯	⋯	⋯
Q_n	a_{n1}	a_{n2}	⋯	a_{nn}

设有 n 个被比较顾客需求 $1,2,\cdots,n$,判断基准为 C,构造的判断矩阵记为 $A=(a_{ij})_{n\times n}$,其中 a_{ij} 表示因素 i 相对于因素 j 对于基准 C 的重要程度,显然,$a_{ij}=1/a_{ji}$。比较值 a_{ij} 原则上被赋予 1~9 的整数或者倒数,具体如表 5-5 所示。

表 5-5　顾客需求重要度两两比较值及其含义

两两比较值	含义
1	两个因素相比,对方同样重要
3	两个因素相比,前项比后项"稍微"重要
5	两个因素相比,前项比后项"明显"重要
7	两个因素相比,前项比后项"非常"重要
9	两个因素相比,前项比后项"绝对"重要
2,4,6,8	表示上述相邻判断的中间值
以上数值的倒数用于从后项看前项的情况,$a_{ij}=1/a_{ji}$	

③ 确定每个层次的各个顾客需求的重要度数值,并进行一致性检验。

计算权重向量 $W=(w_1,w_2,\cdots,w_i,\cdots,w_n)^T$,$w_i$ 为因素 i 的重要度数值,公式如下:

$$W_i = \frac{(\prod_{j=1}^{n} a_{ij})^{\frac{1}{n}}}{\sum_{i=1}^{n}(\prod_{j=1}^{n} a_{ij})^{\frac{1}{n}}}, \quad i=1,2,\cdots,n \qquad (5-3)$$

为了防止出现顾客需求 A 比顾客需求 B 重要,顾客需求 B 比顾客需求 C 重要,而顾客需求 C 又比顾客需求 A 重要的情况,应当对判断矩阵进行一致性检验。我们需要计算一致性比率 C_R 来判定一致性,公式如下:

$$C_R = \frac{C_I}{R_I} \qquad (5-4)$$

$$C_I = \frac{\lambda_{\max} - n}{n-1} \qquad (5-5)$$

$$\lambda_{\max} = \frac{1}{n}\sum_{i=1}^{n}\frac{(CW)_i}{w_i} \qquad (5-6)$$

式中:C_R 表示一致性比率;C_I 表示一致性指标;R_I 表示平均随机一致性指标(见表 5-6),为判断矩阵 A 的最大特征值;λ 表示矩阵特征根;C 表示分类的准则;W 表示几何平均权重。

表 5-6　R_I 的取值表

判断矩阵阶数	1	2	3	4	5	6	7	8	9
R_I	0	0	0.58	0.90	1.12	1.26	1.36	1.41	1.46

按照托马斯·萨蒂的经验规则,当 $C_R<0.1$ 时,认为判断矩阵的一致性是可接受的;当 $C_R\geqslant0.1$ 时,应当对判断矩阵作适当修正。(4)计算各个层次的顾客需求的综合权重,并进行排序。

根据调查表所得出的结果,用每个顾客重要度权重的几何平均值乘以顾客的需求值得到顾客需求的重要度权重,汇总得到 AHP 矩阵。

如果职业教育中外合作办学专业课程体系构建存在多次水平的展开,假设共有 N 个层次的顾客需求,则属于第二层次的某一顾客需求的综合重要度权重等于其所在层次内部的重要度权重与其所属顾客需求类别在上一层次内的重要度权重的乘积,其他各层次以此类推。例如,如果 $N=3$,则需要进行以下步骤:首先,对于一次水平的二次水平,用同样的步骤计算重要度权重;然后,对于二次水平的三次水平,用同样的步骤计算重要度权重;最后,三次水平的重要度用一次、二次、三次的重要度权重乘积算出。

第二阶段:课程目标的质量要素配置

本阶段的主要任务是将用学生、教师和企业的语言表达的顾客需求转换成用技术语言表达的课程目标质量要素,即将抽象的顾客需求进行具体的要素化。课程目标质量要素是指构成课程目标的特性、性能,是关于顾客真正需求的代用特性。

步骤一:考察顾客需求

首先对第一阶段已经获得的按重要度排序的顾客需求进行考察,将学生、教师和企业的不同顾客需求从课程目标质量要素的角度去思考,也就是说,从课程目标的实现功能角度将顾客需求进行转换,形成课程目标的质量要素。

步骤二:抽出课程目标质量要素

在抽出课程目标质量要素时,需要参照的条件有:

① 具有针对性,即课程目标质量要素是针对相应的来自学生、教师和企业的顾客需求而确定的。

② 具有可衡量性,即为了实现对课程目标质量要素的动态调整,这些课程目标质量要素需要具备可衡量的特征。

③ 具有全局性,即课程目标质量要素应当是针对整个专业课程体系构建而言的。

课程目标质量要素抽取出来之后,用亲和图法进行整理,构造课程目标配置表。

步骤三:构造课程目标自相关关系矩阵

课程目标自相关关系需要由该领域的权威专家小组进行评判打分。如果改善某一个课程目标将有助于改善另外一个课程目标,则我们认为这两个课程目标是具有正相关关系的,用符号"○"来表示;相反,如果改善某一个课程目标将对另外一个课程目标产生负面影响,则我们认为这两个课程目标是具有负相关关系的,用符号"×"来表示;空白则表示两个课程目标之间没有明显相关关系。课程目标自相关关系矩阵如图5-20所示。

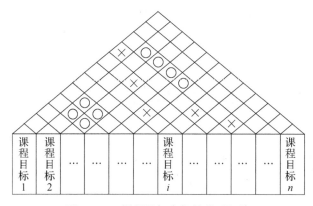

图5-20 课程目标自相关关系矩阵

第三阶段:构造顾客需求与课程目标相关关系矩阵

步骤一:建立顾客需求与课程目标相关关系矩阵

在已有的顾客需求和课程目标信息的基础之上,接下来将制作顾客需求-课程目标二维关系矩阵,用来衡量和表示各个课程目标与各个顾客需求之间错综复杂的关系。通常用一组符号或者数字来表示顾客需求与课程目标之间的相关程度,例如用数字5表示"强"关系,即实现某个课程目标与满足其对应的顾客需求强相关;用数字3表示"中等"关系,即实现某个课程目标与满足其对应的顾客需求中等相关;用数字1表示"弱"关系,即实现某个课程目标与满足其对应的顾客需求弱相关;空白则表示没有直接相关关系。通过将之前的顾客需求和课程目标配置表进行合理组合,得到顾客需求-课程目标二维关系矩阵,如图5-21所示。

步骤二:将顾客需求重要度权重转化为课程目标重要度权重

顾客需求			课程目标1	课程目标2	…	…	…	课程目标i	…	…	课程目标n
第一层次	第二层次	第三层次									
职业教育中外合作办学专业课程构建顾客需求	学生需求	学生需求1	5								
		…	3	5	5	5					5
		学生需求n					5	5	3		3
	教师需求	教师需求1									3
		…									
		教师需求n	3	5	3	3		1			3
	企业需求	企业需求1					3	5	1	5	5
		…	1								5
		企业需求n									

图 5-21 顾客需求-课程目标二维关系矩阵

本步骤的关键点是将顾客需求重要度权重转化为课程目标重要度权重。在这里,"质量功能配置"一词中的"质量配置"有两种含义:一是顾客需求项目的层次化分析;二是将顾客需求重要度转换为质量特性重要度。所以,重要度转换在整个职业教育中外合作办学专业课程体系构建中占有非常重要的地位。

如前所述,可以采取独立配点法或比例配点法对重要度进行转换,将经过修正的顾客需求重要度(相对权重)转换为课程目标重要度。如图 5-22 所示,采用 5:3:1 分配重要度,经过质量屋的重要度转换,可以得到课程目标的重要度。

课程目标1	课程目标2	…	…	…	课程目标i	…	…	…	课程目标n
5.08	57.45	20.28	67.90	48.85	28.20	18.67	11.20	95.48	47.62	19.03	34.88

图 5-22 课程目标的重要度

第四阶段:构建课程目标质量屋,确定课程目标

结合前边各步骤提取的顾客需求、课程目标质量要素、课程目标自相关矩阵、

顾客需求与课程目标相关关系矩阵等,可以构建课程目标子模型,推导出课程目标,并按照课程目标的重要度进行排序。

5.5.2 课程结构及课程内容子模型构建的操作策略

第一阶段:课程目标配置

步骤一:课程目标输入

通过课程目标子模型,我们将获得的课程目标作为课程结构及课程内容子模型的输入项。课程目标具有各种各样的功能和形式,因此,首先应当对课程目标的原始数据进行翻译、转换和整理。

步骤二:课程目标整合与分析

获得职业教育中外合作办学专业课程体系构建的课程目标之后,通常会发现存在课程目标交叉、重复的现象,因此需要对课程目标进行层次化的分析和整合,这里将继续运用亲和图法对课程目标进行聚类和层次化分析,用亲和图来呈现课程目标中的深层结构,以便使课程目标更加清晰明了。

① 将职业教育中外合作办学专业课程体系构建的课程目标分别记录在卡片上。

② 为了避免交叉重复,去除课程目标内容相同的卡片,并且将剩余的课程目标卡片排列成一行。

③ 将课程目标内容相似或相近的卡片放在一起,并聚类为几个组别。

④ 概括并命名各组,编入蓝色卡片。

⑤ 将蓝色卡片中内容相似或相近的卡片放在一起,并聚类为几个组别。

⑥ 概括并命名各组,编入红色卡片。

这样,我们在上述六个具体步骤中已经形成了课程目标的三次展开,产生了课程目标的三次水平,其中步骤③中原来卡片的具体内容就是一次水平,步骤④中蓝色卡片的内容就是二次水平,而步骤⑥中红色卡片的内容就是三次水平。

步骤三:课程目标的重要度排序

对职业教育中外合作办学专业课程体系构建众多的课程目标如何科学地进行排序,对后续的分析和研究来说至关重要。我们运用层次分析法,把给出定性描述的课程目标分别一组一组地成对地加以比较,分析它们之间的相对重要程度,从而得到定量的各个课程目标的重要度权重。因此,通过定性分析与定量分析相结合的系统分析,我们将得到职业教育中外合作办学专业课程体系构建的课程目标重要度排序。

① 将课程目标 B 针对课程目标 A 的各子目标 $A_i(i=1,2,\cdots,m)$ 分别进行层次单排序,从而计算出针对 A_i 的 $B_j(j=1,2,\cdots,n)$,即 r_{ij},形成相关矩阵。

② 计算 B_j 对于 A 的相关重要性的标度 h_j,即层次总排序:

$$h_j = \sum_{i=1}^{m} k_i r_{ij} \tag{5-7}$$

式中,A_i 的权重 k_i 已知。计算过程如表 5-7 所示。

表 5-7 层次总排序相关矩阵表

课程目标 A	课程目标 B 的子目标	B_1	...	B_j	...	B_n
A_1	k_1	r_{11}	...	r_{1j}	...	r_{1n}
...	...	...	...	...	...	...
A_i	k_1	r_{i1}	...	r_{ij}	...	...
...	...	...	...	...	...	...
A_m	k_m	r_{m1}	...	r_{mj}	...	...
层次总排序		$\sum_{i=1}^{m} k_i r_{i1}$		$\sum_{i=1}^{m} k_i r_{ij}$		$\sum_{i=1}^{m} k_i r_{in}$

③ 对层次总排序进行一致性检验。

层次总排序一致性指标为

$$C_1 = \sum_{i=1}^{m} k_i C_{1i} \tag{5-8}$$

式中,C_{1i} 为与 k_i 对应的判断矩阵 $\boldsymbol{B}$ 的一致性指标。

层次总排序随机一致性指标为

$$R_1 = \sum_{i=1}^{m} k_i R_{1i} \tag{5-9}$$

式中,R_{1i} 为与 k_i 对应的判断矩阵 $\boldsymbol{B}$ 的随机一致性指标。

总体一致性指标用总体相对一致性指标 C_R 来衡量,$C_R = C_1/R_1$,当 $C_R \leqslant 0.1$ 时,认为满足一致性条件。

④ 计算各个层次的课程目标的综合权重,并进行排序。

根据调查表所得出的结果，用每个课程重要度权重的几何平均值乘以课程目标值得到课程目标的重要度权重，汇总得到 AHP 矩阵。

如果职业教育中外合作办学专业课程体系构建存在多次水平的展开，假设共有 N 个层次的课程目标，则属于第二层次的某一课程目标的综合重要度权重等于其所在层次内部的重要度权重与其所属课程目标类别在上一层次内的重要度权重的乘积，其他各层次以此类推。例如，如果 $N=3$，则需要进行以下步骤：首先，对于一次水平的二次水平，用同样的步骤计算重要度权重；然后，对于二次水平的三次水平，用同样的步骤计算重要度权重；最后，三次水平的重要度用一次、二次、三次的重要度权重乘积算出。

第二阶段：课程结构及课程内容的质量要素配置

本阶段的主要任务是将语言表达的课程目标转换成用技术语言表达的课程结构及课程内容（课程群）的质量要素，即将抽象的课程目标进行具体的要素化。

步骤一：考察课程目标

首先对已经获得的按重要度排序的课程目标进行考察，将不同类型的课程目标从课程结构及课程内容质量要素的角度去思考，也就是说，从课程结构及课程内容的实现功能角度将课程目标进行转换，形成课程结构及课程内容的质量要素。

步骤二：抽出课程结构及课程内容质量要素

在抽出课程结构及课程内容质量要素时，需要参照的条件有：

① 具有针对性，即课程结构及课程内容质量要素是针对相应的来自学生、教师和企业的课程目标而确定的。

② 具有可衡量性，即为了实现对课程结构及课程内容质量要素的动态调整，这些课程结构及课程内容质量要素需要具备可衡量的特征。

③ 具有全局性，即课程结构及课程内容质量要素应当是针对整个专业课程体系构建而言的。

课程结构及课程内容质量要素抽取出来之后，用亲和图法进行整理，构造课程结构及课程内容配置表。

步骤三：构造课程结构及课程内容自相关关系矩阵

课程结构及课程内容自相关关系需要由该领域的权威专家小组进行评判打分。如果改善某一个课程结构及课程内容将有助于改善另外一个课程结构及课程内容,则我们认为这两个课程结构及课程内容是具有正相关关系的,用符号"○"来表示;相反,如果改善某一个课程结构及课程内容将对另外一个课程结构及课程内容产生负面影响,则我们认为这两个课程结构及课程内容是具有负相关关系的,用符号"×"来表示;空白则表示两个课程结构及课程内容之间没有明显相关关系。课程结构及课程内容自相关关系矩阵如图 5-23 所示。

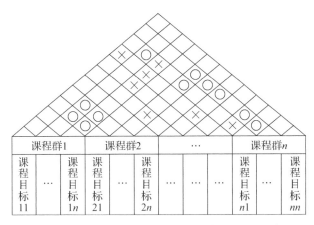

图 5-23 课程结构及课程内容自相关关系矩阵

第三阶段:课程目标与课程结构及课程内容相关关系矩阵

步骤一:建立课程目标与课程结构及课程内容相关关系矩阵

在已有的课程目标和课程结构及课程内容信息的基础之上,接下来将制作课程目标-课程结构及课程内容二维关系矩阵,用来衡量和表示各个课程结构及课程内容与各个课程目标之间错综复杂的关系。通常用一组符号或者数字来表示课程目标与课程结构及课程内容之间的相关程度,例如用数字 5 表示"强"关系,即实现某个课程结构及课程内容与满足其对应的课程目标强相关;用数字 3 表示"中等"关系,即实现某个课程结构及课程内容与满足其对应的课程目标中等相关;用数字 1 表示"弱"关系,即实现某个课程结构及课程内容与满足其对应的课程目标弱相关;空白则表示没有直接相关关系。通过将之前的课程目标自相关关系矩阵和课程结构及课程内容自相关关系矩阵进行合理组合,得到课程目标-课程结构及课程内容二维关系矩阵,如图 5-24 所示。

步骤二:将课程目标重要度权重转化为课程结构及课程内容重要度权重

本步骤的关键点是将课程目标重要度权重转化为课程结构及课程内容重要度

课程目标	课程群1			课程群2			...	课程群n		
	课程11	...	课程1n	课程21	...	课程2n		课程n1	...	课程nn
课程目标1	3									
课程目标2	3	5	3	5						3
...					5	3		1		5
...										3
课程目标i										
...	3	3	5	3	1					1
...					1	5		3	5	3
课程目标n	1									3

图 5-24　课程目标-课程结构及课程内容二维关系矩阵

权重。在这里,"质量功能配置"一词中的"质量配置"有两种含义:一是课程目标项目的层次化分析;二是将课程目标重要度转换为质量特性重要度。

如前所述,可以采取独立配点法或比例配点法对重要度进行转换,将经过修正的课程目标重要度(相对权重)转换为课程结构及课程内容重要度。如图 5-25 所示,采用 5∶3∶1 分配重要度,经过质量屋的重要度转换,可以得到课程结构及课程内容的重要度。

课程群1			课程群2			...			课程群n		
课程群11	...	课程群1n	课程群21	...	课程群2n	...	...	...	课程群n1	...	课程群nn
3.52	5.83	3.50	0.13	0.22	0.17	89.06	96.22	79.11	35.34	6.95	10.40

图 5-25　课程结构及课程内容的重要度

第四阶段:构建课程结构及课程内容质量屋,确定课程结构及课程内容

结合前边各步骤提取的课程目标、课程结构及课程内容质量要素、课程结构及课程内容自相关矩阵、课程目标与课程结构及课程内容相关关系矩阵等,可以构建课程结构及课程内容子模型,推导出课程结构及课程内容,并按照课程结构及课程

内容的重要度进行排序。

5.5.3 课程排序子模型构建的操作策略

第一阶段:课程结构及课程内容配置

步骤一:课程结构及课程内容输入

我们将获得的课程结构及课程内容作为课程排序子模型的输入项。课程结构及课程内容由不同类型或性质的课程群构成,因此,首先应当对课程结构及课程内容的原始数据进行翻译、转换和整理。

步骤二:课程结构及课程内容的重要度及排序分析

获得职业教育中外合作办学专业课程体系构建的课程结构及课程内容(即课程群及相应的重要度)之后,通常我们会发现以下不同情况:

情况一:课程群及其所包含课程的重要度和排序是一致的。

例如,如图 5-26 所示,课程群 1 包含了 n 个课程,这 n 个课程的重要度及排序要么都处在所有课程中的第一梯队,要么全部处在所有课程中的第 n 个梯队,没有个别课程的重要度和排序是与该课程群里的其他课程处于不同梯队的。这种情况下,不需要进行课程重要度和排序的调整。

课程群1			课程群2			...			课程群n		
课程群11	...	课程群$1n$	课程群21	...	课程群$2n$	...	...	...	课程群$n1$	...	课程群nn
3.52	5.83	3.50	0.13	0.22	0.17	89.06	96.22	79.11	35.34	6.95	10.40
8	7	9	12	10	11	2	1	3	4	6	5
3			4			1			2		

图 5-26 课程群及其所包含课程的重要度和排序一致例图

情况二:课程群及其所包含课程的重要度和排序不一致。

例如,如图 5-27 所示,课程群 1 包含了 n 个课程,这 n 个课程的重要度及排序与课程群的重要度及排序是不一致的,即这 n 个课程里边有的课程处在所有课程中的第一梯队,有的课程处在所有课程中的第 n 个梯队。这种情况下,需要对原有的课程群及其包含的课程进行重新整合和调整。

课程群1		课程群2		...			课程群n		
课程群11	...	课程群1n	课程群21	...	课程群2n	...	...	课程群n1	...	课程群nn
3.52	96.22	3.50	0.13	0.22	0.17	89.06	5.83	79.11	35.34	6.95	10.40
8	1	9	12	10	11	2	7	3	4	6	5

图5-27 课程群及其所包含课程的重要度和排序不一致例图

第二阶段：确定课程群重要度及排序

经过对课程群及其所包含课程的重要度及排序进行分析、整合，形成最终的课程群及群内课程重要度和排序。

第三阶段：构建课程排序质量屋，确定课程排序

可以采取独立配点法或比例配点法对重要度进行转换，将经过修正之后的课程结构及课程内容重要度（相对权重）转换为课程排序。经过质量屋的重要度转换，我们可以得到课程排序。

结合前边各步骤提取的课程结构及课程内容、课程群重要度及排序，可以构建课程排序质量屋，并按照课程重要度进行排序。

5.5.4 课程相关关系子模型构建的操作策略

经过课程目标建模、课程结构及课程内容建模和课程排序建模，在本阶段，我们将进行最后的课程体系构建优化。即通过深入考察课程之间的关联性而建立自相关关系矩阵子模型，对选取的课程采用量化指标表示，以更加清晰地厘清课程之间的关系，并且根据关联度量化指标的高低来判断课程的重复率。

第一阶段：根据课程结构及课程内容，构建课程群的自相关关系矩阵

假设根据课程结构及课程内容子模型推导得出 N 个课程群，则本阶段需要对 N 个不同的课程群内部进行自相关关系矩阵的构建,即完成课程群 1,课程群 2,…,课程群 N 的自相关关系矩阵的构建,明晰 N 个课程群内不同课程之间的自相关关系。

第二阶段:构建不同课程群之间的相关关系矩阵

同样假设根据课程结构及课程内容子模型推导得出 N 个课程群,在构建 N 个课程群内部的自相关关系矩阵之后,本阶段需要完成 N 个课程群之间的相关关系矩阵的构建。比如:对于课程群 1 来说,需要构建课程群 1 与课程群 2,课程群 1 与课程群 3,…,课程群 1 与课程群 N 之间的相关关系矩阵共计(N-1)个;同理,对于课程群 2 来说,需要构建课程群 2 与课程群 3,课程群 2 与课程群 4,…,课程群 2 与课程群 N 之间的相关关系矩阵共计(N-2)个。以此类推。

为使相关关系矩阵更加科学合理,采用专家咨询法对课程群的自相关关系进行打分,确定课程群内部之间的相关性,并将最终的相关矩阵进行规范化数据处理,选取课程的量化指标 $q_{ij} \in [0,1)$。

根据课程关系矩阵,剔除掉内容重复的课程,形成最终课程体系。

第六章 总　结

6.1　基本结论

　　本书基于职业教育中外合作办学专业课程体系构建现状调查、职业教育专业课程体系构建模式的理解以及我国在国际化职业人才培养过程中的各种困境,从哲学、教育学、社会学、经济学以及心理学等交叉学科视角,以理论渗透实践的研究方式,提出基于质量功能配置模型的课程方案设置理念。在研究思路上,以"问题理路""理论溯源""释原明理""建构模型"的思维逻辑开展研究,即"导论""核心概念界定与理论基础""质量功能配置模型的课程原理""职业教育专业课程体系构建模型建构",并提出了三个研究假设,分别为:假设1:职业教育中外合作办学专业课程体系构建的主要顾客为外部顾客——企业,内部顾客——学生和教师;假设2:职业教育中外合作办学专业课程体系构建结构参照系由课程体系构建依据、课程目标、课程结构、课程内容、课程顺序五个维度构成;假设3:基于质量功能配置(QFD)的课程体系构建模型可以实现职业教育中外合作办学课程体系构建的科学建构。

　　基于系统性文献综述,以时间维度纵向分析了中外合作办学、职业教育、专业和课程体系构建的概念、内涵、特征,并在此基础上整理出了国内外深度研究的问题域,即"课程体系构建的宏观研究""语言类课程体系构建的研究""公共基础课程体系构建的研究""专业课程体系构建的研究""中外合作办学模式下课程体系构建的典型案例分析"等,进而分析了国内外相关研究对本研究的启示及存在的不足。

　　在理论基础阐释上,从职业教育中外合作办学专业课程体系构建的哲学、教育学、社会学、经济学以及心理学等视野,提出了基于质量功能配置模型的职业教育专业课程体系构建理论基础,即"胡塞尔的生活世界认识论""拉图尔反身性方法论""人的全面发展教育理论""人的终身学习教育观"以及"全面质量控制理论"。

模型建构方面,以社会需求、岗位需要、学习者诉求和学科逻辑为课程体系构建依据,形成职业教育专业课程体系模型建构的总体框架,将基于质量功能配置的职业教育专业课程体系构建流程分为以下几个阶段:第一阶段——构建课程目标子模型;第二阶段——构建课程结构及课程内容子模型;第三阶段——构建课程排序子模型;第四阶段——构建课程相关关系子模型。同时,并结合各阶段子模型给予具体的操作策略,将最初的顾客需求一步一步转化成课程目标、课程结构、课程内容、课程排序,最终完成课程体系构建,形成课程方案。

6.2 局限和不足

理论研究方面,虽然本研究从哲学、教育学、社会学、经济学、管理学以及心理学等交叉学科视角,以理论渗透实践的研究方式,较为全面地提出基于质量功能配置的职业教育中外合作办学专业课程体系构建理论基础,但从具体每一方面的研究角度来看,研究的深度还有提升的空间,尤其体现在职业教育中外合作办学专业课程体系构建的经济学和管理学基础研究方面。另外,从构建职业教育中外合作办学专业课程体系构建的理论基础的角度来看,各个学科视角之间缺乏紧密的关联和呼应,尚未融合为一个有机整体。

模型构建方面,本研究已经构建了基于质量功能配置的职业教育中外合作办学专业课程体系模型。但是,无论是模型构建流程、操作阶段,还是具体的操作策略,都还比较粗糙,如何将最初的顾客需求一步一步更加流畅地转化成课程目标、课程结构、课程内容、课程排序,最终完成课程体系构建,形成课程方案,需要在今后的研究中继续探索、补充和完善。

6.3 研究展望

未来的研究工作希望从以下几个方面着手。

6.3.1 基于质量功能配置的职业教育中外合作办学专业课程体系构建之理论研究

针对目前本研究中的理论基础研究深度的不足,以及构建职业教育中外合作办学专业课程体系构建的理论基础的各个学科视角之间缺乏紧密的关联和呼应,对基于质量功能配置的职业教育中外合作办学专业课程体系构建研究所设计的理论问题应当进行更为深入、更为系统的研究,使之形成深度融合的有机整体。

6.3.2 基于质量功能配置的职业教育中外合作办学专业课程体系构建之个案跟踪研究

本研究运用文本分析法对职业教育中外合作办学旅游管理专业的课程体系构建现状进行描述和问题分析,并选取瑞士库尔技术与经济学院旅游管理专业课程体系构建作为个案分析,以求通过实践验证职业教育专业课程体系构建模型,并结合课程体系构建的评价及反馈,最终形成课程体系构建优化建议。但是这种类型的个案分析相对较为静态,缺乏长期动态的跟踪,后续研究希望能完成至少一个教学周期(职业教育三年制)的轮回,进行跟踪观察,完成对毕业生的跟踪调查研究,以期实现实践应用的进一步完善。

6.3.3 基于质量功能配置的职业教育中外合作办学专业课程体系构建之模型修正研究

本研究构建的职业教育中外合作办学专业课程体系构建模型在经过实践应用和个案跟踪研究之后,应当结合实际反馈,对模型完成针对性的修正环节,进而期待对实践应用具有更大的指导性和更强的说服力。

参考文献

一、中文文献

[1] 陈劲.要有"互联网精神" 更要有"工匠精神"[N].解放日报,2015-04-17(14).

[2] 陈卫东.教育技术学视野下的未来课堂研究[D].上海:华东师范大学,2012.

[3] 程乐华,黄俊维,谢扬帆.直通道模型:实践知识的提炼、共享和升华[J].自然辩证法研究,2010(10):101-107.

[4] 德雷克,伯恩斯.综合课程的开发[M].北京:中国轻工业出版社,2007:9.

[5] 方锦清.令人关注的复杂性科学和复杂性研究[J].自然杂志,2002(1):15-18.

[6] 顾明远.教育大辞典(增订合编本)[M].上海:上海教育出版社,1998:2132.

[7] 哈肯.协同学:大自然构成的奥秘[M].凌复华,译.上海:上海译文出版社,2005:5.

[8] 黄其洪,蒋志红.论实践概念的三个层次[J].现代哲学,2009(2):1-4.

[9] 黄欣荣.复杂性科学与哲学[M].北京:中央编译出版社,2007:158,163-165.

[10] 荆德刚.国外高校毕业生就业模式研究[J].教育研究,2009(8):38-43.

[11] 李鹏程.胡塞尔传[M].石家庄:河北人民出版社,1998:190-191.

[12] 李小飞,范振强.具身哲学视域下的范畴动态构建观[J].山东社会科学,2010(12):111-114.

[13] 林金辉,刘志平.高等教育中外合作办学研究[M].广州:广东高等教育出版社,2010.

[14] 林金辉.中外合作办学教育学[M].厦门:厦门大学出版社,2011.

[15] 林默彪.认识论问题域的现代转向[J].哲学研究,2005(8):69-74.

[16] 林智中,陈健生,张爽.课程组织[M].北京:教育科学出版社,2006:104.

[17] 吕立杰,袁秋红.校本课程开发中的课程组织逻辑[J].教育研究,2014(9):96-103.

[18] 马爱群,杨庆茹.关于构建我国高等职业教育课程体系的思考[J].高教探索,1999(3):30.

[19] 马尔特比,等.生态系统管理:科学与社会问题[M].康乐,韩兴国,等译.北京:科学出版社,2003:102.

[20] 苗东升.系统科学大学讲稿[M].北京:中国人民大学出版社,2007:318.

[21] 苗东升.系统科学精要[M].北京:中国人民大学出版社,1998:68-69.

[22] 潘懋元,王伟廉.高等教育学[M].福州:福建教育出版社,1995.

[23] 朴昌根.系统学基础[M].修订版.上海:上海辞书出版社,2005:214-218.

[24] 秦敬民.基于QFD的高校创业教育质量评价研究[D].天津:天津大学,2010.

[25] 舒红跃.从"意识的意向性"到"身体的意向性"[J].哲学研究,2007(7):55-61.

[26] 斯泰西.组织中的复杂性与创造性[M].成都:四川人民出版社,2000,149-171.

[27] 孙祖兴.全球化视景中的跨国高等教育:一种比较研究[D].济南:山东师范大学,2003.

[28] 王南湜,谢永康.论实践作为哲学概念的理论意蕴[J].学术月刊,2005(12):11-20.

[29] 王亚娟.通向自然之途:现象学与本体论之间的梅洛-庞蒂[M].北京:中国社会科学出版社,2014:123.

[30] 魏宏森,曾国屏.系统论:系统科学哲学[M].北京:清华大学出版社,1995:251.

[31] 沃尔德罗普.复杂:诞生于秩序与混沌边缘的科学[M].陈玲,译.北京:生活·读书·新知三联书店,1997:115.

[32] 徐纯,钱逸秋.高等教育与职业教育共融下的德国"高等双元制课程"[J].职业技术教育,2015(20):72-75.

[33] 许国志.系统科学[M].上海:上海科技教育出版社,2000:252.

[34] 颜泽贤,范冬萍,张华夏.系统科学导论:复杂性探索[M].北京:人民出版社,2006:43,203,377.

[35] 袁振国.校长的文化使命[J].中小学校长谋略,2004(1):9-10.

[36] 詹姆斯.彻底的经验主义[M].庞景仁,译.上海:上海人民出版社,2006:39.

[37] 张楚廷.教育哲学[M].北京:教育科学出版社,2006:164.
[38] 张强,宋伦.系统自组织观[J].系统科学学报,2007(1):7-9.
[39] 张廷国.当代西方人学方法论的奠基:论胡塞尔的"生活世界"概念[J].科学·经济·社会,1997,15(3):51-55.
[40] 张漾滨.中外合作办学项目外语课程教学的探索与实践[J].湖南科技学院学报,2008,29(5):195-196.
[41] 张盈.中外高职课程设置的比较研究[D].桂林:广西师范大学,2008.
[42] 中国社会科学院语言研究所词典编辑室.现代汉语词典[M].6版.北京:商务印书馆,2012.
[43] 朱松峰.胡塞尔的"生活世界"概念辨析[J].求索,2015(7):59-64.

二、外文文献

[44] Abdollahi-Negar S, Yaqoobi B. Applying quality function deployment approach to design an English as a foreign language writing course for engineering students[J]. Journal of Applied Sciences,2008,8(19):3513-3517.

[45] Ahmed M, Islam R, Al-Wahaibi S K. Developing quality healthcare software using quality function deployment:a case study based on Sultan Qaboos University Hospital[J]. International Journal of Business Information Systems,2006,1(4):408-425.

[46] Akao Y, Nagai K, Maki N. QFD concept for improving higher education[C]//The 50th Annual Quality Congress Transactions. Milwaukee,WI:ASQC Quality Press,1996:12-20.

[47] Akao Y. History of quality function deployment in Japan[M]//Zeller H J. The best on quality:targets,improvement,systems. München:Hanser Publisher,1990:183-194.

[48] Akao Y. Quality deployment system procedures[M]//Mizuno S,Akao Y. QFD:The customer-driven approach to quality planning and deployment. Tokyo,Japan:Asian Productivity Organization,1994:50-58.

[49] Al-Turki U, Duffuaa S. Performance measures for academic departments[J]. International Journal of Educational Management,2003,17(7):330-338.

[50] Anjard R P. Management and planning tools[J]. Training for Quality,1995, 3(2):34-37.

[51] Aytac A,Deniz V. Quality function deployment in education:a curriculum review[J]. Quality and Quantity,2005,39(4):507-514.

[52] Bailey D. ,Bennett J V. The realistic model of higher education[J]. Quality Progress,1996(11):77-79.

[53] Baramichai M, Zimmers E W, Marangos C. Agile supply chain transformation matrix:a QFD-based tool for improving enterprise agility [J]. International Journal of Value Chain Management,2007,1(3):281-303.

[54] Bayraktaroğlu G,Özgen Ö. Integrating the Kano model,AHP and planning matrix:QFD application in library services[J]. Library Management,2008, 29(4/5):327-351.

[55] Beaver W. Is TQM appropriate for the classroom? [J]. College Teaching, 1994,42(3):111-114.

[56] Bech A C, Hansen M, Wienberg L. Application of house of quality in translation of consumer needs into sensory attributes measurable by descriptive sensory analysis[J]. Food Quality and Preference,1997,8(5/6): 329-348.

[57] Bemowski K. Restoring the pillars of higher education[J]. Quality Progress, 1991,24(10):37-42.

[58] Benjamin C O, Cole D, Bradford A. A QFD framework for developing campus-wide entrepreneurship programs [J]. Journal of International Business Strategy,2007,11(12):i.

[59] Berrell M,Gloet M,Smith R. Decision-making and research priorities:the analytical hierarchy process[M]//Research in Distance Education 3. 1st. Geelong,Australia:Deakin University Press,1994:152-162.

[60] Bhattacharya A,Sarkar B,Mukherjee S K. Integrating AHP with QFD for robot selection under requirement perspective[J]. International Journal of Production Research,2005,43(17):3671-3685.

[61] Bier I D,Cornesky R. Using QFD to construct a higher education curriculum [J]. Quality Progress,2001(4):64-68.

[62] BjörlinLidén S,Edvardsson B. Customer expectations on service guarantees [J]. Managing Service Quality:an International Journal,2003,13(5):338-348.

[63] Bles B. QFD and other design methodologies in managing product development[J]. Proceedings of the Third Annual International QFD Symposium,1997,1:213-224.

[64] Boonyanuwat N, Suthummanon S, Memongkol N, et al. Application of quality function deployment for designing and developing a curriculum for Industrial Engineering at Prince of Songkla University[J]. Songklanakarin Journal of Science and Technology,2008,30(3):349-353.

[65] Bouchereau V, Rowlands H. Analytical approaches to QFD [J]. Manufacturing Engineer,1999,78(6):249-254.

[66] Bouchereau V,Rowlands H. Methods and techniques to help quality function deployment(QFD)[J]. Benchmarking:An International Journal,2000,7(1):8-20.

[67] Brackin P, Rogers G M. Assessment and quality improvement process in engineering and engineering education[C]//FIE'99 Frontiers in Education. 29th ASEE/IEEE Frontiers in Education Conference. Designing the Future of Science and Engineering Education. San Juan,PR,USA. WashingtonDC, USA:IEEE,1999:11A1/21-11A1/25.

[68] Brackin P. Assessing engineering education:an industry analogy [J]. International Journal of Engineering Education,2002,18(2):151-156.

[69] Brennan L, Bennington L. Concepts in conflict:students and customers:an Australian perspective[J]. Journal of Marketing for Higher Education,2000, 9(2):19-40.

[70] Brooker R, MacDonald D. Did we hear You?:issues of student voice in a curriculum innovation[J]. Journal of Curriculum Studies,1999,31(1):83-97.

[71] Burgar P. Applying QFD to course design in higher education[C]//The 48th Annual Quality Transactions. Milwaukee, WI: ASQC Quality Press, 1994: 257-263.

[72] Cagno E, Trucco P. Integrated green and quality function deployment[J]. International Journal of Product Lifecycle Management, 2007, 2(1): 64-83.

[73] Carpinetti L C R, Peixoto M O C. Merging two QFD models into one: an approach of application[J]. International Journal of Manufacturing Technology and Management, 2002, 4(6): 455-464.

[74] Chao C. A QFD approach for vocational technical curriculum development[C]. [S. l.]: Proceedings of the Third Annual International QFD Symposium, 1997: 281-287.

[75] Cheah C Y J, Chen P H, Ting S K. Globalization challenges, legacies, and civil engineering curriculum reform[J]. Journal of Professional Issues in Engineering Education and Practice, 2005, 131(2): 105-110.

[76] Chen C L, Bullington S F. Development of a strategic research plan for an academic department through the use of quality function deployment[J]. Computers & Industrial Engineering, 1993, 25(1/2/3/4): 49-52.

[77] Chin K, Pun K, Leung W M, et al. A quality function deployment approach for improving technical library and information services: a case study[J]. Library Management, 2001, 22(4/5): 195-204.

[78] Chuang P T. Combining the analytic hierarchy process and quality function deployment for a location decision from a requirement perspective[J]. International Journal of Advanced Manufacturing Technology, 2001, 18(11): 842-849.

[79] Clayton M. QFD: building quality into English universities[C]. Novi, USA: Transactions from the Seventh Symposium on Quality Function Deployment, 1995: 171-178.

[80] Clayton M. Towards total quality management in higher education at Aston University: a case study[J]. Higher Education, 1993, 25(3): 363-371.

[81] Cleary B A. Relearning the learning process[J]. Quality Progress, 1996, 4:

79 - 85.

[82] Clegg S, Kornberger M, Rhodes C. Learning/ becoming/ organizing[J]. Organization,2005,12(2):147 - 167.

[83] Cohen I. Theories of action and praxis[M]//Turner B. The blackwell companion to social theory[M]. Cambridge, MA: Blackwell Publishers, 1996:111 - 142.

[84] Cohen L. The master house of quality: reusability in quality function deployment[C]. Linköping:Proceedings of the Third Annual International QFD Symposium,1997:239 - 252.

[85] Cook S, Brown J. Bridging epistemologies: the generative dance between organizational knowledge and organizational knowing[J]. Organization Science,1999,10(4):381 - 400.

[86] Crossley M, Mebrahtu T. Dependence and interdependence in higher education[J]. International Journal of Educational Development, 1992, 12(2):83 - 85.

[87] Denton J W, Kleist V, Surendra N. Curriculum and course design: a new approach using quality function deployment[J]. Journal of Education for Business,2005,81(2):111 - 117.

[88] Desai A, Thomassian J. Engineering course design based on quality function deployment (QFD) principles: incorporation of diverse constituencies and continuous improvement [C]//Proceedings of the 38th ASEE/IEEE Frontiers in Education Conference. Washington DC,USA:IEEE,2008:T2G-17 - T2G-21.

[89] Dovaston V, Muller D, Funnell P. Delivering Quality in Vocational Education:new Developments in Vocational Education[J]. British Journal of Educational Studies,1992,40(1):74 - 76.

[90] Downing K, Kwong T, Chan S W, et al. Problem-based learning and the development of metacognition[J]. Higher Education, 2009, 57(5): 609 - 621.

[91] Drake S. Creating standards-based integrated curriculum: aligning

curriculum, content, assessment, and instruction [M]. Thousand Oaks, California: Corwin Press, 2007:27.

[92] Duale Hochschule Baden-Württemberg. Richtlinien für Bearbeitung und Dokumentation der Module. 6-21 [EB/OL]. [2015-05-18]. http://www.dhbw. de/fileadmin/user/public/Dokumente/Portal/Richtlinien _ Praxismodule _ Studien_und_Bachelorarbeiten_JG2011ff. pdf. 2011.5.

[93] Eagle L, Brennan R. Are students customers? TQM and marketing perspectives[J]. Quality Assurance in Education, 2007,15(1):44 – 60.

[94] Eisner, Vallance. Conflicting conceptions of curriculum[M]. San Pablo, CA: McCutchan, 1974:17.

[95] Eldin N, Hikle V. Pilot study of quality function deployment in construction projects[J]. Journal of Construction Engineering and Management, 2003, 129(3):314 – 329.

[96] Eringa K, Boer I L J. Integrating quality function deployment and service blueprinting: restructuring (educational) service processes[C]. Transactions from the Tenth Symposium on Quality Function Deployment, 1998:289 – 304.

[97] Ermer D S. Using QFD becomes an educational experience for students and faculty[J]. Quality Progress, 1995(5):131 – 136.

[98] Fortuna R M. Beyond quality: taking SPC upstream[J]. Quality Progress, 1988,21(6):23 – 28.

[99] Franceschini F, Rossetto S. QFD: The problem of comparing technical/engineering design requirements[J]. Research in Engineering Design, 1995, 7(4):270 – 278.

[100] Franceschini F, Terzago M. An application of quality function deployment to industrial training courses [J]. International Journal of Quality & Reliability Management, 1998,15(7):753 – 768.

[101] Fukuda S, Matsuura Y. Prioritizing customer's requirements by AHP for concurrent design [J]. Transactions of the Japan Society of Mechanical Engineers Series C, 1994,60(579):3638 – 3642.

[102] Gargione L A. Using quality function deployment (QFD) in the design phase of an apartment construction project[C]. Berkeley, USA: Seventh Conference of the International Group for Lean Construction,1999:357-367.

[103] Gherardi S, Nicolini D. Learning in a constellation of interconnected practices:canon or dissonance? [J]. Journal of Management Studies,2002,39(4):419-434.

[104] Gherardi S, Perrotta M. Between the hand and the head:how things get done,and how in doing the ways of doing are discovered[J]. Qualitative Research in Organizations and Management: An International Journal,2014,9(2):134-150.

[105] Gherardi S. Organizational knowledge: the texture of workplace learning [M]. Oxford:Wiley-Blackwell,2006:5.

[106] Glaser-Segura D A, Mudge S, Brătianu C, et al. Quality improvement of business education in Romanian universities:the student as customer and client[J]. Higher Education in Europe,2007,32(2/3):2-3.

[107] Gonzalez-Bosch V, Tamayo-Enriquez P, Cruz-Rufz J S. Understanding customer needs for an early childhood educational center[C]. [S. l.]: Proceedings of the 14th International Symposium on Quality Function Deployment,2008:144-151.

[108] Gonzalez M E, Quesada G, Bahill A T. Improving product design using quality function deployment: the school furniture case in developing countries[J]. Quality Engineering,2003,16(1):45-56.

[109] Gonzalez M E, Quesada G, Gourdin K, et al. Designing a supply chain management academic curriculum using QFD and benchmarking[J]. Quality Assurance in Education,2008,16(1):34-60.

[110] Griffin A. Evaluating QFD's use in US firms as a process for developing products[J]. Journal of Product Innovation Management,1992,9(3):171-187.

[111] Guskin A E. Reducing student costs and enhancing student learning:the

university challenge of the 1990s[J]. Change: The Magazine of Higher Learning,1994,26(4):23-29.

[112] Halbleib L,Wormington P,Cieslak W,et al. Application of quality function deployment to the design of a lithium battery[J]. IEEE Transactions on Components,Hybrids,and Manufacturing Technology,1993,16(8):802-807.

[113] Halog A,Schultmann F,Rentz O. Using quality function deployment for technique selection for optimum environmental performance improvement [J]. Journal of Cleaner Production,2001,9(5):387-394.

[114] Han H S,Park E Y,Kim K Y,et al. Commercial Aspects of Ubiquitous Contents Access Technologies: User Perspective Analysis using QFD[J]. Korea Management Science Review,2006,23(2):59-74.

[115] Hanumaiah N,Ravi B,Mukherjee N P. Rapid hard tooling process selection using QFD-AHP methodology[J]. Journal of Manufacturing Technology Management,2006,17(3):332-350.

[116] He Z,Staples G,Ross M,et al. Fourteen Japanese quality tools in software process improvement[J]. The TQM Magazine,1996,8(4):40-44.

[117] Helms S,Key C H. Are students more than customers in the classroom? [J]. Quality Progress,1994,27(9):97-99.

[118] Hepler C,Mazur G. Finding customer delights using QFD[C]. Austin, USA: Transactions from the Eighteenth Symposium on Quality Function Deployment,2006:1-12.

[119] Hepler C,Mazur G. The analytic hierarchy process: methodologies and application with customers and management at Blue Cross Blue Shield of Florida[C]. Williamsburg, USA: The 19th US and 13th International Symposium on QFD,2007:137-149.

[120] Herbert D W,Conroy M. Strategic planning in a community education service[M]//Armistead C,Kiely J. Effective organizations: looking to the future. London: Cassell,1997:97-100.

[121] Herrmann A,Huber E,Braunstein C. Market-driven product and service

design: bridging the gap between customer needs, quality management, and customer satisfaction[J]. International Journal of Production Economics, 2000, 66(1): 77 – 96.

[122] Hillman J, Plonka F. Using QFD for curriculum design[C]. Transactions from the Seventh Symposium on Quality Function Deployment, 1995: 179 – 182. 304.

[123] Hillmer S, Kocabasoglu C. Using qualitative data to learn about customer needs: understanding employer desires when designing an MBA program [J]. The Quality Management Journal, 2008, 15(2): 51 – 63.

[124] Hoffman K D, Kretovics M A. Students as partial employees: a metaphor for the student-institution interaction[J]. Innovative Higher Education, 2004, 29(2): 103 – 120.

[125] Hofmeister K R. Applying QFD in various industries[C]. Novi, USA: Transactions from the Second Symposium on Quality Function Deployment, 1990: 84 – 115.

[126] Holmen E, Kristensen P S. Supplier roles in product development: interaction versus task partitioning[J]. European Journal of Purchasing & Supply Management, 1998, 4(2/3): 185 – 193.

[127] Hosotani K. The QC problem-solving approach: solving workplace problems the Japanese way[M]. Tokyo, Japan: 3A Corporation, 1992: 24.

[128] Houshmand A A, Lall V. Continuous quality improvement tools at work: case studies at the University of Cincinnati[J]. Quality Engineering, 1999, 12(2): 133 – 148.

[129] Hsiao H C, Chen S C, Chang J C, et al. An AHP based study to explore the entrepreneurial competences for starting a store[C]//The 5th International Conference on New Trends in Information Science and Service Science. [S. l.]: IEEE, 2011: 416 – 419.

[130] Hwarng H B, Teo C. Translating customers' voices into operations requirements: a QFD application in higher education[J]. International Journal of Quality & Reliability Management, 2001, 18(2): 195 – 226.

[131] Imai M. A consultant and gemba[J]. Journal of Management Consulting, 1996,5:3-9.

[132] Jaraiedi M, Ritz D. Total quality management applied to engineering education[J]. Quality Assurance in Education,1994,2(1):32-40.

[133] Jayaswal B, Patton P, Zultner R. The design for trustworthy software compilation understanding customer needs: software qfd and the voice of the customer[M]. Upper Saddle River,USA:Prentice Hall Press,2007.

[134] Jones M, Kirkpatrick R, Martin L, et al. Future combat systems concept development: Integrating service and product requirements in QFD[C]. [S. l.]:Transactions from the Thirteenth Symposium on Quality Function Deployment,2001:143-167.

[135] Kaminski P C,Ferreira E P F,Theuer S L H. Evaluating and improving the quality of an engineering specialization program through the QFD methodology[J]. International Journal of Engineering Education,2004,20(6):1034-1041.

[136] Kauffmann P, Fernandez A, Keating C, et al. Using quality function deployment to select the courses and topics that enhance program effectiveness[J]. Journal of Engineering Education,2002,91(2):231-237.

[137] King R. Designing products and services that customer wants [M]. Portland,Oregon:Productivity Press,1995:5.

[138] Klein R L. New techniques for listening to the voice of the customer[C]. [S. l.]: Transactions from the Second Symposium on Quality Function Deployment,1990:197-203.

[139] Kojima K,Matsuda M,Yoshikawa K,et al. Development of highly reliable valves for H-DA rocket[C]. Williamsburg, USA: Transactions from the International Symposium on QFD/the Nineteenth Symposium on Quality Function Deployment,2007:245-252.

[140] Koksal G, Egitman A. Planning and design of industrial engineering education quality[J]. Computers & Industrial Engineering,1998,35(3/4):639-642.

[141] Kondo Y. Hoshin kanri:a participative way of quality management in Japan[J]. The TQM Magazine,1998,10(6):425-431.

[142] Koura K,Ito M,Fujimoto H. Using QFD to research the demanded quality of students for lectures[C]. [S. l.]: Transactions from the Tenth Symposium on Quality Function Deployment,1998:305-320.

[143] Krishnan M, Houshmand A A. QFD in academia: addressing customer requirements in the design of engineering curricula[C]. Novi, USA: Transactions from the Fifth Symposium on Quality Function Deployment, 1993:505-530.

[144] Köksal G, Eğitman A. Planning and design of industrial engineering education quality[J]. Computers & Industrial Engineering,1998,35(3/4):639-642.

[145] Lam K, Zhao X D. An application of quality function deployment to improve the quality of teaching[J]. International Journal of Quality & Reliability Management,1998,15(4):389-413.

[146] Lampa S, Mazur G H. Bagel sales double at Host Marriott: using quality function deployment[C]. Novi, USA: Transactions from the Eighth Symposium on Quality Function Deployment,1996:511-528.

[147] Latour B. Reassembling the social:an introduction to actor network theory[M]. Oxford:Oxford University Press,2005.

[148] Lawry G V, Schuldt S S, Kreiter C D, et al. Teaching a screening musculoskeletal examination[J]. Academic Medicine, 1999, 74(2):199-201.

[149] Leat D,Crawley E,Wall K,et al. Using observation and pupil feedback to develop a SOLEs (Self Organised Learning Environments) curriculum[C]. [S. l.]:European Conference on Educational Research,2011.

[150] Leavell H. Acknowledging the student as the customer: inviting student input into course weights[J]. Academy of Educational Leadership Journal,2006,10(2):83-95.

[151] Lee H. Defining and measuring employability[J]. Quality in Higher

Education, 2001, 7(2): 97 - 109.

[152] Lee S F, Lo K K. E-Enterprise and management course development using strategy formulation framework for vocational education[J]. Journal of Materials Processing Technology, 2003, 139(1/2/3): 604 - 612.

[153] Lim P C, Tang N K H. The development of a model for total quality healthcare[J]. Managing Service Quality: an International Journal, 2000, 10 (2): 103 - 111.

[154] Lockamy A, Khurana A. Quality function deployment: Total quality management for new product design[J]. International Journal of Quality & Reliability Management, 1995, 12(6): 73 - 84.

[155] Lu M H, Madu C N, Kuei C H, et al. Integrating QFD, AHP and benchmarking in strategic marketing[J]. Journal of Business & Industrial Marketing, 1994, 9(1): 41 - 50.

[156] Madu C N, Kuei C, Madu I E. A hierarchic metric approach for integration of green issues in manufacturing: a paper recycling application[J]. Journal of Environmental Management, 2002, 64(3): 261 - 272.

[157] Mahapatra S S, Khan M S. A framework for analysing quality in education settings[J]. European Journal of Engineering Education, 2007, 32(2): 205 - 217.

[158] Marsot J. QFD: a methodological tool for integration of ergonomics at the design stage[J]. Applied Ergonomics, 2005, 36(2): 185 - 192.

[159] Masui K, Sakao T, Kobayashi M, et al. Applying quality function deployment to environmentally conscious design[J]. International Journal of Quality & Reliability Management, 2003, 20(1): 90 - 106.

[160] Mazur G H. QFD for service industries: from voice of customer to task deployment[C]. Novi, USA: Transactions from the Fifth Symposium on Quality Function Deployment, 1993: 485 - 503.

[161] Mazur G. QFD 2000: integrating QFD and other quality methods to improve the new product development process [C]. Novi, USA: Transactions from the Twelfth Symposium on Quality Function

Deployment / the 6th International Symposium on QFD,2000:305-317.

[162] Mazur G. Voice of the customer table: a tutorial[C]. Novi, USA: Transactions from the Fourth Symposium on Quality Function Deployment,1992:104-111.

[163] McAninch A R. Teacher Thinking and the case method[M]. New York: Teachers College Press,1993:43.

[164] Meirovich G, Romar E J. The difficulty in implementing TQM in higher education instruction[J]. Quality Assurance in Education,2006,14(4):324-337.

[165] Mizuno S. Quality problems today: the new era of quality arrives[M]// Mizuno S, Akao Y. QFD: the customer-driven approach to quality planning and deployment. Tokyo, Japan: Asian Productivity Organization,1994:3-30.

[166] Morgan D L. The focus group guidebook[M]. London, UK: Sage Publications Inf.,1998:31.

[167] Moser E. The problem of the lifeworld in Husserl's crisis[M]. Pittsburg: Duquesne University,2000:4-11.

[168] Mrad F. An industrial workstation characterization and selection using quality function deployment[J]. Quality and Reliability Engineering International,1997,13(5):261-268.

[169] Muffatto M, Panizzolo R. A process-based view for customer satisfaction [J]. International Journal of Quality & Reliability Management,1995,12(9):154-169.

[170] Muller D, Funnell P. Realizing potential through quality vocational education[M]//Winterburn R. Aspects of educational and training technology. London: Kogan Page,1991:55-58.

[171] Murgatroyd S. The house of quality: using QFD for in structional design in distance education[J]. The American Journal of Distance Education,1993,7(2):34-48.

[172] Nakui S. Gaining the strategic advantage: implementing proactive quality

function deployment[C]. Novi, USA: Transactions from the Fourth Symposium on Quality Function Deployment,1992:361-368.

[173] Natarajan R N,Martz R E,Kurosaka K. Applying QFD to internal service system design[J]. Quality Progress,1999(2):65-70.

[174] Nayatani Y,Eiga T,Futami R,et al. The seven QC tools: new tools for a new era[J]. Environmental Quality Management,1994,4(1):101-109.

[175] Nicolini D. Practice as the site of knowing: insights from the field of telemedicine[J]. Organization Science,2011,22(3):602-620.

[176] Nilsson P,Lofgren B,Erixon G. QFD in the development of engineering studies[C]. Novi, USA: Transactions from the Seventh Symposium on Quality Function Deployment,1995:519-529.

[177] Okamoto R H,Rioboo J C A. Deploying and integrating education system indicators with QFD:an application case[C]. [S. l.]: Transactions from the Fourteenth Symposium on Quality Function Deployment,2002:93-109.

[178] Okudan G,Ogot M,Gupta S. Assessment of learning and its retention in the engineering design classroom: Part B—Instrument application[C]// Proceedings of ASME 2007 International Design Engineering Technical Conferences and Computers and Information in Engineering Conference, September 4-7,2007,Las Vegas,Nevada,USA. 2009:663-670.

[179] Omachonu V,Barach P. QFD in a managed care organization[J]. Quality Progress,2005,38(11):36-41.

[180] Owlia M S,Aspinwall E M. Application of quality function deployment for the improvement of quality in an engineering department[J]. European Journal of Engineering Education,1998,23(1):105-115.

[181] O'Neil D A,Hopkins M M. The teacher as coach approach: pedagogical choices for management educators[J]. Journal of Management Education, 2002,26(4):402-414.

[182] Partovi F Y,Corredoira R A. Quality function deployment for the good of soccer[J]. European Journal of Operational Research,2002,137(3):642-656.

[183] Partovi F Y,Epperly J M. A quality function deployment approach to task organization in peacekeeping force design[J]. Socio-Economic Planning Sciences,1999,33(2):131-149.

[184] Peters M H,Kethley R B,Bullington K. Course design using the house of quality[J]. Journal of Education for Business,2005,80(6):309-315.

[185] Pitman G,Motwani J,Kumar A,et al. QFD application in an educational setting:a pilot field study[J]. International Journal of Quality & Reliability Management,1995,12(6):63-72.

[186] Prusak Z. Application of QFD in engineering education:assurance of learning outcomes fulfillment[C]. Williamsburg,USA: Transactions from the International Symposiumon QFD/the Nineteenth Symposium on Quality Function Deployment,2007:223-233.

[187] Raharjo H,Endah D. Evaluating relationship of consistency ratio and number of alternatives on rank reversal in the AHP[J]. Quality Engineering,2006,18(1):39-46.

[188] Rahman Abdul Rahim A,Shariff Nabi Baksh M. Application of quality function deployment (QFD) method for pultrusion machine design planning[J]. Industrial Management & Data Systems,2003,103(6):373-387.

[189] Reavill L R P. Total quality management and models of higher education [C]. [S. l.]:Proceedings of the 2nd International Conference on ISO 9000 & TQM,1997:507-512.

[190] ReVelle J B. Quality essentials:a reference guide from A to Z[M]. Milwaukee,Wis. :ASQ Quality Press,2004:3-4.

[191] Ross H,Paryani K. QFD status in the U. S. automotive industry[C]. Novi, USA:Transactions from the Seventh Symposium on Quality Function Deployment,1995:575-584.

[192] Saaty T L,Niemira M P. A framework for making better decisions[J]. Icsc Research Review,2006,13:44-48.

[193] Sahney S,Banwet K,Karunes S. Enhancing quality in education:application

of quality function deployment: an industry perspective[J]. Work Study, 2003,52(6):297-309.

[194] Samuel D, Hines P. Designing a supply chain change process: a food distribution case [J]. International Journal of Retail & Distribution Management,1999,27(10):409-420.

[195] Schauerman S, Manno D, Peachy B. Listening to the voice of the customer [M]//Doherty G D. Developing quality systems in education. London: Routledge. 1994:242-257.

[196] Seow C, Moody T. QFD as a tool for better curriculum design[C]//The 50th Annual Quality Congress Transactions. Milwaukee, WI: ASQC Quality Press,1996:21-28.

[197] Shaffer M K, Pfeiffer I L. A blueprint for training[J]. Training and Development,1995,49(3):31-33.

[198] Shelley P H. College need to give students intensive care[J]. The Chronicle of Higher Education,2005,51(18):14-18.

[199] Shiu M, Jiang J, Tu M. Reconstruct QFD for integrated product and process development management[J]. The TQM Magazine,2007,19(5):403-418.

[200] Shotter J. Knowledge in transition: the role of prospective, descriptive concepts in a practice-situated, hermeneutical-phronetic social science[J]. Management Learning,2012,43(3):245-260.

[201] Shukla S K, Hunt H B, Rosenkrantz D J, et al. On the complexity of relational problems for finite state processes[M]//Automata, Languages and Programming. Berlin, Heidelberg: Springer,1996:466-477.

[202] Siegel P, Byrne S. Using quality to redesign school systems: the cutting edge of common sense[M]. San Francisco: Jossey-Bass Publishers, 1994: 19-23.

[203] Sirvanci M B. Critical issues for TQM implementation in higher education [J]. The TQM Magazine,2004,16(6):382-386.

[204] Sirvanci M. Are students the true customers of higher education? [J]. Quality Progress,1996,29(10):99-102.

[205] Smith G F. Quality problem solving[M]. Milwaukee, Wis. : ASQ Quality Press,1998:77.

[206] Smith J A,Baker K,Higgins S. The assessment of customer satisfaction in higher education:a quality function deployment approach[C]. [S. l.]:EOQ World Quality Congress Proceedings,1993:263-268.

[207] Soota T, Singh H, Mishra R C. Selection of curricular topics using framework for enhanced quality function deployment [J]. International Journal of Industrial Engineering:Theory Applications and Practice,2009, 16(2):108-115.

[208] Starbek M,Kuar J,Jemec V,et al. House of quality in secondary vocational education[J]. Journal of Mechanical Engineering,2000,46(1):24-34.

[209] Suchman L. Organizing alignment: a case of bridge-building [J]. Organization,2000,7(2):311-327.

[210] Suliman S M A. Application of QFD in engineering education curriculum development and review [J]. International Journal of Continuing Engineering Education and Life-Long Learning,2006,16(6):482-492.

[211] Takayanagi A. The concept of the quality chart and its beginnings[M]// Mizuno S,Akao Y. QFD:the customer-driven approach to quality planning and deployment. Tokyo, Japan: Asian Productivity Organization, 1994: 31-49.

[212] Tan B L, Bennett D J. Development and application of an electronic-manufacturing selection framework for SMEs[J]. International Journal of Innovation and Technology Management,2007,4(3):241-265.

[213] Tan C M, Neo T K. QFD implementation in a discrete semiconductor industry [C]. Seattle, USA: Reliability and Maintainability Symposium,2002.

[214] Tanisawa T. Quality deployment and manufacturing methods deployment [M]//Mizuno S,Akao Y. QFD:the customer-driven approach to quality planning and deployment. Tokyo,Japan: Asian Productivity Organization, 1994:204-232.

[215] Teo E C, Ng H W. Analytical static stress analysis of first cervical vertebra (atlas)[J]. Annals of the Academy of Medicine, Singapore, 2000, 29(4): 503-509.

[216] Thakkar J, Deshmukh S G, Shastree A. Total quality management(TQM)in self-financed technical institutions: a quality function deployment(QFD)and force field analysis approach[J]. Quality Assurance in Education, 2006, 14(1): 54-74.

[217] Ulwick A W. Turn customer input into innovation[J]. Harvard Business Review, 2002, 80(1): 91-97.

[218] Utne I B. Improving the environmental performance of the fishing fleet by use of quality function deployment (QFD) [J]. Journal of Cleaner Production, 2009, 17(8): 724-731.

[219] Varnavas A P, Soteriou A C. Towards customer-driven management in hospitality education: a case study of the Higher Hotel Institute, Cyprus [J]. International Journal of Educational Management, 2002, 16(2): 66-74.

[220] Walden J. Performance excellence: a QFD approach [J]. International Journal of Quality & Reliability Management, 2003, 20(1): 123-133.

[221] Wallace J B. The case of student as customer[J]. Quality Progress, 1999, 32(2): 47-51.

[222] Wang H, Xie M, Goh T N. A comparative study of the prioritization matrix method and the analytic hierarchy process technique in quality function deployment[J]. Total Quality Management, 1998, 9(6): 421-430.

[223] Wasserman G S. On how to prioritize design requirements during the QFD planning process[J]. IIE Transactions, 1993, 25(3): 59-65.

[224] White B. Using a spec document, the customer voice table, and a QFD matrix to generate a CTQ (critical to quality) list [C]. Austin, USA: Transactions from the Eighteenth Symposium on Quality Function Deployment, 2006: 41-53.

[225] Winn R C, Green R S. Applying total quality management to the

educational process[J]. International Journal of Engineering Education, 1998,14(1):24-29.

[226] Winter R S. Overcoming barriers to total quality management in colleges and universities[J]. New Directions for Institutional Research,1991(71): 53-62.

[227] Yamashina H, Ito T, Kawada H. Innovative product development process by integrating QFD and TRIZ[J]. International Journal of Production Research,2002,40(5):1031-1050.

[228] Yim H, Herrmann C. Eco-Voice of consumer(VOC) on QFD[C]. Tokyo, Japn: Proceedings of EcoDesign Third International Symposium on Environmentally Conscious Design and Inverse Manufacturing,2003:618-625.

[229] Zaciewski R. Improving the Instructional Process[J]. Quality Progress, 1994,27(4):75-80.

[230] Zultner R E. TQM for technical teams[J]. Communications of the ACM, 1993,36(10):79-91.